社会资本、网络与知识管理

李浩 著

Social Capital, Network and Knowledge Management

人民出版社

序

李浩教授是我的博士，毕业已经多年，长期从事知识管理、组织行为学和企业创新等领域的研究，近悉他的新作《社会资本、网络与知识管理》即将出版，甚为高兴。

知识管理从20世纪80年代开始兴起，经历了一个快速发展的过程，其间也出现了一些不同的看法，甚至是尖锐的争论，作为管理学中的朝阳领域，虽然还不成熟，但已展现出了勃勃生机。

李浩教授从社会资本视角，针对网络中成员间知识转移、知识创造和应用问题，分析网络知识管理过程中社会资本的角色，整合社会资本、网络和知识管理理论，揭示网络中知识管理机理和规律，及组织内外部因素对网络中知识管理的综合作用机制。促进社会资本的研究进一步深化，使其由宽泛的伞形概念转变成用于理解网络和知识管理过程的有效概念。

组织网络是一个从现实中抽象出来的概念，我国通信、计算机、电视、汽车等行业中很多组织已经结成了网络。分享和合作创造知识是这些网络组建的一个重要目的，但缺乏清晰的、有效的知识管理策略和方法。这本著作也针对实践，寻求并提出了提高我国网络组织知识管理效率的策略和方法。

李浩教授近年来主持了多项国家自然科学基金项目、教育部项目，在《管理世界》、《中国管理科学》、《南开管理评论》等国内外权威管理学期刊发表了多篇学术论文，也获得了辽宁省哲学社会科学成果奖、辽宁省自然科学成果奖等多项奖励，并担任了中国管理案例联盟常务理事、中国神经管理和神经工程研究会理事等多个学术兼职，研究基础扎实，研究成果丰厚，这本著作也是他近年来研究的重要成果。

李浩教授的著作即将付梓，从这本书中，读者可以细细体会，感受到作者的谆谆之语、拳拳之心，领略作者严谨求实的治学态度和不断创新的研究风格。衷心希望管理学界同仁们都像李浩教授那样，孜孜不倦，不断创新，共同为中国管理学发展做出新的贡献。

戴大双

2015年12月15日于大连理工大学

前　言

知识是组织获得并保持可持续竞争优势的根源，成功将属于不断创造新知识、有效地运用新知识、迅速推出新产品的企业。知识管理是识别、传播和杠杆化组织的集体知识以提高竞争力的综合活动。越来越多的组织间结成了网络关系，其目的是依靠和利用组织间的战略协同、知识共享以及资源交换等为组织带来竞争优势。有效利用网络中的成员关系以及因此而产生的重复和持久的交换关系，组织可以分享到网络中有价值的知识，进而将获取的知识转化为产品、服务，或与自己原有知识整合创造新知识，获得知识优势和竞争优势。

社会资本是嵌入个人和组织拥有的关系网络中、通过关系网络可获得的、来自关系网络的资源集合体，包括三个维度：结构维度、认知维度和关系维度。从结构维度看，社会资本关注网络联系存在与否、联系强弱及网络结构；从认知维度看，社会资本描述了提供网络中不同行为主体间共同理解的表达、解释与意义系统的哪些资源，涉及共同语言、共享目标、共享文化等；从关系维度看，社会资本是人们在网络互动过程中建立起来的一种具体关系，涉及信任、标准及可辨识身份等。结构维度是描述网络联系中的非人格化因素，而关系维度指的是网络联系中的人格化方面。

作为解释网络的天然变量，社会资本代表了行为主体借助社会网络或其他的社会结构来获得各种利益的能力，网络中的组织能够依靠社会资本提高知识分享和整合的深度、广度和有效性。企业通过纵向联系、横向联系和社会联系摄取稀缺资源的能力是一种社会资本。个体社会资本不同于组织社会资本，因为前者起源于个人关系网络，而后者起源于组织关系网络，企业社会资本是企业重要的隐性资产。

知识管理是管理学中的一个新兴研究领域，伴随着知识经济到来和信息技术发展兴起，自20世纪80年代以来，知识管理开始逐渐概念化、系统化、理论化，成为一个交叉的理论研究方向。资源观、能力论和知识观等企业理论，都指出了知识是组织获得并保持可持续竞争优势的根源，因此知识管理才得以受到学术界和企业界的普遍关注。知识管理是识别、传播和杠杆化组织的集体知识以提高竞争力的综合活动，通过阐明指导实践的规则，通过将特殊方案上升为群体智慧，通过促进启发式知识的出现，动态地将原始实践提升转化为科学知识的过程。对知识管理的研究，有从技术视角展开的，研究对知识分享和应用的技术支持；但更多的研究是从组织和管理视角展开的，聚焦于知识管理活动对组织创新、绩效和竞争能力的贡献机理。

知识管理涉及知识创造、知识的存储/检索、知识转移和知识应用四个过程。由于网络组织的知识管理研究文献，未涉及知识的存储/检索问题，因此本书选择从知识创造、知识转移和知识应用三个过程区分网络组织的知识管理活动，在知识管理维度下，具体以知识创造、知识转移和知识应用三个子维度展开研究。有些文献直接关注知识创造，也有研究以其他相关联的方式分析知识创造，如以技术创新、产品创新等名义研究知识创造问题，这些文献也被归入知识创造子维度；以知识转移为实质的研究，也有冠名知识分享、知识流动、知识交换和知识获取等，一并归入知识转移子维度；研究如何运用知识，将知识价值转化为产品、服务，利用知识资源促进企业发展、提高企业绩效和竞争力的相关文献，被归入知识应用子维度。

网络是一种组织形式，是一种长期的、有目的的组织安排，其目的在于使企业获得长期的竞争优势。网络中的组织间联系是持久的并且具有战略意义，网络成员间的持久、重复的交换关系是网络的关键特征。网络具有多种形式，主要包括企业内部网络、战略联盟、集群。企业中具有多个组织（或经营单位），企业总部对下属组织（或经营单位）具有所有权和控制权，这些组织构成了企业内部网络。企业内部网络可以被看作一个多组织集合体，而不是一个单体组织，因为研究组织间现象的网络关系概念可以被用于企业内部网络，使得对该种网络的结构、运作和治理可以得出更多有价值的认识。

战略联盟是一个多企业集合体，这些企业进行产品、技术和服务的交换、共享和协同发展。一个战略联盟可以由在价值链上处于相同位置和不同位置的企业所组成，联盟中的企业也可能生产相似产品并在同一区域市场展开竞争。战略联盟是企业获取知识或学习创新能力的一种重要的策略和组织形式，中国的技术（密集）型企业正试图通过战略联盟进入高新技术领域，中外企业合作成为首选的方式。集群是在某一特定区域内，被共同性和互补性联结的，地域相近并相互关联的企业和机构的集合，集群具有产业属性和地理集中特性。集群是一个网络，这个网络中有很多独立的企业，这些企业在相同或相关的细分市场中运作，共享同一地理位置，从外部经济聚集的规模和范围中获益。

本书选择企业内部网络、战略联盟和集群作为网络类型，基于两个原因。第一，从研究文献分布看，这三种网络是近年被研究和讨论最多的网络类型，具有典型性。当然，本书研究目标不是这三种网络类型本身，着眼点在于研究网络组织的知识管理，这是前人没有系统分析和探讨过的。第二，可以通过比较这三种网络中知识管理的规律、特点，深化对网络组织知识管理的认识和理解。跨国公司和具有多个经营单位的企业（如多元化经营企业等）设有总部，并且总部对公司拥有控制权的企业被归入企业内部网络；各种知识联盟、研发联盟、供应链联盟、贸易联盟、大学–产业联盟都被归入战略联盟维度；也有文献研究产业区域的知识管理问题，这些地理集聚特征的网络组织，都被并入集群维度。社会资本作为描述网络特征，并影响网络知识管理的重要变量，被引入本文的分析框架。社会资本能够帮助组织接近和获取合作伙伴的知识资源，网络中的组织能够依靠社会资本提高知识分享和整合的深度、广度和有效性。综上所述，本书构建了一个新的三维研究框架，用以评述和分析社会资本视角下的网络组织知识管理。

本书作者近年来始终在知识管理领域进行不间断的研究，本书的研究和撰写也受到了国家自然科学基金项目“基于社会资本视角的战略网络中知识转移研究”（编号：70501007）；国家自然科学基金项目“社会资本对集群体系知识创造能力的影响研究：基于知识交换有效性的中介作用”（编号：71171037）；国家自然科学基金项目“防御定向、动机氛围对组织中知识隐藏的影响研究”（编号：71571036）；国家社会科学基金重大项目“新组织理论与组织治理研究”（编号：11&ZD153）；教育部人文社会科学研究项目“社会资本视角下的电子实践网络中知识贡献研究”（编号：09YJC630024）的资助，作者感谢国家自然科学基金委、国家社会科学规划办、教育部提供的资金支持。

全书由李浩独立撰著。参加了相关课题基础研究、资料收集和整理工作的还有李静、林海棠、刘秀芝、冯立波、唐珊珊、聂文达、黄媛、刘芳娇、张红杰、孙英、张滋丽、刘芳、周楷婧、杨龙、卜蒙、周梦、于雪娇等，在此对他（她）们的贡献表示感谢！当然书中尚有许多不成熟的见解，写入本书中的目的是抛砖引玉，希望获得关心此类研究的学者、同仁及社会各界的指点和斧正。

第一章　组织中的知识及相关理论

第一节　组织中的知识

一、从数据、信息到知识

知识一词最早来源于哲学领域，古希腊哲学家柏拉图提出知识就是“被验证过的真实的信念”（Justified true belief），培根认为知识是“经验的成果”，各学派的哲学家针对知识的概念给出了很多定义。现在，“知识”这一词汇已经被普遍使用于社会科学领域，特别是在管理学领域。尽管在哲学领域知识的概念已经相对明确，但对于管理学研究，知识的哲学概念并不完全适用。许多学者在探讨“知识”时，先将“知识”（knowledge）、“数据”（data）、“信息”（information）加以区分，因为管理学领域，学者对“数据管理”和“信息管理”已经作过大量研究，进入20世纪90年代，才开始出现“知识管理”这一概念。因此对上述概念，有必要进行简要而明确的区分。

野中郁次郎（Nonaka）指出“信息”是一串讯息流，而“知识”是根据知识拥有者的承诺及信念，是被创造和组织过的信息。因此，“知识”与“信息”最大的区别在于“知识”与人的信念和行动息息相关。野中郁次郎（Nonaka）后来进一步说明了两者差异：（1）知识涉及到信念和承诺，即知识与某种特定的立场、看法和意图有关；（2）知识涉及行动，即知识通常含有某种目的；（3）知识涉及意义，即知识与特殊情境相互呼应。

信息的内涵非常广泛，包含许多领域，信息可以被收集、分析，但无法被内化（internalized）；而知识是信息的汇总，是信息的一个子集，可以被内化为个人的隐性知识，此外，知识受限于特定的领域或者任务，以追求组织目标为最终目的，因此，知识被视为可被内化的且可被付诸行动的信息。这三个概念可以定义如下："数据"是在情境中（context）中收集到的客观符号；"信息"是在情境中数据所呈现出来的关联；"知识"是由任务所产生的信息中展现出来的模式。

为了清晰界定"知识"的位置，一个由低到高的5层知识转换模式被归纳出来，这个模式中"数据"是一系列文本、事实、代码、图像和声音等的集合；"信息"是有组织的、结构化的、概括性的数据；"知识"是一些案例、规则、过程和模型的集合；"技艺"是迅速而正确的意见、解释、对结果的判断和推理；"能力"为最高一个层次，是有组织的经验、知识库、整合的绩效支持体系、核心能力等。这5个层次之间的关系如图1.1所示。[①]

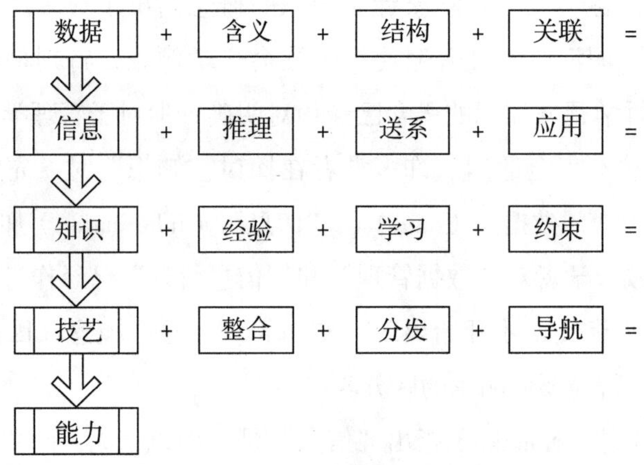

图1.1 知识层次

二、知识的界定和特性

由上述诸多知识的定义可知，"知识"是一个非常抽象的名词，其

① 参见Beckman，T.，The Current State of Knowledge Management，in J. Liebowitz（Ed.），*Knowledge Management Handbook*. Boca Raton，Fl：Crc Press，1999：1-22.

定义可以从非常多的角度解释。已有研究将知识总结为6个角度（见表1.1），并衍生出每个角度知识管理以及知识管理系统所蕴含的意义。[①]

表1.1　知识的角度及其含义

角度	描述	知识管理的含义	知识管理系统的意义
知识与数据、信息的区别	数据是事实、未经处理的数字；信息是处理过、解释过的资料；知识是个人化的信息。	知识管理强调让个人去接触有用的信息，并促进信息的吸收。	知识管理系统与现存的信息系统没有显著区别，但其功能将扩展为帮助使用者吸收信息。
心智状态（state of mind）	知识是一种知晓（knowing）和理解的状态	知识管理是通过信息的提供来促进个人学习和理解。	信息技术的角色是提供知识资源的存取，而非创造知识。
物体（object）	知识是一个可被存储和操作的物体	关键的知识管理议题是构建和管理知识存货。	信息技术的角色是收集、存储及转移知识。
过程	知识是一个应用专业见识的过程	知识管理强调知识流以及知识创造、分享和传播的过程。	信息技术的角色是提供知识资源的连接，以创造更广、更深的知识流。
信息的存取（access to information）	知识是信息存取的状态	知识管理强调有组织地存取和检索内容	信息技术的角色是针对定位相关信息提供有效的搜索和检索机制。
能力	知识是影响行动的潜能	知识管理是建立核心能力及理解战略性专业技能。	信息技术的角色是通过支持个人及组织能力的开发，来提升知识。

从显性知识——隐性知识和个人知识——共有知识的维度，可以将企业的知识分为4类：抽象知识（embrained knowledge）、蕴含性知识（embodied knowledge）、编码知识（encoded knowledge）、嵌入性知识（embedded knowledge）。这些概念上的区分用来解释知识的心理和行为层面，下面对这几种知识作进一步界定。

1．抽象知识。抽象知识是指个人显性知识，依赖于个人的概念技能和认知能力。这是正式的、抽象的或理论知识。科学知识，注重对自然规

① 参见Alavi，M.，& Leidner，D., Knowledge Management and Knowledge Management Systems：Conceptual Foundations and Research Issues，*Mis Quarterly*，2001，25（1）：107－136.

律和客观规律的理解，属于这一类。

2. 蕴含性知识。蕴含性知识是个人的不能表达出来的知识，即个人的隐性知识。蕴含性知识是行动导向的，这种类型的知识是个人在实践过程中通过经验而获得的实际知识。与抽象知识不同，蕴含性知识建立在实践经验的积累过程中，即“做”（doing）。这种类型的知识具有很强的无意识和自愿性特性，其应用和产生并不必然纳入有意识的决策过程。蕴含性知识也是情境依赖的（context specific），这种类型的知识只有在解决问题的过程中才能产生。这类知识的产生离不开应用。

3. 编码知识。编码知识是指显性的共有知识，这类知识有时也被称为信息，通过符号来表示。这是经过编码的，储存于蓝图（计划）、配方、书面规则和程序等方面的知识。这些知识的目的是使得组织行为方式和组织产出具有可预测性和统一性。组织中个人知识和经验经过编码，也可以加强组织控制和组织集中。科学管理原则试图将个人经验和技能编码成客观的科学知识，从而使得个人行为和动作标准化、统一化，就充分说明了这一点。编码知识毫无疑问是简化了的、具有选择性的知识，因为编码知识不能捕捉个人隐性知识，也无法表示个人判断等方面的知识。

4. 嵌入性知识。嵌入性知识是蕴含于组织行为和组织惯例中的隐性的共有知识。这些知识基于组织成员中组织成员之间的信仰、信任和相互理解，这使得组织中成员之间、组织部门之间的交流和协作成为可能。这类知识根植于组织的实践过程，具有社会交互性和结构性。嵌入性知识是情境依赖的、关系特定的和分散化的，同时也是有机的和动态的。在没有成文规定的前提下，它可以支持组织中复杂的交互方式。

知识资源既有与其他资源相同的性质，又有其自己的特性。知识与货币、物质有一些共同的性质，如累积性、流动性、收益具有高风险性。组织可以通过外部知识获取和内部知识创新等方式，实现知识的增值。知识这种可以不断累积的性质，说明组织可以采取措施促进能为组织带来竞争优势的知识资源的增加。

与其他形式的资源一样，知识不仅表现为静态的，更是在组织业务流程中、在价值创造过程中循环流动着。知识也只有在循环流动中才能为组织创造价值，静止的知识资源是不能为组织带来价值的。知识资源的流动性说明，组织必须要采取措施，激活处于沉没状态的知识资源。

由于各种不确定性的存在，组织经营总是存在着或多或少的风险。排除其他各种各样的风险，而仅仅从资产流失可能性的角度来看，各种资产都有流失的风险。知识也不例外，组织利用知识获利具有很大的不确定性。知识依赖于人的大脑而存在，知识的使用程度取决于其拥有者——组织员工的工作态度，而不是完全依赖于组织所有者或经营者，道德风险及逆向选择可能会使知识的回报率低于期望值。人才的流动性也使得知识易于流失。

知识与货币、物质等其他资源相比，又具有明显不同的特性，表现在以下几方面。

1．依附性

依附性指知识是有载体的，都必须依附于一定的载体，如人脑、产品和工具、文档和知识库、制度和流程、运营网络等。知识不能离开载体独立存在，可以说没有知识的载体，也就没有知识。而且知识在不同载体中的依附程度也不同，有些载体（如人脑、产品、工具、知识库等）中的知识比较容易被表达和提取，比较容易在组织的价值创造过程中运用。而另一些载体（如制度和流程、运营网络等）中的知识不容易显性化、不容易表达和提取，因而也难以被运用于组织的价值创造过程中。可见知识的依附性影响其被运用的程度。

2．价值的隐含性

知识具有价值的隐含性。在传统资产负债表上所列出的资产项目，一般都有确切的账面价值和比较准确的市场价值。而知识的价值是多少，现在既没有在资产负债表上表示出来，也没有准确的市场价值，因此其价值的大小很难确定。一般来讲，组织整体价值是组织将来获利能力的折现，组织整体价值高于资产负债表账面有形资产价值的差额，就是组织的知识价值。在上述组织价值的确定方法中，组织的获利能力是基于一定条件而估计的。然而，知识的获利能力却是依条件的不同而不同。良好的人际关系及工作环境，会使知识的潜力得到极大的发挥，组织的获利能力会得以提高。但这种获利能力的不稳定性，使得组织拥有知识的价值很难确定。

3．收益递增性

知识与其他物质资源相比有一个显著差别，即知识具有收益递增性。对于一般物质资源来说，普遍存在着投资的收益递减现象。知识的收益递增性指的是对于某一特定知识的投资来说，随着投资的持续增加，收益不但不会减少，反而会逐渐增加，类似于“马太效应”的情形，直至被另外一种全新的知识替代为止。梯斯曾总结出产生知识递增性的四方面原因，即标准和网络的外部性、消费者锁定效应、巨大的前置成本、生产者学习效应。知识的收益递增性一方面为组织持续竞争优势提供了最坚实的基础，另一方面也对知识的获取、创造、转移、保存和应用以及相应的组织知识的组织和管理提出了新要求，在“赢家通吃”或“胜者占有最大份额”的知识竞争游戏中，价值创造和回报更多地与组织能否恰当选择有效创造知识的组织和战略联系在一起。缺乏能够有效地创造和运用知识的组织形式和管理模式，组织将完全失掉参加不连续的知识竞争游戏的机会。

4．多次使用性

知识在组织中可以被重复使用，而货币或物质可以被“用掉”。所以组织不必“节约”知识，或不敢过度使用知识。使用知识，知识不会消失，而不使用知识，反而是一种资源浪费。

5．损耗的特殊性

知识的损耗具有特殊性。知识的损耗性与机器设备等有形资产的损耗性不一样，它完全是无形损耗，即精神损耗。技能的退化和知识的老化会导致知识损耗。组织员工的技能以及由其所掌握的知识所带来的生产能力的提高，是组织知识的体现。但是，由于员工的技能长期得不到利用而退化，以及新知识的出现使员工原有的知识发生老化，致使知识发生损耗，都会使组织的生产效率下降。

技术扩散性导致的知识损耗，是由于技术创新后知识资源很快能在社会上普及。这种扩散的结果使技术创新刚刚出现并成为组织的知识，很快就成为社会的共同知识。因此，创新给组织带来的超额利润的好处也就消失了，知识受到了损耗。这种损耗的根本原因是由于技术模仿者受早期采用者的超额利润的吸引而争相采用，超额利润会随着组织数量的增多而减少，直至超额利润为零。为此，组织可以通过以专利权的形式，保证在一定时期内组织的技术成果不遭受损失。

三、组织的智力资本

知识经济作为一种世界经济发展的潮流对经济发展产生革命性的影响，许多新知识、新思维和新概念不断涌现出来，智力资本理论便是其中之一。智力资本（Intellectual Capital）作为在企业的价值创造中能够发挥作用的知识，其增值、管理及价值实现问题已经受到企业管理者和管理理论界的广泛重视。

最早智力资本是作为人力资本的同义词由西尼尔（Senior）于1836年提出，他认为智力资本是指个人所拥有的知识和技能。加尔布雷斯（Calbrainth）1969年发展了智力资本这一概念，他认为智力资本不仅仅是纯知识形态的知识，而还包括相应的智力活动，即智力资本不仅仅是静态的无形资产，而且还是有效利用知识的过程，一个实现目标手段。

美国学者斯蒂沃特（Stewart）以敏锐的历史洞察力，推动了智力资本理论思潮。1991年他在其经典性的论文《智力资本：如何成为美国最有价值的资产》中提出了智力资本概念，同年指出智力资本已经成为美国最重要的资产，进而在1994年又进一步论证智力资本是企业最有价值的资产。斯蒂沃特将长期以来被大家忽视的智力资本及其重要性揭示出来，他反复强调智力资本虽然常常以潜在的方式存在，但却是企业、组织和一个国家最重要的资产。他认为智力资本是一个组织中每一个人所知道的每一件事的加总之和，它给予组织竞争的优势，在一定意义上，智力资本是能够被用来创造财富的智力材料——知识、知识产权、经验等。在此基础上，斯蒂沃特进一步解释说：“智力资本是被组合起来的有用的知识。”

克莱恩和普如萨克（Klein and Prusak）给了智力资本一个比较抽象又可以把握的定义，他们认为，智力资本是这样一种智力资源，可以规范化、可以被掌握并施加影响以产生更高价值的资本。智力资本是封装的有用的知识。斯维比（Sveiby）提出智力资本是企业一种以相对无限的知识为基础的无形资产，是企业的核心竞争能力。智力资本是企业真正的市场价值与帐面价值之间的差距，而这恰恰是微软这种知识型企业在股票市场上持续被看好的真正原因。

我国学者对智力资本的界定也提出了自己的观点。王勇、许庆瑞认为，智力资本是一种组织现象，是各种知识元素在特定企业中被有效整合后所表现出的能够用于创造财富的企业能力。各种知识元素是企业智力资本存在的前提，但它并不简单地等同于智力资本，而是以一种潜在的智力资本形态存在。因此，获取、构建和提升企业的智力资本，不仅是企业获取、创造知识的过程，更是围绕企业战略，使用企业知识元素的过程。袁庆宏认为，智力资本是组织中一种潜在的应用知识与技能创造价值的能力。表1.2简单归纳了目前国内外对智力资本界定的观点。

表1.2 国内外对智力资本的界定

代表人物	智力资本界定
西尼尔（Senior）	个人所拥有的知识和技能
加尔布雷斯（Calbrainth）	不仅仅是静态的知识资产，而且还是有效利用知识的过程
斯蒂沃特（Stewart）	能够被用来创造财富的智力材料——知识、知识产权、经验等。智力资本是被组合起来的有用的知识
克莱恩和普如萨克（Klein and Prusa）	一种智力资源，可以规范化、可以被掌握并施加影响以产生更高价值的资本。智力资本是封装的有用的知识
斯维比（Sveiby）	一种以相对无限的知识为基础的无形资产
埃德温松（Edvinson）	企业真正的市场价值与账面价值之间的差距

续表

代表人物	智力资本界定
王勇，许庆瑞	一种组织现象，是各种知识元素在特定企业中被有效整合后所表现出的能够用于创造财富的企业能力
袁庆宏	组织中一种潜在的应用知识与技能创造价值的能力

可见，前人对智力资本界定已经作了较多研究，这些观点可以被归纳为广义说、中观说和狭义说。

广义说认为，智力资本就是公司得以运行的所有无形资产的总称，具体包括市场资产、知识产权资产、人才资产以及基础结构资产。

中观说认为，智力资本作为在企业的价值创造中能够发挥作用的知识，包括人力资本（员工头脑中的知识）和结构资本（企业内部的工作方式、习惯、流程；企业的经验性知识、制度性知识；商业秘密与专有技术；企业的客户关系；企业文化；商誉等）。也有的研究者将人力资本和结构资本中的客户知识、客户关系等剥离出归为客户资本，从而提出智力资本由人力资本、结构资本和客户资本构成。不论将智力资本两分还是三分，中观说的支持者认为知识产权不应被包含于智力资本内，这也是中观说与广义说的差别。

狭义说认为，智力资本就是员工的知识和技能，智力资本等同于人力资本。狭义说是一种早期观点，现代研究者基本不认同这种观点。

通过对企业智力资本界定相关研究的分析，本书认为，智力资本的实质就是在企业的价值创造中能够发挥作用的知识，以及运用知识创造价值的能力。作者基本认同中观说，认为企业智力资本应该包括人力资本、结构资本。但本书对结构资本的界定与前人有所不同。

结构资本是使人力资本得到充分发挥的基础，是企业个人能够更好地工作所依赖的企业组织结构上的条件，是组织所具有满足市场需要的能力，其中包括硬件、软件、数据库、专利、商标和技术系统，也包括使个人能力能够得到充分发挥的组织形式、组织机构、组织制度、企业文化，还包括多年积累的企业形象和商誉等。

可见，前人对结构资本的界定既包括企业的结构性知识，又包括有利于企业知识资源发挥作用的支持平台，这种界定太过宽泛。既然“智力资本是被组合起来的有用的知识”，而企业知识的载体包括人、知识库、产品或工具、制度流程以及运营网络，那么像商誉等只能算是企业知识资源发挥作用的结果，而企业文化等则是知识资源发挥作用的支持平台，不能都笼统地归入智力资本，造成智力资本无所不包，范围过于宽泛，不利于将智力资本这一企业拥有的最重要的资源提炼出来，强化对企业智力资本的管理和运用，实现智力资本的价值。

而企业的客户（包括顾客和供应商、合作伙伴等）无疑可以直接为企业创造价值，是企业拥有的重要资源。本书认为客户关系不应是智力资本的组成部分，智力资本应包括企业掌握的关于与企业有交易关系和合作关系的其他企业和个人的知识，这部分知识分别属于人力资本和结构资本。企业与客户的关系只能算是企业拥有的一种资源，而客户拥有的知识作为企业的外部知识，是企业智力资本的潜在来源。

更进一步说，智力资本的这个概念不是凭空而来的，智力资本是在知识经济时代对企业核心竞争力、对企业竞争优势根源的探索过程中提出来的。知识观是被广泛接受的关于企业核心竞争力的观点，认为为企业提供独特性和持续竞争优势的是一个知识群，企业核心竞争力根源是组织中独特的累积性的知识，特别是协调不同的生产技能和有机结合各种知识资源的学问。一些学者更进一步指出，核心竞争力是企业知识的协调和有机结合，是知识的高效率运用。企业的知识资源进入企业的业务流程中，在企业的价值创造过程中循环运营，转化为企业的智力资本。

理解智力资本中人力资本、结构资本的内涵和相互关系，是掌握和应用智力资本的关键。从一个企业的角度看，群体的技能、创造力和解决问题能力以及领导能力、企业管理技能等，都是通过其员工的知识和技能集中体现的。人力资本就是指企业员工的知识和技能，包括企业员工的知识水平、经验和学习能力等。但企业人力资本不等同于单个员工的知识技能，而是企业中每个人知识和能力的总和。这些知识、技能、观念等是不依附于企业的个人能够带走的资源。员工的工作能力、工作效率越高，企业人力资本的价值也就越高。

结构资本即企业组织结构中蕴含的知识资源，包括文件和知识库中的知识、产品和工具中嵌入的知识、制度和流程中的知识、企业运营网络中蕴含的知识。有人形容结构资本是“晚上不回家的知识”，这是因为人力资本是可以流动的，人力资本流出企业会削弱企业的核心竞争力，因此，如何使人力资本固化为企业结构资本，是企业智力资本管理的一个重要问题。人力资本和结构资本可以相互转化（如图1.2），人力资本可以通过学习等方式，吸收结构资本，也可以通过知识创新和知识显性化，使人力资本转化为结构资本。

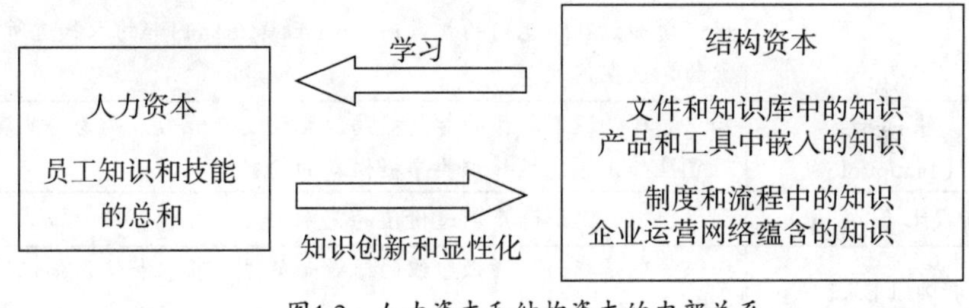

图1.2　人力资本和结构资本的内部关系

第二节　知识管理理论

一、知识管理界定

在探讨了知识的定义与分类之后，应明确知识管理的定义，很多学者从各自角度出发给出了不同的定义，多达数十种。具有代表性的定义总结如表1.3所示。

表1.3　知识管理的概念总结

作者	知识管理概念
阿拉维（Alavi）	知识管理是应用专业知识的流程，是一个系统化、组织性的特性流程，流程中包含多种活动，主要有四个基本流程：创造、存储/检索、转移和应用

续表

作者	知识管理概念
维娜·阿利（Verna Allee）	一个系统地发现、选择、组织、过滤和表述信息的过程，目的是改善雇员对特定问题的理解
维格（Wiig）	知识管理主要涉及四个方面：（1）自上而下地检测和推动知识有关的活动；（2）创造和维护知识基础设施；（3）更新组织和转换知识资产；（4）使用知识以提高价值
奎达斯（Quitas）	知识管理是一个管理各种知识的连续过程，以满足现在和将来出现的各种需要，确定和探索现有和获得的知识资产，开发新的机会。目标是：（1）知识的发布，使组织内所有成员都能应用知识；（2）确保知识在需要时是可得到的；（3）推进新知识的有效开发；（4）支持从外部获取知识；（5）确保知识、新知识在组织内的扩散；（6）确保组织内部的人知道所需的知识在何处
法拉普多（Frappuolo）	知识管理是运用集体的智慧提高应变和创新能力，是为企业实现显性知识和隐性知识共享提供新的途径
斯威比（Sveiby）	利用组织的无形资产创造价值的艺术
巴斯（Bassi）	知识管理是指为了增强组织的绩效而创造、获取和使用知识的过程
奥利里（O' Leary）	知识管理是将组织可得到的各种来源的信息转化为知识，并将知识与人联系起来的过程。“信息”所指的是存在于信息系统中的知识及存在于员工头脑中的知识和经验，“转化”包括对知识的识别、获取、开发、存储，将知识与人“联系”的过程就是对知识的传播、学习、利用的过程。“转化”和“联系”的过程就是通过网络和信息技术实现知识发现和使用的流程
马尔霍特拉（Malhotra Y.）	知识管理是当企业面对日益增长的非连续性的环境变化时，针对组织的适应性、组织的生存和能力等关键问题的一种迎合性措施，它包含了信息技术处理数据与信息的能力以及人们的创造与创新能力有机结合的组织过程
布罗德本特（Broadbent M.）	知识管理是挖掘并组织个人及相关知识以提高整体效益的一种目标管理流程，通过信息管理及组织学习来提高整个组织的知识水准。其目的是获取商业利益
高德纳咨询公司（Gartner Group）	知识管理是通过对企业组织能力的提升，成功达到对企业信息的掌握、鉴别、检索、分享和评价。这些信息不仅包括数据、文献，还包括企业成员头脑中的隐性知识和专业经验

续表

作者	知识管理概念
美国生产力和质量中心（APQC）	企业知识管理是指为企业竞争能力而对知识进行识别、获取和充分发挥其作用的过程。企业知识管理的目标包括：（1）将企业的外部信息、内部正式的信息以及非正式的信息收集起来，形成知识库；（2）通过某种网络或者其他方式，使知识易于访问和获取；（3）营造一种有利于知识创造、传播和使用的氛围；（4）将知识作为资产进行管理
基尔姆（Skyrme）	知识管理是对重要知识及其创造、收集、组织、使用等一系列流程的显性化和系统化的管理。注重于将个人的知识转化为组织的知识并应用到组织的产品和服务中
知识管理世界（KM World）	知识管理是指通过向员工提供可能得到的所有各种来源的最好的信息，从而在任何时候预期他们都能够作出最优的决策
邱均平	狭义的知识管理，主要是指知识本身的管理，包括知识的创造、获取、加工、存储、传播和应用的管理；广义的知识管理不仅包括对知识进行的管理，而且包括对于知识有关的各种资源的管理，涉及组织知识、知识设施、知识资产、知识活动、知识人员的全方位和全过程的管理
陈小让	知识管理就是为企业实现显性知识和隐性知识共享提供途径，通过对知识的识别、获取和利用，充分发挥其价值，从而提高企业的竞争力
白杨	广义上，知识管理是一种新型的管理模式，是以知识为基础的管理活动，它强调企业领导及员工对企业中各类知识的认识与学习，并将之作为企业各个环节运行的基础，在人们的思想中形成一种创新意识，是知识经济在企业管理中的具体化。狭义上，知识管理是企业现代管理中的一个内容，利用现代信息技术，对企业内部各方面的知识及员工的培训进行管理，以使得各类知识得到有效利用，并转化为更大的生产力
王伟光	知识管理是对信息、技术和人的管理的统一，它要求把信息与信息、信息与活动、信息与人连接起来，而形成知识网络，实现知识共享，并使传统组织结构发生变化，以适应“知识工作者”的出现和发展，进而通过“任务集中的团队”来实现组织内外多重关系的协同——双赢战略
朱晓峰	知识管理是在面对环境的日益加剧的不连续性、高度不确定性和未来的不可预测性背景下，以人为中心，以信息资源为基础，以技术为手段，以创新为目的的系统化、组织化的识别、获取、开发、使用、存储、交流企业所需知识，并将其转化为提高核心竞争力的思想和活动

纵览表中的知识管理定义，可以发现如下特点：（1）多数学者认为知识管理是一个由多种企业活动组成的动态过程；（2）定义中涉及的知识管理目的是提升企业竞争力、创新能力和企业绩效；（3）在重视信息技术作用的同时也非常重视企业中人的因素。

既然知识管理是一个动态过程，就需要明确知识管理是由哪些过程/活动构成的，了解其内涵，才能判断企业中知识管理活动的实施情况，才能分析其对企业绩效等方面的影响。对知识管理过程的界定和分类，本书在参考已有研究的同时，充分借鉴了知识社会学理论，作为重要的理论基础。

企业通过组织安排和制度安排来保证知识的创造、分享、利用和保护，通过组织内部激励机制和外部合作机制的有效安排来保证知识的运营。这种努力应始终围绕以下两个方面来进行。第一个方面是知识的创造。知识企业通过有效的知识管理保证有市场价值的、有利于企业目标实现的知识源源不断地产生，这是企业知识增值的基础。第二个方面是知识的转化。知识管理应有利于组织所需的知识与企业的其他资源共同作用，最终转化为具有盈利水平的产品和服务。

企业知识的管理大量表现为如何处理好一系列关系的平衡。如知识的创新和知识创新的商业化必然涉及知识企业的两个领域：流动的领域（有利于知识的创新与传递）和制度的领域（有利于创新的商业化）。有效的知识管理则是这两者之间的平衡。知识企业的利润来源于企业的知识创新能力以及在何种程度上保护知识以免遭其他企业的模仿和侵占，恰当的组织安排具有战略意义。

因此可以认为，知识管理就是组织解决知识配置过程中产生的问题，通过知识获取和积累、知识转移和共享、知识转化和创新，达到知识的有效运用，以提高企业绩效和竞争能力的一系列活动。知识管理理论的研究对象是知识资源及其配置；知识管理主体是组织，主要是营利性组织；知识活动层面包括：个人、团队、组织、组织间等层面；知识管理的目标是维持组织的持续竞争优势。

知识管理之所以在当代兴起，笔者归纳了以下几个原因：（1）经济持续增长揭示知识的价值；（2）20世纪中叶以来知识经济的时代背景；（3）信息技术和互联网发展的推动；（4）企业对知识价值的认可。知识管理其实是组织管理活动发展的自然产物。《第五代管理》中，萨维奇博士认为：工业时代初期以所有制为核心的第一代管理；以严格等级制为特点的第二代管理；以矩阵型组织为特征的第三代管理；以计算机网络为特征的第四代管理；以知识为核心的第五代管理。知识管理来源于社会经济发展的客观要求，直接来源于知识经济时代对管理方式、方法的变革要求。

更进一步说，首先，信息技术的发展使得各种信息更容易被高速获取和共享，这就导致组织的所谓战略优势很容易被竞争对手所超过，组织需要充分利用和转化隐性知识来保持组织竞争优势；其次，组织要面对市场全球化和跨国经营等挑战，由于组织可能分布在全球不同地方，复杂性和不确定性是目前组织产品和服务的显著特征，组织需要加强协作，以克服时间、空间等障碍，推动问题解决，避免“重复开发车轮”或者重蹈覆辙；再次，知识密集型产品和服务大量出现，进一步要求组织内部及组织间进行大量的知识交流和整合，促进知识共享，提高组织正确处理问题的能力；最后，知识经济环境下的竞争需要组织在产品、服务和管理方面不断创新，以加速对市场的反应，这就要求组织有效利用已存在的知识同时又要不断的创造新知识。上述诸多挑战已经说明，对组织的知识进行有效的管理已经成为一个组织兴衰成败的关键。越来越多的组织投入大量的资源来实施知识管理项目，构建知识管理系统，以期获得更好的决策制定能力、实现对组织问题的快速反应、更好地处理客户关系，最终增强组织竞争优势。

对知识管理的大量多角度的研究，使得知识管理发展为管理学中一个新的学科。笔者认为：知识管理既是一个新兴的学科，又是一个有前景的学科。之所以说知识管理是新兴学科，因为其只有20多年历史；研究者知识背景差异较大；没形成公认的体系框架；理论观点有冲突；知识管理学科发展与教学尚处在起步阶段。之所以说知识管理是有前景的学科，因为高技术企业和管理咨询公司等高度重视知识管理；知识型员工越来越普及；就业上会提供越来越多的职位。

毕马威公司（KPMG）每两年对知识管理作一次全面调查，1998年的样本是100家年营业额超过2亿英镑的英国公司，2000年调查的样本是世界范围内选取的423家年营业额超过2亿英镑的公司，2002年对英国、德国、法国、荷兰等国按营业额排名前500家公司进行了调查。其结果显示，1998年有43%的公司有知识管理措施，57%的被调查公司没有知识管理措施或根本没有听说过；到2000年，没有知识管理措施的公司比例下降到15%；而在2002年，几乎所有的企业都不同程度地实施了知识管理。可见21世纪将是知识管理理论与实践大发展的世纪。

二、企业的知识管理过程

知识管理过程或知识管理活动一直是学界和企业界研究的议题。对知识管理过程划分的不同，导致了知识管理不同的内涵。涉及知识管理过程/活动的主要分类研究整理见表1.4，可以发现，由于研究出发点的不同，对知识管理过程的划分结果也有所不同，这导致了知识管理内涵的界定也存在差异。在众多知识管理文献中，多数学者将知识管理看作一个包含各种不同活动的动态过程，基于知识社会学和相关研究，知识管理包括四个最重要的过程：知识创造、知识组织、知识转移和知识应用，这四个过程不是各自独立的四个活动，而是相互连接、相互作用的。

表1.4 知识管理过程/活动分析

学者/机构	时间	过程/活动描述
维格（Wiig）	1993	创造与获取、编辑与转换、分发与应用、价值实现
野中郁次郎（Nonaka）& 竹内弘高（Takeuchi）	1994	分享、创造概念、验证概念、交叉知识、构建原型
欧戴尔（O'Dell）	1996	识别、收集、适应、组织、应用、分享、创造
马夸特（Marquardt）	1996	获取、创造、转移、使用、存储
亚瑟·安德森（Arthur Andersen）	1996	识别、收集、创造、组织、分享、应用、适应
达文波特（Davenport）& 普赛克（Prusak）	1997	定义需求、捕获知识、分发知识、使用知识
霍尔萨普尔（Holsapple）	1997	获取（提炼、解释、转移）、选择（定位、访问）、内化（评估、存储）、使用、创造（监督、评价、产生）、外化

续表

学者/机构	时间	过程/活动描述
斯德厄（Steier）	1997	发现、过滤、标准化、转移、反馈
洛格斯（Ruggles）	1997	产生（创造、获取、综合、融合）、编码（捕获、表示）、转移
范·迪什佩克（Van der Spek）	1997	开发、保护、分发、综合
维格（Wiig）	1998	杠杆作用、创造、获取和存储、组织和转换、应用
史密斯（Smith）	1999	发现、组织、分享
恩斯特（Ernst）&杨（Young）	1999	产生、表示、编码、应用
安盛咨询公司（Andersen Consulting）	2000	获取、创造、综合、分享、使用
维茨（Liebowitz）	2000	转换、识别与验证、获取、组织、检索与应用、综合、学习、创造、分发与销售
王众托	2004	识别、收集和选择、保存、传播与共享、转化与生成、吸收和使用
陈国权	2003	知识来源、获取、传递
贾生华　疏礼兵	2004	知识创造，积累，共享，利用，内部化

韩维贺对知识管理过程作了较多的归纳和整理。知识创造过程是一个组织开发有价值的新思想、新方案的能力，是开发新知识替换旧知识的过程，通过社会化和协同过程以及个人的认知过程，组织中的隐性知识和显性知识被创造、共享、增强、放大和证明。关于知识创造最著名的研究之一是野中郁次郎（Nonaka）提出的SECI知识转换模型，该模型被多数学者所认可。在这个模型中，组织新知识的创造是隐性知识和显性知识交互作用以及两种知识在个人、群体、组织之间螺旋式前进的结果。知识创造的四种模式包括：Socialization（社会化过程）、Externalization（外化过程）、Combination（综合过程）、Internalization（内化过程）。

为了使知识创造沿着知识螺旋不断前进，野中郁次郎（Nonaka）等提出了与上述四种模式相对应的知识场。与社会化过程对应的是原生场（Originating ba），原生场适用于个体之间面对面的相互交流，在这个场所中，组织中的个体之间共享经历、感受、情感和思维方式。与外化过程对应的知识创造环境是对话场（Interacting ba），适用于组织集体之间的面对面的相互交流。与综合过程对应的是系统场（Cyber ba），它主要为组织内部显性知识的汇总组合提供场所。与内化过程对应的是练习场（Exercising ba），练习场为促进知识的内部升华提供了场所。

吴春玉和苏新宁总结了另外两种有利于知识创造的“场”，提出了知识创造的有效方法和手段。一种是伊丹理论及其“场管理”，该理论是日本一桥大学教授伊丹敬之相对以往的“科层制”管理模式提出的一种新的组织管理模式，该理论是从研究人们的心理活动出发，关注怎样提高人们的心理能力问题，理论的核心是以组织内部建立“场”，并通过发挥“场”的作用来管理组织。这里的“场”的含义是人们在共同参与、有意无意地相互观察、互相交流、互相了解、共同合作、共同体验的场所或无形的圈子。另外一种是情场理论及其“停留场”，情场理论认为提高组织竞争能力的关键是交流、联系和创造，在交流过程中收集情报，建立各种人际网，通过联系共享情报，建立共同的目标，创造积极进取的趋势和发散的思维方式。

构成“情场”首要且不可或缺的要素是“人”，“情场”是动态的，只要人们聚集在一起进行交流和对话，如酒吧、餐厅、交通工具等等也能成为“情场”。情场主要是给员工创造宽松自由的交流环境，促使组织内部的各类知识通过各种不同的途径、不同形式（语言、文字、体语、表情等）进行交流与共享的场所。

知识组织是对知识进行审计、编码、存储以利于组织检索知识的过程。尽管目前还没有专门测量知识组织过程的文章，但大量针对知识审计、编码、存储检索等维度的文章，为测量该过程提供了参考。对知识进行审计、评估和分类是知识组织过程的开始工作，任何企业在实施知识管理之前，应十分了解现有存在的知识，通过知识审计来发现企业的知识差距。他提出了知识审计的四个阶段：（1）开始阶段，主要包括定义知识审计的目标和识别财务以及其他限制；（2）选择标准阶段，主要确定企业知识的理想状态，选择可对照的理想衡量标准；（3）选择审计方法阶段，主要包括选择恰当的知识管理评价工具，确定相关的审计内容；（4）执行阶段，对企业的知识现状进行审计，并将结果形成相应文档。

知识的编码是对各种类型知识进行表示的过程，以助于对知识进行保存和检索，部分实证研究表明组织在创造和学习新知识的同时也在忘记已获取的知识。因此知识组织过程与组织的记忆有关，组织记忆是“来自过去经验、事件的知识影响现在组织活动的方法”，它包括以各种形式存在的知识，如数据库中的结构化信息、专家系统中编码的知识等，这些知识存储在知识库中，供使用者检索，也包括组织文化和工作流程等知识，组织记忆与知识的存储、检索密切相关。

在知识管理领域中，知识转移可以认为是知识被传递或转换到使用者并被其吸收的过程。由于组织中知识本体和接收者的多样性，使得知识会在不同本体间发生转移，比如个体与个体之间、个体与团队之间、团队与团队之间、团队与组织之间等多个层次上。迪克森（Dixon）根据知识接受者、任务的性质、被转移的知识类型等标准将知识转移划分成五种类型：连续转移、近转移、远转移、战略转移、专家转移。要进行知识转移的一个重要前提是准确定位所需要的知识，然而目前很多组织并不了解“他们知道什么”，知识定位的能力较弱。苏澜司盖（Szulansky）分析了知识源、接收者、转移情境和知识本身的一系列特征，指出这些特征在知识转移的不同阶段起着不同的作用。例如知识源的可靠程度主要影响转移的初期阶段，接收者的吸收能力主要影响转移过程的实施阶段，而知识的“因果关系明确性”则可能影响到知识转移的整个过程。目前，影响知识转移的社会网络特征也越来越受到关注。有学者发现，当知识是蕴含在网络或者更高级关系中（如特许经营权、战略联盟等）的知识，转移的稳定性更好。汉森（Hansen）发现知识类型会调节社会网络联系的紧密程度与转移效果之间的关系，当知识不太复杂而且能够编码时，弱联系（转移单位间关系较为松散或偶然联系）会促进知识的转移，减少完成任务的时间；反之，当知识比较复杂并且难以编码时，强联系（转移单位间关系紧密或经常联系）会促进知识的获取并提高完成项目的效率。上述研究虽然并未直接测量知识转移过程，但各种转移机制的分析为确认知识转移包括的相关活动提供了重要依据。

基于知识的企业理论认为，企业的竞争优势之源在于知识的应用而不是知识的本身。知识应用是企业员工对新知识和已有知识进行整合并将知识应用到产品和服务中的过程。达文波特（Davenport）指出知识的有效应用能帮助公司提高效率而减少成本。从知识运作和知识管理的全过程来看，每一个环节都应该考虑到，然而如何有效地利用知识，却受到了不应有的忽视，目前文献中较少讨论知识如何有效应用的方法。很多学者认为员工在获得知识之后就会自然而然地应用知识，或者假设组织会很好地应用知识，比如在野中郁次郎（Nonaka）提出的理论中讨论组织的知识创造能力，就假设只要知识产生，就会被有效地利用，然而实际情况并非如此。有的企业引进新的技术，对员工进行了一系列培训，使员工掌握新知识，然而员工经常并没有主动去应用这些新知识。

三、企业的知识市场

为了共享企业内部知识，大多数企业建立一个知识数据库，要求员工贡献知识。当管理层发现他们的员工贡献知识和检索知识的积极性不高的时候，激励是普遍采用的方式。现实表明，虽然激励有一定作用，但效果并不理想。管理层自上而下试图建立知识共享系统的努力大多不能取得理想的效果，这种现象可称之为“命令机制失灵”。

“命令机制失灵”的原因主要在于知识拥有者认为其专门知识是其在企业中获得竞争优势的根源，他们认为贡献出其专有知识的代价大于企业给他们的回报。因为每个人的期望差异很大，而且每人的专有知识的价值不同，所以企业很难制定出一套通用的激励系统，给大多数员工以足够的效用。所以即使是在企业组织的正式的面对面的交流中，员工也不愿意将其掌握的知识交给他人。

“命令机制失灵”使得市场机制在企业内部知识共享中显得尤为重要。其实，在企业内部也存在一个“知识市场”，这个市场与有形商品的市场一样，也有买方和卖方，他们讨价还价以寻求双方满意的价格。这个市场中也有尽量促成交易的中介者。知识市场中存在某种交易的原因是买方和卖方都相信他们会在交易中得到某种形式的利益，也就是交易能为交易者带来“效用”。虽然在交易中可能没有现金流动，但是这个知识市场中也存在价格系统。“理解知识市场对于更好地进行知识共享意义重大，而忽视市场驱动的知识共享注定是要失败的。”因此，企业开展知识管理，首先要弄清楚企业内部“知识市场”的运行机制和规律。

（一）企业内部知识市场的交易主体构成

同其他的市场一样，企业内部知识市场的主体包括买方、卖方和中介三种角色。

1.买方

买方通常是那些为了解决问题而寻找知识的成员。所寻找的知识能帮助他们更有效地完成任务，或者提高他们的判断力和技能，也就是能帮助他们在工作中取得更大的成功。在知识管理不善或没有开展知识管理的企业中知识市场的买方是被压抑住了的。使用知识创造价值的活动如果没有相应的回报，寻求解决问题的知识和经验活动就会被压抑。但是事实是，企业现实的知识市场中确实有大量的买主。

2.卖方

卖方是企业内掌握了某些方面知识的人，这些人主要用他们所拥有的知识来换取薪水。虽然实际上每个成员都可能是知识的买方，但并不是所有的人都能成为知识的卖方。造成这种现象的原因来自：首先是知识具有不易表达的特性。有些知识是可以言表的，但是有些知识则是只能意会的。所以在企业知识市场中有些成员的技能是隐含性的知识，不能清楚地向其他人表述。其次是知识本身的私有性和使用知识的竞争性。知识的使用无疑会带来回报，所以有些潜在的知识卖方并不参与企业的知识市场，因为他们相信与共享知识相比，独占其知识会给他带来更多的利益。同时，知识使用的狭窄性也会限制企业中拥有知识的人成为企业中知识市场的卖方，比如有些人的知识太专业化、个人化，因而在知识市场中价值有限。在很多企业中，情况都是如此，而且这种选择是一种理性的选择。因此，在知识管理中，一个必须考虑的问题是如何确保知识卖方的知识共享活动比独占知识带来更大的收益。

3.中介

在知识市场中，中介的作用非常重要，他们把需要知识和拥有知识的人联系在一起。从广义上来说，很多跨部门的管理人员就是知识市场的中介者，企业的图书管理人员或信息管理人员也是潜在的中介者。这些人建立了企业内部人与人之间和人与书本之间的联系。但是很多企业往往没有认识到这些知识中介者对企业发展的重要意义，因为他们不创造价值，在成功的业绩中无法直接体现。相反，他们经常到各个部门“串门”，经常与人“闲聊”。实际上这些中介者往往是促进企业内部知识市场活跃的重要因素。

（二）企业内部知识市场的价格系统

企业从外部购买知识往往要支付现金。而企业内部的知识交换却很少用现金，用的是其他的“通货”，互惠、名望、利他和信任是在企业内部知识市场中的主要支付方式。

1.互惠

时间、精力和知识都是有限的。人们在工作中所付出知识是需要得到一定的回报的。所以，许多成员期望接受其知识传授的人在某些情况下能反过来向他传授知识，以真正实现知识共享。得到报偿或者互惠是知识交易的基本原则，违背这个原则，知识的所有交易活动就很难开展。与互惠原则一致的是公平原则，不公平的互惠难以实现知识的交换。因为在知识的交换活动中所进行的实际交换不仅仅是知识，还包括了凝附在知识之上的知识占有者的部分或者所有人格。在企业中，“与君一席话，胜读十年书”的交往正逐步被“互惠式”的交往所取代。

2.名望

通过知识获得名望不仅是企业内部的知识市场交换的原则，事实上也是生活世界中社会地位获得的一种方式。知识的卖方通常想让其他人把他当作拥有价值的知识和经验并且乐于与他人共享的人。这种名望是无形的，但是却能带来有形的收益，例如工作的稳定性、薪水的提高等。在咨询公司、投资银行等行业中，名望的价值更高。在互惠的同时获得名望是所有知识人的必然选择，知识支出和名望获得以及名望伴随的收益是一致的。知识名望的获得也是与在知识交易活动中的利他主义联系在一起的。

3.利他

实施知识管理制度的经验可以证明，在一个组织中真正实现知识共享有时是很困难的。但是行动者的个性特征和社会人格往往有助于解决或克服这种困难。比如对某些成员来说，知识共享也可能是乐于助人的行为，是其高贵品格的反映，或者是对某个方面主题的爱好，共享知识并不是为了取得利益，而是通过利他行为获得了精神和心理上的满足感。在知识共享中，利他主义是真实存在的，是可以被激发出来的，但是，一个彻底有效的知识共享机制，是不能完全依赖利他主义的。

4.信任

知识市场是建立在“信用”的基础上，相互信任是知识交换的核心，是决定知识市场是否良好运转的最重要的因素。企业必须让成员看到知识共享所带来的益处，必须保障相互信任普遍存在于企业的各个部门；如果某部门内部缺乏信任，那么整个知识市场在某些方面效率会很低。另外，信任必须从领导层开始推动。

（三）企业内部的知识市场信号

知识市场中的市场信号，是指那些指明知识在哪里和如何得到所需要的知识的信息。知识市场的信号包括正式和非正式的信号，主要有以下几种。

1.地位

地位一般是表明谁拥有所需要的知识的正式信号。在现代社会的地位结构中“自致地位”要比“先赋地位”更能显示其权威。当需要了解某个研究项目时，通常倾向于找项目负责人，或者是学历较高的人。但情况并不是完全如此，有些情况下高学历的人可能并没有所需要的知识。但是越是传统的社会，对地位和教育所表现出来的不清晰知识的重视显得越发突出。所以，在走向新的社会时，要对地位和教育所显示的知识做出科学的评价。在知识管理的初期，地位和教育在知识交换中的作用是显著的。

2.教育

教育也是表明知识人拥有知识程度的一种正式信号或表征。一般说来，教育程度有时就等于知识拥有程度，同时也往往同其社会地位或职业地位联系在一起。获得的教育程度越高，掌握的知识也就相对越多，那么这时所获得的职业地位也就越高。在知识交换的过程中，也就越容易成为知识的卖主。

3.非正式网络

知识市场中最好的信号可能就是通过企业内部非正式网络流动的那些信息。这些非正式的网络把知识的卖方、买方和中介者联系在一起，让需要知识的成员找到拥有知识的人，推动了知识在企业内部的流动。这种非正式网络的功能主要通过个人接触和口头交流而实现。很多情况下这种交流就是办公室中的“流言”，当人们聚在一起相互闲聊时，往往使网络中的知识得到了更新。由于非正式网络的互动性，它的知识更新比较快，相比之下，正式网络或者知识库的建设需要一定的周期，所以相对滞后一些。企业中的非正式群体是这种非正式网络存在知识的场所，所以应非常重视非正式群体的知识交流活动所组成的非正式知识网络。

4.知识共同体

有时拥有彼此互补知识的人会组成一个共同体，这个共同体的形成往往是通过共享工作经验、兴趣和目标而形成的。管理者应该把这些松散的共同体看作企业的财富，并且鼓励其向更好的方向发展。

5.知识信息

蕴含知识的信息在知识交流活动中是非常活跃的。在知识交易中最初知道的知识事实上是有关某种知识的信息。知识信息是知识的外在形式和最初表现。知识共同体的形成同知识拥有者的知识信息交流是有关的。

（四）企业内部知识共享中诱发“市场机制失灵”的因素

企业内部知识共享中“市场机制失灵”的诱发因素主要有以下四个。

1.垄断

如果仅有某个人或某个小组拥有他人所需要的知识，那么就可能存在知识的垄断。其后果和其他市场的垄断一样，因为没有竞争的存在，知识的价格会很高。单独拥有对企业非常重要的知识的人可能会利用这一特点来建立自己在企业中的权力和地位。这样的人就不愿意与其他人共享其所拥有的知识，这对企业长远发展的影响是显而易见的。知识垄断比信息垄断所造成的危害更大。在知识社会的初期和没有实施知识管理的地方这种知识垄断是广泛存在的。知识垄断和知识共享是背道而驰的。应该说知识垄断是知识异化的一种表现。

2.信息不完备

企业很多成员不知道到哪里去找所需要的知识，缺少知识地图或黄页来指导知识的购买者和卖方接触是一个首要的问题。另外，买卖双方缺少明确的价格信息也是知识市场失灵的原因之一，共享知识所能带来的收益有很大的不确定性。

3.信息不对称

在所有的市场中都存在一定程度的不对称性，但这对于知识市场来说更为突出。在企业中经常是一个部门有大量的知识，而其他部门则又很缺乏这些知识。企业发展战略方面的知识可能在高层中存在，但是企业的中层管理者也需要这些知识，却无法得到。这种问题往往是由于分发渠道、信息形式等原因，而不是由于稀缺所引起。

4.知识的本地化特性

知识的扩散是本地化的，面对面的接触是得到知识的最好方式，很多人能够从经常接触的人那里得到所需要的知识，但往往得不到相对来说距离较远的知识资源的可靠信息，特别是在大型企业中。卖方和买方的距离阻碍了知识交易的发生。尽管通讯手段已经非常发达，这仍然是一个突出的问题。

第三节 组织网络理论

网络是一种长期的、有目的的组织安排，其目的在于使企业获得长期的竞争优势。战略网络中的组织间联系是持久的并且具有战略意义，网络成员间的持久、重复的交换关系是这种网络的关键特征。我国学者林健和李焕荣认为战略网络是指为了共同的愿景，以战略中心企业为核心，以现代信息技术为支撑，将具有战略意义的战略伙伴通过紧密的契约关系联结在一起的、以相互信任和长期合作为基础的、不断进化和优化的经济合作关系网络。战略网络中企业间关系的主要特征是互惠、互赖、柔性关系和权力角逐。战略网络具有多种形式，包括企业内部网络、战略联盟、企业集团、贸易联盟、工业区（industrial district）等。

一、企业内部网络

企业中具有多个组织（或经营单位），企业总部对下属组织（或经营单位）具有所有权和控制权，这些组织构成了企业内部网络。企业内部网络可被看作一个多组织集合体，而不是一个单体组织，因为研究组织间现象的网络关系概念可以被用于企业内部网络，使得对该种网络的结构、运作和治理可以得出更多有价值的认识。

在企业内部网络中，所有权和控制力之间有清楚的联系。但这种联系的强度随着分权程度、所处相关产业的性质、总部和子单位间地理和文化距离这三个维度的不同而变化。

二、战略联盟

战略联盟是一个多企业集合体，这些企业进行产品、技术和服务的交换、共享和协同发展。近二十年来，为了技术发展和全球化的需要，企业间结成了越来越多的战略联盟。一个战略联盟可以由在价值链上处于相同位置和不同位置的企业所组成，联盟中的企业也可能生产相似产品并在同一区域市场展开竞争。战略联盟是企业获取或学习创新能力的一种重要的策略和组织形式，中国的技术（密集）型企业正试图通过战略联盟进入高新技术领域，中外企业合作成为首选的方式。

企业及其部分合作伙伴加入了多个战略联盟也是常见的，这种现象被称为“联盟网络”（alliance network）。不管是一个联盟还是联盟网络，知识转移的机理是相同的，都只涉及知识在联盟伙伴间的流动，为了研究的简洁，我们把研究对象定位于一个战略联盟而不是联盟网络。并且尽管这些联盟涉及相当复杂的设计和治理问题，但他们却有相同的价值创造逻辑。

三、集群

集群是“相对于独立企业来说是一个网络，这个网络在相同或相关的市场部门中运作、一个共享的地理位置、从外部规模经济和集聚范围中获益”。一些著名的例子如硅谷、128路和伦敦城等。集群包括制造商网络商、支持机构、和当地的劳动力市场。可能有也可能没有生产者之间垂直分工。在意大利东北中部的企业集群表现出明显的分工劳动，而其他意大利集群中的公司则或多或少地做着同样的事情（没有劳动分工）。高校可以为集群中的企业提供技能人才和技术和研究支持。

第四节　社会资本理论

一、社会资本界定和维度

那些对企业间关系研究日益关注企业如何社会性地嵌入到一个关系

网络中，这种关系网络涉及多种多样的组织行动者。社会资本作为一种概念的重要性正在增加。这种概念为描述和表征组织的一系列关系提供了基础。然而，虽然社会资本的概念已经得到广泛认可，但是仍然存在其意义和影响的广泛的不确定性。社会资本是行动者获利的能力，即通过在社会网络或其他社会结构中的成员友谊获利的能力。在组织层面，获得的利益包括获取知识和信息的特权、新业务的优势机会、声誉、影响力、网络规范理解的增强。

社会资本具有一个社会单元的属性，而不是私人化。作为一种公共产品，社会资本不仅仅为其创造着所享有和获益，广泛说来也能为成员享有或利用其来获益。在组织层面上，拥有社会资本的价值体现在：获取知识和信息的特权；获得优先的交易机会、声望和影响；对网络规范的深入理解。企业通过纵向联系、横向联系和社会联系摄取稀缺资源的能力是一种社会资本。

自20世纪90年代起，社会资本被用于管理学研究，其中纳哈佩特（Nahapiet）和 高沙尔（Ghoshal）对管理学研究中的社会资本界定受到广泛承认，本书采纳了这个界定[①]。社会资本是嵌入于个人和组织拥有的关系网络中、通过关系网络可获得的、来自于关系网络的资源集合体。这种观点的核心思想体现在认为关系网络对个人和组织来说都是有价值的资源。[②]

我们将社会资本定义为聚合的可嵌入、可利用的资源，从个人或组织所拥有的关系网络派生出来的——从兼容私人和公共品的视角定义的社会资本。在这种社会自资本的观点中着重强调关系网络是个人或组织的宝贵的资源（即资本）。这种观点的逻辑可以在示例中的公司中体现，与另一家公司建立网络关系，如供应合同。这种网络连接，成为这两家公司的一种社会资本资源。随着时间的推移，公司之间的信任可能会发展，除了公司之间的正

① 参见Nahapiet，J.，Ghoshal，S.，1998， Social Capital，Intellectual Capital and the Organization Advantage，*Academy of Management Review*，23（2），pp.242—266.

② 笔者认为，社会资本概念虽然未必是伴随着网络出现，但发展到今天，尤其是管理学中的社会资本是与网络研究相伴发展的。无论网络节点是个人、团队、部门、企业甚至是国家，社会资本都是非常好的描述网络特征的概念，而且提供了从结构、认知到关系的立体描述。

式关系这种信任也将构成一种社会资本资源。从而提高了企业的社会资本。社会资本中的各种好处可能会流入企业，例如知识优惠获取。

来自个人关系网中的个人社会资本可以与来自组织网络关系的组织社会资本区别开来。前者的私有属性很好，而后者则需要公共性质良好。作为一项公益事业的社会资本，组织成员不一定参与那些关系的发展就可以获得来自组织的网络的关系的资源。这两个层次的社会资本往往是相互关联的。例如，一位经理，通过他或她自己的社会关系和人脉关系，可以帮助他或她的公司与另一家公司合资成立。在这种情况下，组织社会资本是在个人社会资本的基础上创建的。

二、网络的社会资本维度

为了系统分析跨多个网络类型的组织社会资本，我们需要区分社会资本的持有者、社会资本的不同层面、社会资本的好处和决定社会资本效益的因素。组织社会资本拥有者就是上述的三种网络类型的成员。社会资本方面益处是指从其他网络成员那里获取知识的机会。正如下面一节中讨论的，不同层面的社会资本的主要方面是指集群的社会资本。经过这些维度的讨论，我们的注意力转移到了知识转移上面，是本书所研究的社会资本效益的决定因素。我们建议促进知识转移的条件。我们的基本论点是，根据网络类型，不同条件下社会资本层面对知识转移的影响不同。本节将网络类型和社会资本维度联系起来，并提供一套的理论关系。尽管我们关注的焦点是跨网络类型分析组织社会资本，我们也将在我们的讨论中纳入个人社会资本，因为两者之间的相互作用会影响网络成员之间的知识转移。表1.5比较了企业内部网络和战略联盟的社会资本维度差别。

表1.5　网络中的社会资本维度

社会资本维度		企业内部网络	战略联盟
结构维度	网络联系	网络边界的渗透性强	成员企业关系性质决定个人社会关系
	网络配置	层级结构，成员间连通性容易建立	非层级结构，可能穿越结构洞建立连通性
	网络稳定性	稳定的成员关系	高不稳定率

续表

社会资本维度		企业内部网络	战略联盟
认知维度	共享目标	成员朝着总部设定的集体目标努力	目标协调兼容，完全共同目标很少存在
	共享文化	共同文化	成员间文化既冲突又妥协
关系维度	信任	具有制度化基础，机会主义风险小	具有行为基础，机会主义风险大

（一）结构维度

战略网络中社会资本结构维度是指行为个体之间联系的整体模式，这一维度主要关注网络联系存在与否、联系强弱及网络结构，可以从网络联系、网络配置、网络稳定性三个角度分析。

网络联系指网络成员间的特殊联系方式。联系是社会资本的基本方面，因为网络成员的社会联系网络创造了社会资本交易的机会。企业内部网络的一个关键特征是网络成员属于同一个企业，部门间联系或个人间联系与企业内部经营单位间的联系几乎没有区别，网络边界的渗透性强。战略联盟伙伴间关系的性质将会影响个人关系。例如，如果伙伴间具有激烈的竞争关系，个人间关系可能是谨慎、紧张的，因为每一个伙伴都在警惕将有价值的知识泄露给竞争对手。战略联盟中组织社会资本的性质决定了个体社会资本的发展。

网络结构的配置决定了网络成员间的联系模式。层级、密度、连通性等配置元素通过作用于网络成员间接触范围和可接近性，影响到知识交换的灵活性和容易度。企业内部网络经常被设置成层级结构，层级的顶端是总部。依靠全面的公司结构，一些网络成员可能没有跟其他成员有联系。或者通过总部协调，或者通过成员间主动行为，连通性可以被很容易地建立。虽然像通过合资建立的联盟比通过技术许可证建立的联盟能实现较为深入和宽泛的交互，但战略联盟的结构都不是层级的。连通性需要穿过企业边界建立，所以不是直截了当的。一些成员企业可以穿越网络的结构洞（structural holes）获得关联信息优势。

网络稳定性指网络成员的变化。非常不稳定的网络可能限制社会资本创造的机会，因为当成员离开网络时，联系消失。稳定性对于企业内部网络不是一个主要问题，除非企业经常进行重构或改组。对于战略联盟，稳定性是一个值得关注的问题，因为这种特殊的网络形式伴随着高不稳定率。

（二）认知维度

战略网络中社会资本认知维度描述了提供不同行为主体间共同理解的表达、解释与意义系统的那些资源，可以从网络成员间共享目标和共享文化两个角度分析。

共享目标指网络成员分享对网络任务和结果的共同理解和方法的程度。依网络类型的不同，任务和结果可能在清晰度和精确度方面会有变化。企业内部网络成员通常会依照总部设定的目标努力工作，虽然他们可能不得不完成与他们自己的产品和市场相联系的第二目标。当成员企业进入战略联盟时可能有不同目标，通过协商他们能达成大多数企业接受（如果不是全部都接受的话）的目标。

共享文化指网络中一套支配适当行为的制度化规则和标准，它经常涉及对网络和对成员的简单理解。企业内部网络成员通常在共同文化下运作。虽然联盟企业可能有截然不同的文化，联盟经常在文化妥协的基础上形成。如果某个企业僵硬地推行它自己的行为方式，就会出现文化冲突。

（三）关系维度

战略网络中社会资本关系维度指的是网络联系中的人格化方面（personal aspects），即与网络联系的行为人有关，而结构维度则是描述非人格化因素（impersonal aspects）。关系维度表现为具体的、进行中的人际关系，是人们在互动过程中建立起来的一种具体关系。

关系维度涉及信任、标准及可辨识身份等，本书主要关注信任，因为信任是组织间知识转移和知识创造的一个关键影响因素。组织成员对其他成员和组织本身产生的信任预期使得他们愿意分享其资源，进行合作，实现资源的交换和组合。两个行为人之间的联系越紧密、交往越多，彼此就越了解，分享信息和产生的共识就越多，从而也就越可能产生信任。

信任能够促进网络成员间知识转移。随着信任的发展，网络成员会降低对知识的保护程度。企业内部网络的信任是制度化基础的，对某个网络成员而言，其他成员应该是值得信任的。机会主义风险通常不是企业内部网络关注的问题，但对于战略联盟来说，这种风险却非常值得重视。战略联盟伙伴间的信任是行为基础的，企业需要通过它的行为表示出它是可靠的。

第二章　社会网络对多元化企业知识转移的影响

第一节　网络视角下的多元化企业知识转移

一、多元化企业

（一）多元化企业的组织结构

鲁梅尔特（Rumelt）在研究多元化与企业模式选择时发现，美国最大型企业中采用产品事业部结构的比重从20.3%上升到75.9%。

20世纪90年代早期，几乎所有美国大型企业都采用M型结构（多事业部型）。多数学者和企业都倾向于选择事业部制的组织结构，而不赞成直线型的组织结构。M型结构在集权和分权上介于U型结构和H型结构之间，它能在一定程度上将组织的纵向结构和横向结构很好地结合起来，既能实行内部有效的管理，又能给予运作部门较大的独立性，是多元化企业较为理想的组织结构。

从众多的企业向事业部制变革的现象来看，今后事业部制还有可能继续成为组织变革的主流，因为不少企业在实施事业部制后，确实提高了绩效，如美国通用汽车公司通过组织结构变革采用了事业部制的组织结构取得了卓越的成效。而大量的实证研究也表明，多元化与事业部制存在着客观的规律性。

（二）多元化企业内部部门间的关系

多元化企业中，总部对各个业务单位具有所有权。M型组织结构下的多元化企业，总部集中重大决策、人事任免及资源分配等权力，又赋予各业务单位一定的自主权使其分散经营。这种情况下，总部的集权程度不是很高，各业务单位有很大的自主性和积极性。

实际上，企业中各业务单位为获得嵌入在组织内部网络中有限的资源和能力而相互竞争。这些业务单位可能服务于相似的市场，总部给予它们的报酬和地位是基于它们相对于其他业务单位的绩效。但另一方面，各业务单位间也存在合作的空间。业务单位间共享相关的知识，共同开发新的知识和技术，可以获取范围经济，减少成本。多元化企业会鼓励部门间知识共享来实现范围经济，同时也会允许它们之间的竞争以获取效率。竞争与合作都会促进知识共享、技术进步和市场扩展。

部门间的沟通协调关系分为正式的等级结构关系和非正式的横向社会互动关系，这两类关系都会促进部门间的沟通与知识共享，并且部门间的竞争关系在这种促进关系中起中介调节作用。业务单位间的互动性质（关系特征）可分为正式的竞争与合作关系和非正式的持续性关系，这两类关系会影响知识转移的效率。

二、多元化企业的知识转移

（一）知识转移的类型

根据知识转移的方向可将其分为：（1）水平转移，是指知识在同级单位之间的流动；（2）垂直转移，是指知识在高低等级单位之间的流动。迪克森（Dixon）根据知识接受者、任务的性质、被转移的知识类型等标准将知识转移划分成五种类型：连续转移、近转移、远转移、战略转移和专家转移。从知识转移的规范化程度看，包括正式知识转移和非正式知识转移。正式知识转移通常发生在培训、进修、会议过程中等；非正式的知识转移通常发生在口头闲谈、师徒合作、私人聚会过程中。

（二）知识转移的渠道

转移渠道也称转移媒介，它是由人、制度、组织、社区和符号系统、工具组件、网络软件等综合形成的转移通道。

知识转移机制被分为丰富的交流媒介和书面媒介两大类。前者包括面对面的交流、非正式的交流合作机制和团队机制等；后者包括手册、数据库、成文的指令和蓝图等。随着信息化技术的进步，人们之间进行交流有时会借助计算机来进行，如虚拟会议、Voice Mail等。

企业必须针对不同的知识选择不同的渠道。显性知识可以通过信息网络进行转移；隐性知识需要人与人面对面的互动接触而转移。对书面媒介的“过度运用”会造成战略性知识的丢失；另外，还必须考虑知识转移机制的运行成本。

（三）知识转移的过程

学者们对知识转移的动态分析各有不同的侧重点。有学者认为企业内的知识转移包括四个阶段：初始阶段、执行阶段、蔓延阶段和整合阶段。有学者提出知识转移五步骤的概念模型，指出完成具体知识的转移有五步：获取、交流、应用、接受和同化。还有学者依据知识分类与知识载体两个维度将知识转移的过程分为三个步骤：明文化与内化、扩展与灌输和吸收与传播。由于篇幅有限，本书不做具体解释说明及列出相应图形。

（四）知识转移的影响因素

一个完整的知识转移过程包含了知识发送方、知识接收方、转移渠道、被转移的对象以及转移所嵌入的情景等因素构成。成功的知识转移取决于知识转移的机会、动机和能力三个主要因素。有学者从知识、知识发送者、知识接收者、转移的环境四个方面来探讨影响知识转移的因素，通过调查分析得出结论，知识接收者的吸收能力、转移双方的紧绷关系、知识的偶然模糊性三个因素很重要。有学者认为影响团队间知识转移的因素主要有：转移知识团队与接受知识团队任务和情境的相似性、被转移知识的类型、接受知识团队的态度和吸收能力等。综合各学者的观点，本书将知识转移的影响因素归纳为三个方面：知识特性、转移双方的特性（转移意愿与能力）及转移环境。

三、社会网络特性

总结起来，社会网络理论所分析的网络结构特性如下。

（一）网络规模

网络规模是指处于特定社会网络中的行动者与其他行动者之间的关系数量。一般来说，网络规模越大，意味着网络中的有形资源和无形资源储量越丰富，资源交换越频繁。这个维度既可以测量单个结点的关系数量，也可以测量整个网络的关系数量。

（二）网络范围

网络范围是关于网络内容的维度，是指网络联系的特定性质或类型。即使在相同的网络中，行动者之间的关系也会具有不同的内容。联系行动者之间的关系是多种多样的，如亲属关系、信息交流关系、感情关系、工具关系、权力关系、敌对关系等。关系的类型既可以界定单个结点的联系特征，也可以界定网络的总体特征。

（三）联系强度

格兰诺维特（Granovetter）将人与人之间关系的力量分为强弱连接两种。衡量关系力量的标准有四个方面：双方互动的频率、感情力量、亲密程度和互惠交换。强关系指主体间情感密切或频繁互动形成的联系；弱关系指主体之间比较松散的联系。

强关系和弱关系在社会活动中起着不同的作用。弱关系更有“力度”，这是因为强关系是在社会经济特征相似的个体之间发展起来的，双方相互了解，知识结构、背景等相似之处颇多，所增加的资源与信息大部分是冗余的。而弱关系是在社会经济特征不同的个体之间发生的，跨越了不同的信息源，更可能是创新信息的来源。①

（四）网络位置

网络位置是指在结构上处于相同地位的一组行动者或节点的结构性特征。行动者在社会网络中占据的位置和周围连接情况决定了他的权力与影响力。网络中心性，即衡量行动者在社会网络中所处的位置居于核心地位的程度。

网络中心性一般包括三种：

1. **程度中心性**

以行为主体在社会网络中相邻直接关系的数目多寡作为衡量指标，用以考察社会网络的区域中心性。行为主体的程度中心性越高，则表示其在网络中与较多的成员有所关联，其拥有的权力和影响也越大。

2. **接近中心性**

以行为主体与网络中其他成员的距离长短作为衡量指标，用以考察社会网络的全域中心性。接近中心性越高，表示行为主体与其他成员的距离越短，越能快速得获取信息。

3. **中介中心性**

以社会网络中的某个行为主体处于其他任意两个成员之间的程度作为衡量指标，用以考察行为主体的中介位置。中介中心性越高，表示行为主体引导信息流通的机会也越多，即占据了掌控信息流动的关键位置。

如果一个网络有严重的切割，形成了一个个分离的组件时，正是伯特（Burt）所说的两个网络间有结构洞，网络中资源、信息的流动到此便被断开，无法开成封闭的回路。占据结构洞位置的个人就是我们俗称的桥。在伯特（Burt）结构洞理论里，中介性高的人就掌握了信息流以及商业机会，进而可以操控他所连接的两群人，获得中介利益。

① 格兰诺维特（Granovetter）的这一观点提供了分析新资源获取的一个有用角度，但也有局限性。资源并不一定总是或总能在弱关系中获取，强关系往往是个人与外界发生联系的基础与出发点。强关系包含着某种信任、合作与稳定，较易获得;弱关系则总是与不稳定、风险与投机联系在一起，较难获得。

（五）网络密度

网络密度是指网络中一组行动者之间关系的实际数量和其最大可能数量之间的比率。当实际的关系数量越接近于网络中的所有可能关系的总量，网络的整体密度就越大，网络越稠密；反之，则越松散。

一般来讲，当某个体处于闭合的网络之中，其周围的关系也多为强关系时，该网络的整体密度就较高。

（六）网络稳定性

网络稳定性是网络动态性问题，这方面的研究较少，“还有艰巨的研究任务有待完成”。曾有学者明确指出两种迥然不同的网络演变过程：目标引导的网络演变轨迹和偶得的网络演变轨迹。目标引导下的网络演变的轨迹是围绕网络成员共享的特定目标而展开的。若网络演变主要是受到偶得过程的驱动，则这个网络就在围绕着各行动者之间的互动而随意地展现出其演变的轨迹。两位学者在书中分别介绍了两种网络演变轨迹，并分析了两种轨迹的结构动力和意义，最后阐述了两类网络化过程的相互转换。

另外，关于社会网络的形成与演进模式，在理论界主要有两种不同的观点占据主导地位，分别是布迪厄（Bourdieu）与科尔曼（Coleman）为代表的社会资本观点和以伯特（Burt）为代表的结构洞观点。前者提出网络的复制演进模式，指出社会资本是行动者在与外界联系的基础上，能够使其达到某种目标的能力或资源的总和，是一种特殊的资本形态，而网络是通过不断积累社会资本而形成并扩展的；后者提出网络的重构演进模式，认为企业就是依靠不断地开拓网络中的结构洞获取资源，从而赢得竞争优势的。

四、多元化企业部门间的知识转移

一般来说，部门间的知识转移问题可从三个角度来研究：节点的、二元的和系统的。目前的研究主要采用节点角度，关注影响知识获取和知识扩散的业务单位的特征，决定知识内流和外流的条件和因素及知识共享对部门绩效的影响。并且，一些研究者们还将大公司看作是部门间知识共享的网络，并研究了业务单位的网络位置对其与其他部门进行知识互动的影响。

从网络角度研究部门间知识转移的问题，国内尚缺乏有代表性的、系统的文献，有些关于跨国公司子公司间知识转移、部门间知识转移的论文也很少采用社会网络理论分析。另外一些关于社会网络对知识转移或跨国公司内部知识转移影响的期刊论文，也多是介绍国外学者的研究成果，提出一些创新观点，但缺乏深度和系统性，有待成熟。因此，下面归纳的是国外有关企业内部部门间网络对知识转移影响的文献。知识转移离不开沟通，因此，本书也介绍了关于部门间沟通的研究。总结如下：

高沙尔（Ghoshal）、柯琳（Korine）和休蓝斯奇（Szulanski）分析了跨国公司中部门之间的沟通问题。他们分析正式组织结构的维度——集权与子公司自主性，及非正式的横向网络机制中人际关系——子公司经理人之间的非正式关系对沟通频率的影响。蔡（Tsai）将多部门企业看作是合作与竞争（copetition）并存的社会结构，分析企业的正式等级结构（集权）和部门间非正式关系（社会互动）对知识共享的影响，并将部门间的竞争关系作为其中的中介调节变量。这篇文章建立在高沙尔（Ghoshal）等的研究基础之上，得出结论，集权不利于组织内的知识共享，部门间的社会互动有利于组织内的知识共享。对于存在竞争的部门，这两种影响作用更加明显。

佩特科娃（Petkova）和古普塔（Gupta）为填补理论空白，专门分析了多部门企业中两个部门之间影响知识流动的因素。他们从部门间正式的关系（竞争与合作关系）、非正式关系（社会性关系）、部门的声望及部门相似性等几方面阐述其在知识转移过程中的影响作用。蔡（Tsai）和高沙尔（Ghoshal）分析了多部门企业中嵌入在各部门之间关系中的社会资本的结构维度（社会互动）、关系维度（信任）和认知维度（共同愿景）之间的相互作用关系对部门间资源交换和整合的影响。主要分析了部门在网络中的中心性问题。他们通过实证研究，证实了纳哈佩特（Nahapiet）和高沙尔（Ghoshal）的假设，并扩展了前人的理论。

纳哈佩特（Nahapiet）和高沙尔（Ghoshal）对社会资本与智力资本关系的经典分析结论被广大学者所引用。他们根据莫兰（Moran）和高沙尔（Ghoshal）关于资源整合与交换中创造价值的理论分析，建立了一个理论模型，说明社会资本是如何促进公司的价值创造的。他们将社会资本分成三个维度：结构维度、关系维度和认知维度，并用理论分析了这三个维度的属性是如何影响资源整合与交换的四个条件进而影响智力资本的创造的。

蔡（Tsai）分析了组织内部各单元间关系网络中的知识转移问题，他主要分析网络位置和吸收能力对业务单元创新与绩效的影响。他选择了网络中心性角度分析网络中心位置对业务单元从其他单元获取知识的重要性，并强调单元内部的吸收能力是利用、整合所获取的知识的必要条件。得出结论，处于中心位置且有良好吸收能力的单元的创新性和绩效会很好。

汉森（Hansen）的经典文献以新产品开发团队为例，将各部门人员间的知识共享分为搜寻与转移两个阶段，并考虑知识的特性，进而分析不同部门人员间非正式关系中强联系和弱联系对知识转移不同阶段的影响作用。最后得出结论，当转移的是高度编码性的知识和非依赖性的知识时，弱关系更有利于研发项目的完成。当转移的是高度未编码和依赖性的知识时，弱关系不利于研发项目的完成。

汉森（Hansen）从部门间横向关系角度，讨论促进多部门企业中知识共享以获取知识协同的机制问题。他结合网络连接和知识相关性两个方面，研究多部门企业中知识转移与协同问题，填补了理论空白。主要讨论非正式部门关系中直接联系与间接联系对知识转移与获取的影响。实质是从关系强度、结构洞角度分析对知识搜寻、路径长度、搜寻成本及转移成本的影响。

里根夫妇（Reagans）和麦克维利（McEvily）认为过去的研究集中在知识转移通过网络结构影响绩效及用关系强度替代网络结构研究对知识转移的影响方面，缺少网络结构对知识转移的影响分析。一般文献只是通过网络结构对组织绩效的影响来推断其对知识转移有什么样的影响。因此，他们选取两个网络结构维度（社会凝聚力和网络范围），分析非正式人员网络中的这两个维度是如何影响知识转移的。最后得出结论，社会凝聚力（相当于网络密度）高使知识转移越容易，网络范围越大越利于知识转移。

莱文（Levin）和 高仕（Cross）分析了信任是如何作为中介变量来调

节团队和部门内部非正式关系的强度对二元知识转移的影响的。他们扩展了汉森（Hansen）的研究，选取了信任的两个维度：对善意的信任和对能力的信任。得出结论：当信任一定的情况下，弱关系更有利于获取有用的知识。当转移隐性知识时，对能力的信任更利于获取有用的知识。他们以"获取有用的知识"（组织学习的行为变化结果）作为知识转移的结果。但是，并没有讨论知识转移过程开始时的知识搜寻意向阶段。

内克（Nerkar）等运用中心性和结构洞理论分析研发部门在组织内部知识网络中搜寻与选择知识的问题。得出结论，占有中心性的行动者更可能拥有高质量的知识，而跨越结构洞的行动者更可能拥有丰富的知识，这两类行动者的知识更易被研发部门所选择。进而部分解释了研发能力发展的路径问题。

英克潘（Inkpen）和曾（Tsang）从理论文献中缺乏网络的社会资本维度如何影响组织获取新知识并促进知识转移的分析出发，分析了社会资本三个维度对三种网络（公司内部网络、战略联盟、产业群）中知识转移的影响。提出三个网络中能促进知识转移的一系列社会资本维度的特征。

汉森（Hansen）、莫尔斯（Mors）和洛瓦斯（Lovas）以新产品开发团队为对象，研究了不同的社会网络子集（团队内部网络、子公司间网络和子公司间的知识转移网络）对知识转移三个阶段（决定搜寻、搜寻知识和转移知识）的不同影响。与前人不同，他们强调了知识转移的几个不同的阶段，各种网络对每个阶段的影响是不同的。他们所研究的三类网络都是非正式的直接联系，用几种关系变量（网络规模、关系强度、感知的竞争程度等）分析各种网络系统对三个知识转移阶段的不同作用和影响。关于对比的总结，见表2.1。

表2.1　多元化企业部门间的知识转移

作者/时间	关系/网络类型	所选自变量	因变量	所选网络结构特性
Ghoshal等（高沙尔）	正式/非正式关系	集权，非正式人际关系	部门管理者间沟通频率	——
Tsai（蔡）	正式/非正式关系	集权，非正式社会互动，竞争	知识共享	——

续表

作者/时间	关系/网络类型	所选自变量	因变量	所选网络结构特性
Petkova（佩特科娃），Gupta（古普塔）	正式/非正式关系	竞争合作关系，非正式社会关系，声望	两部门知识共享	关系强度
Tsai（蔡），Ghoshal（高沙尔）	一般意义的全网	社会资本三维度间相互作用关系	资源交换	中心性
Nahapiet（纳哈佩特）& Ghoshal（高沙尔）	一般意义的全网	社会资本三维度	智力资本的创造	网络密度，网络范围
Tsai（蔡）	一般意义的全网	部门在网络中的位置和吸收能力	部门绩效	中心性
Hansen（汉森）	非正式关系	关系强度，知识特性	知识转移	关系强度
Hansen（汉森）	非正式直接/间接关系	部门间关系	知识转移	关系强度，结构洞
Reagans（里根夫妇）；McEvily（麦克维利）	非正式关系	网络结构特性	知识转移	网络凝聚力，网络范围
Levin（莱文），Cross（高仕）	非正式关系	关系强度	知识转移	关系强度
Inkpen（英克潘），Tsang（曾）	一般意义的全网	网络的社会资本三维度	三种网络中的知识转移	网络稳定性
Nerkar（内克）	合作专利网	网络位置	知识搜寻	中心性，结构洞
Hansen（汉森）等	非正式直接关系	三种网络的特性	知识转移三阶段	关系强度，网络密度，网络规模

总结以上关于社会关系或社会网络对多部门企业内部知识转移影响的文献，可以看出，近年来用社会网络理论分析各部门间知识转移的文献逐渐增多，大致有以下几个特点：①过去的相关文献一般是分析社会网络的某些维度，如中心性、关系强度或社会资本的三维度对部门绩效的影响，进而推断对知识转移的影响；而非直接用社会网络理论分析知识转移的问题，如汉森（Hansen），蔡（Tsai）等；②近年的一些文献也选择社会网络的某几个维度来分析其对知识转移的影响，缺乏用社会网络特征的几个方面进行全面的分析；③一些文献分析了组织内部各部门之间正式组织结

构与非正式关系对知识共享的影响，但大多数文献只是选择一般性意义的组织内部全网或非正式关系作为研究对象，缺乏对正式关系如总部对各部门知识共享的调节和作用，及负面关系如敌对关系、阻碍关系等对知识转移的影响分析；④文献中，很少有将知识转移分成阶段来进行分析的，而是忽略了转移过程之前的决定是否搜寻知识的阶段甚至搜寻阶段。只有汉森（Hansen）等明确将知识转移分成三个阶段来分析，但他只是分析企业内部非正式直接关系对研发团队与各部门之间知识转移的影响。

第二节　网络特性对多元化企业内部知识转移影响的分析模型

在具体分析之前，有必要说明本书对各方面自变量和因变量等的界定。在李浩和林海棠研究的基础上，这部分介绍了本书所研究的多元化企业的部门关系、部门间知识转移的相关问题，本书主要的分析内容和分析角度等，最后建立分析模型，为后文的展开分析奠定良好的基础。

一、研究的企业、关系和角度

如前所述，多元化企业通常采用事业部制（M型）的组织结构，一般由总部和各个事业部组成。世界范围的大型多元化企业多为跨国公司，主要由公司总部和遍布海外的子公司构成。国内许多中小型多元化企业则是由总部与各部门组成，并没有涉及跨国甚至跨地区的问题。为了简化问题，本书将研究对象概括为由总部与多个事业部组成的多元化企业（如前所述，默认为相关多元化企业）。

（一）关系类型的选取

综合诸学者的观点，本书确定多元化企业中的三类关系对部门间的知识转移有重要的影响：事业部内部的关系、部门间（包括总部与各事业部）的社会关系和各事业部间的竞争与合作关系，其中竞合关系的调节与影响作用只占小部分。

1. 事业部内部的关系

由于总部与各事业部间的纵向知识转移大多是正式的政策性机制，总部内部关系对各部门的知识转移影响作用不明显，因此重点分析事业部内部关系是如何影响各部门间知识转移的。

2. 部门间的社会关系

需要特别指出的是，本书将社会关系界定为由于交流和接触而实际存在的纽带关系。部门间的社会关系可分成正式的社会关系与非正式的社会关系。前者是总部根据公司战略与经营需要制定并执行的协调各部门沟通与知识共享的机制，如会议、培训和跨部门小组等；后者是非总部规定与管理的连接各部门成员的非正式关系，如实践社区、友谊关系等。

3. 事业部间的竞争关系

竞合关系主要用来说明事业部间的关系，它会影响各事业部间的横向知识流动。处于价值链不同阶段、具有互补性知识的事业部间倾向于合作；而当两事业部业务相似、具有替代性知识，并为争夺企业内部稀缺的资源，追求高绩效、高报酬时会产生竞争。合作关系显然会促进知识转移，但竞争关系在社会关系对知识转移的影响中又有着复杂的调节作用。因此，本书只探讨事业部间的竞争关系对知识转移的影响，省略合作关系的探讨。

竞争关系与社会关系的区别可参见表2.2。

表2.2 多元化企业中部门间社会关系与事业部间竞争关系的区别

关系种类	关系内涵	产生的条件	作用	网络结点
部门间的社会关系	各部门间人员交流和接触的纽带关系	由正式的组织机制和非正式的人员互动机制促进形成	协调部门间关系、促进部门间沟通与知识共享，可作为部门间知识转移的主要通道	各部门（正式的）各部门人员（非正式的）
事业部间的竞争关系	各事业部间的争夺和竞赛的关系	由相互的目标一致性、任务性质、报酬体系等决定	促进或阻碍事业部间的知识共享	各事业部

（二）关系网络的选取

根据社会网络的定义，本书研究的三种关系可以构成三种关系网络：事业部内部关系网络、部门间的社会关系网络和事业部间的竞争网络。

现有的大量有关社会网络特性如关系强度、中心性、密度等理论主要是基于正面或中性的社会网络关系，如强关系会产生信任等。目前关于负面网络如敌对网络、阻碍网络的研究很少，一些网络理论或结论也不可移用到这种网络中。而竞争网络偏属于但不完全属于负面网络，因为竞争关系也会有正面的作用。

因此，由于竞争关系在企业内部关系中占很少的比例，且相关理论尚不完善，本书只讨论前两种网络和竞争关系对知识转移的影响与调节作用，省略竞争网络角度的讨论。

（三）关系网络的构成

事业部内部关系是同事之间在日常工作和互动中形成的。事业部间的竞争关系主要被看作是各自业务分配、资源分配、利润分配等正式机制决定或导致的，并非事业部间的频繁互动后形成的。

然而，各部门间社会关系网络的形成更复杂。两个部门间的社会关系实际上可以看作是两部门成员间社会关系的整体反映。多数文献省略了个体层次关系的说明，本书认为部门间的关系强度由部门中与其他部门成员有直接联系的成员数量和这些联系的强度决定。两种极端情况是，一个部门与另一个部门有关系的成员数量少且多数为弱关系，则两个部门是弱关系；反之，两部门中大量成员间存在强关系，则两个部门为强关系。由于本书非实证研究，因此不做具体的关系测量公式探讨，且主要关注部门间整体的关系强度。

如图2.1中，部门A的主管与总部和其他部门都有联系，且只与部门D是弱关系，其他全为强关系；另外，A1与B1和B4是强关系，与B2是弱关系；A3与部门B的主管保持着弱关系；A4与B1存在强关系；A5与B3和总部保持着强关系；从整体上来看，部门A与部门B的关系较强，而与部门D关系较弱。实际上，部门间的联系状况要复杂得多，这里不做细致的讨论，图2.2是将图2.1简化成以部门为节点的关系网络。

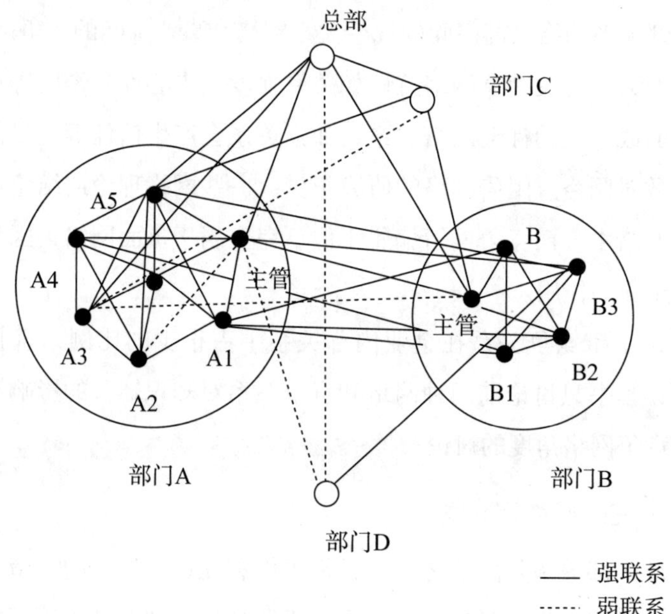

图2.1 某事业部内外部的社会关系网络

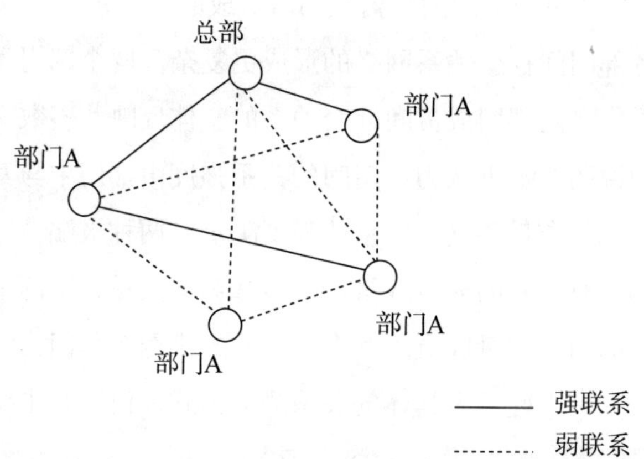

图2.2 简化的以部门为节点的社会关系网络

（四）多元化企业整体关系网络图举例

由此可见，两两部门间的关系构成了多元化公司内部各部门间的整体关系网络，参见图2.3中一个跨国公司内部的关系网络。从图可知，在荷兰的总部具有较高的中心性，它的网络规模很大；公司整体的网络密度不高不低，以邻近地区的子公司联系较多，构成子网络，这些不同的地区集群间联系较少。网络强度和网络范围很难从关系网络图中显现出来。另外，这个网络是某时点或某时段的飞利浦公司内部各部门间的联系状况，实际上这个网络是随着时间不断变化的。这些网络特性都会对各部门间的知识转移产生影响。

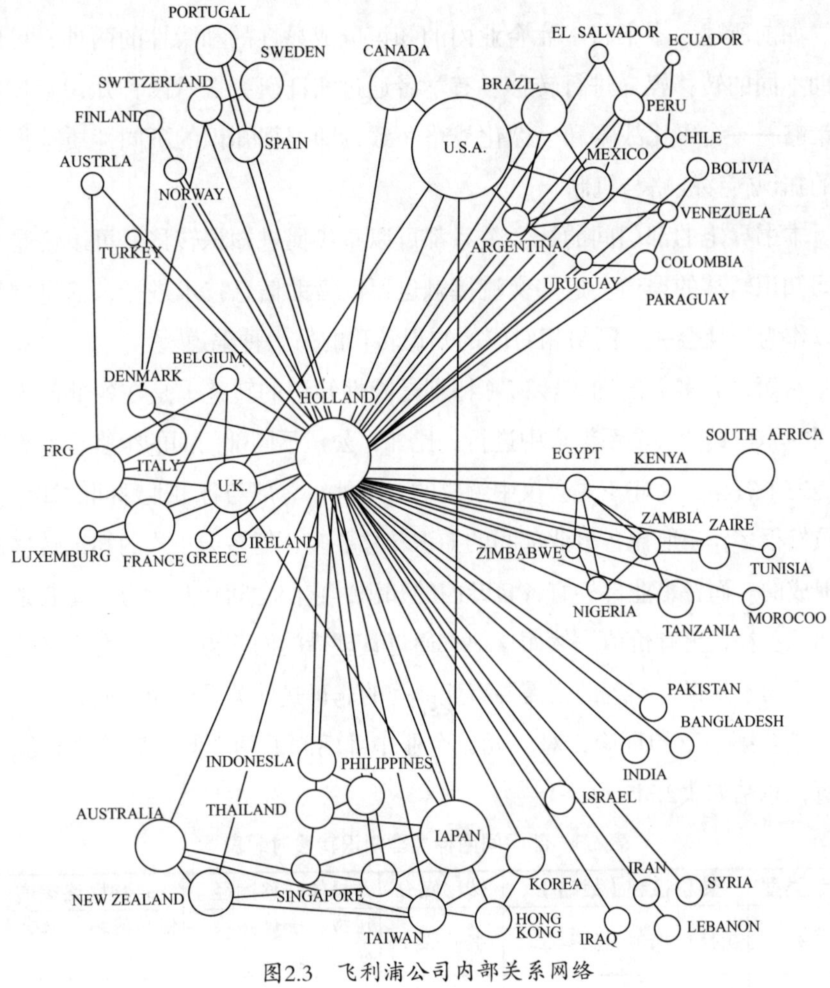

图2.3　飞利浦公司内部关系网络

资料来源：Ghoshal&Bartlett，1990，The multinational corporation as an interorganizational network，*Academy of Management Review*，Vol. 15，No. 4，pp.603-625.

从社会网络角度研究问题时，多数学者都选取社会网络的几个特性展开分析。本书选用关系强度、中心性、网络密度、网络范围、网络规模等社会网络的结构特征全面分析其对知识转移四个阶段的影响。然后分析多元化企业内部部门间关系网络的稳定性、演变轨迹及其对部门间知识转移的影响。最后，从整体角度分析社会网络对多元化企业内部知识转移的影响。

二、多元化企业内部各部门间的知识转移

如前所述，本书将多元企业内的知识分成显性的和隐性的两种，可以借助不同的转移媒介进行转移。有学者通过实证研究揭示两种知识管理实践策略——编码化战略和个性化战略一致，即根据知识的不同性质选择不同的知识转移战略与机制。

本书界定的部门间的社会关系都可以直接促进知识转移，可以说是部门间知识转移的渠道。这些交流接触也可以借助信息技术进行，信息网络可以作为与社会关系网络相对应的知识转移的另一种渠道。

然而，大多数的知识转移（特别是隐性知识的转移）是在各部门人员之间的非正式社会关系渠道中进行。比如，公司不同部门间的很多合作难题都是在午餐会上而非正式会议中解决的。另外，总部与各事业部间的知识转移虽然很多，一般比各事业部间的知识转移要多，但多为正式的知识转移机制促成的。而各事业部拥有各自专门的知识，它们之间相互学习，尤其是进行知识互补，更有价值。然而这很难通过管理措施而获得，因为有意义的互动性活动不是强行实现的，需要事业部间的非正式性关系作为渠道。

结合第一章的理论，对多元化企业中部门间的两类知识转移进行综合分析，总结如表2.3所示：

表2.3 部门间两种类型知识转移对照表

知识类型	转移机制（战略）	转移媒介	具体转移途径	转移网络渠道
显性知识	显性化机制（编码化）	书面媒介	刊物、手册、软件、数据库等	信息网络、社会关系网络
隐性知识	隐性化机制（人员化）	交流媒介	会议、培训、跨部门团队、工作轮换、实践社区等	社会关系网络

（一）多元化企业内部部门间知识转移的基本过程

多元化企业内部各部门之间的知识转移可以视为知识发送方向知识接受方转移知识的过程，其最终目的在于使知识接受方能够吸收、整合并应用新知识创造价值。本书将多元化企业内部部门间知识转移的过程划分为四个阶段，如图2.4所示，四个阶段对应着成功知识转移所需要的机会、能力与意愿三个条件因素。

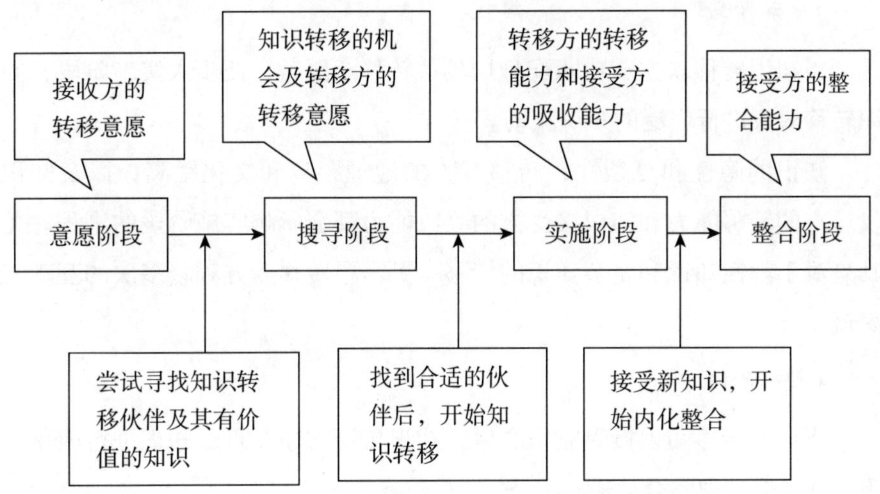

图2.4　多元化企业内部部门间知识转移基本过程

1.意愿阶段

意愿阶段是初始阶段，包括从部门意识到知识差距的存在到具有转移或接受知识的意愿整个过程。意愿阶段起始于部门识别出自身的“知识缺口，即自身拥有的知识水平与目标知识之间的差距。

但是，对于外来知识作用和知识价值的怀疑，对于知识来源单位的不信任，都会阻碍部门通过跨部门知识转移行为来弥补“知识缺口”。因此，这个阶段的主要问题是知识接受方的转移意愿。

2.搜寻阶段

当部门具备知识转移的意愿，并尝试寻找知识转移伙伴之时，就进入了搜寻阶段。本书将其视为进行知识的搜寻、确认和评估等活动。在吸收、利用其他部门的知识之前，部门必须想办法寻找所需知识存在于组织中何处，找到知识的来源，才能进一步进行知识转移。

即使能够成功寻找到较好的知识转移伙伴，知识转移行为也不一定发生。因为，知识转移伙伴是否具有转移知识的意愿尚不确定。只有当转移双方都具备转移知识的意愿时，知识转移过程才会真正步入实施阶段。因此，这个阶段的主要问题是知识发送方的转移意愿。

3.实施阶段

当知识转移双方成功匹配且均具备转移意愿时，便步入实施阶段，知识转移双方进行广泛的知识流动。

知识的隐性和复杂性，转移双方的地理距离和文化距离，以及知识发送方的转移能力和知识接受方的吸收能力都会影响实施阶段的进程。尤其是对于隐性知识和复杂知识的转移，更需要转移双方频繁多次的互动与交流。

4.整合阶段

当对所转移知识接受完毕之后，知识接受方还要将新知识进行内化、吸收和整合，即整合阶段。

在整合阶段，部门需要将所接受的新知识与自身拥有的知识彼此融合，并对新知识实施情境化处理，使其在新的部门中能够正常运行并发挥作用。当新知识真正内化为知识接受方自身所拥有的知识，并在实践过程中予以应用时，整合阶段即完成，一个完整的部门间知识转移过程也随之结束。

（二）多元化企业内部部门间个体层次的知识转移过程细分模型

上述知识转移过程是将各部门作为整体看作知识转移的节点，而人员间的知识转移也是经过这样一个基本过程。但多元化企业内部各部门间的知识转移实际上是通过个体来完成的，即个体是部门间知识转移的代理。部门中多个人员的跨部门知识转移行为才构成整体部门总的知识转移效果。因此，实际中的部门间知识转移过程要更细化、更复杂。

部门中的某些个体通过与其他部门成员的直接联系获取其他部门的知识，并通过本部门的知识共享系统与其他成员互动将获取的知识与其他成员分享，完成个体知识向群体知识的转化。充当这种角色的个体，学术上称之为边界跨越者（boundary spanner），本书将其界定为，与其他部门成员有直接联系并能够传播其他部门知识的所有个体。不将新知识与本部门成员分享的个体，不能促进部门间的知识转移，不属于边界跨越者。除了与其他部门联系较多的部门经理外，边界跨越者也可以是参加跨部门项目团队、总部组织的集体会议或培训等的工程师、研究人员、市场分析专家等。因此，两个部门间的知识转移包括跨边界的知识转移和内部知识扩散两个过程，见图2.5：

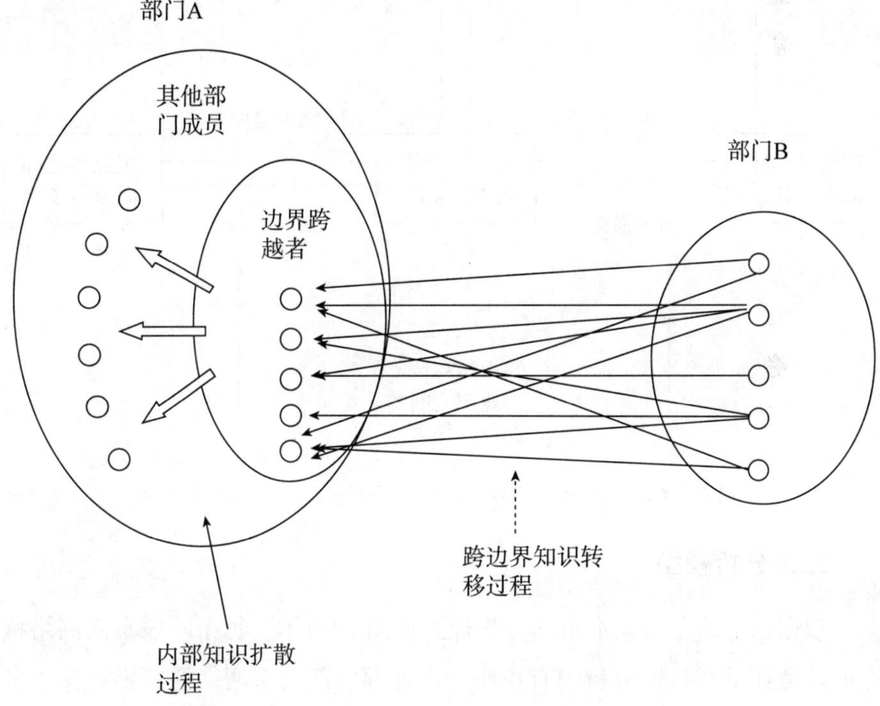

图2.5　两个部门间个体层次知识转移过程细分模型

本书分析的知识转移既可以发生在总部与事业部之间，也可以发生在各事业部之间，即包括知识的纵向流动和横向流动。

根据前文所述理论，本书中部门间知识转移的影响因素可归结为几个方面：知识的特性、知识转移双方的能力与意愿和知识转移的情境（包括部门间的社会关系和竞争合作关系），如图2.6所示。

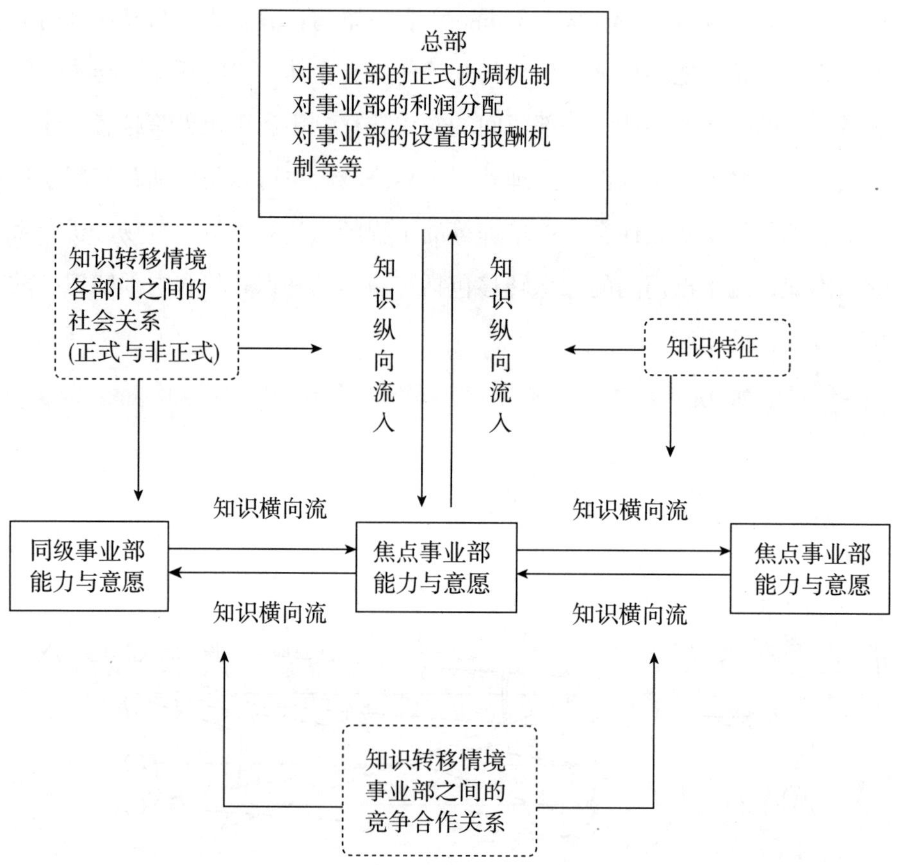

图2.6 多元化企业内部部门间知识转移流向及影响因素模型

三、分析模型

根据以上的分析，本书的分析模型如图2.7所示。每个阶段不同网络特性的取舍在下章具体分析中有说明。事业部内部关系网络主要影响接受事业部的跨部门知识转移意愿，对搜寻、实施和整合阶段影响不明显。意愿阶段主要分析事业部的知识转移意愿，因为总部一般会有知识转移的意愿和责任；搜寻阶段主要分析各部门的知识转移机会和发送方的意愿；实施阶段主要分析各部门的知识转移能力；整合阶段主要受部门成员能力和部门整体能力的影响，省略分析各关系及网络对此阶段的影响。

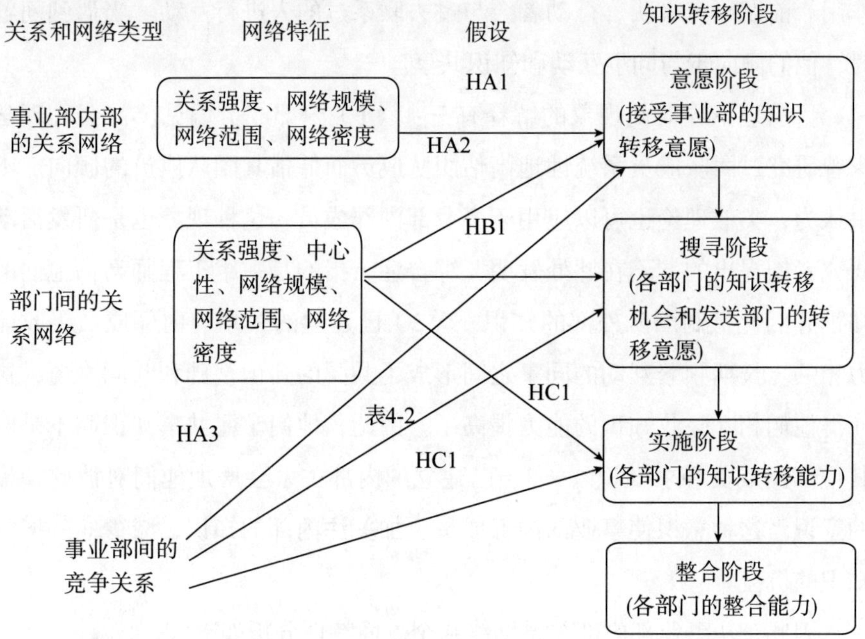

图2.7　多元化企业内部网络对部门间知识转移的影响分析模型

第三节　网络结构特性对多元化企业内部部门间知识转移的影响分析

一、阶段一：意愿阶段

目前对于此阶段的研究很少，大部分研究集中在知识搜寻和知识转移的影响因素及知识被接收方吸收、利用等方面。下面逐一分析事业部内部网络、部门间的网络及事业部间的竞争关系对此阶段的影响。

（一）事业部内部关系网络

同一个事业部内部的成员地理位置近、接触机会最多，通常具有共同的目标和工作环境，同事之间经过长期共同工作可建立持续的关系，如友谊关系、咨询关系和信任关系等。这些关系对他们的时间与精力具有导向作用。前期研究表明，行动者会与过去联系过的人进行互动。当遇到问题时，他们倾向于与同事互动和知识共享。

目前理论界对此现象的解释有三：（1）内部成员偏见。社会心理学家曾研究过团队成员系统性地高估团队成员而低估其团队成员的倾向。本书认为，类似理论也可以应用于事业部内部成员。这种现象也是研发活动研究者们提出的“不在此处发明”综合症，指的是一组工程师高估他们的知识并因此抵制团队外部的知识。（2）已建立的关系与内部成员吸收能力相关。长期频繁互动的同事之间形成了共同的知识基础和共同术语，这使得他们相互吸收知识的能力提高了。因此，他们宁愿共享知识而不是向其他部门成员寻求知识。（3）已建立的内部关系会增加他们对彼此知识的意识。这种意识使事业部内部成员更加关注内部的知识，减少向外搜索知识的机会。

因此，从事业部内部关系网络几个方面特性分析如下。

1.关系强度

事业部内部各人员之间互动的频率越高，感情越好，越容易建立强的关系。则他们之间容易建立起高度的信任和共同的愿景。由于时间和精力有限，维持这种强关系需要很高的成本，因此他们无力与外界进行过多的互动。这便增加了他们的内部偏见及对成员知识的认可，提高了共享知识的能力，使得他们更倾向于进行内部知识的共享来弥补“知识缺口”。相反，与一个事业部内部的人员与部门外的人员很难结成这种关系，有学者指出，工作团队中的个体间要比跨团队边界的个体间更容易形成友谊关系。事业部内部关系这种强大的“内拉”力量，形成事业部间知识共享的一大障碍。因此，得出以下命题：

PA1a：接收事业部内部关系网络的关系强度与其进行跨部门知识转移的意愿负相关。

2.网络规模

事业部内部网络的规模大，表明相互联系的成员数量多，这一方面代表事业部内部潜在的知识资源多而丰富，但另一方面也说明成员与外界联系的概率比成员数量少的事业部要大一些。正所谓大规模的网络中成员不易两两相互联系，而易形成子网络。大规模网络的成员间不易形成强大的内部认可和凝聚力，因此不易形成“向内看”的偏见。成员数量多，与其他部门接触的途径和概率也增多，也容易带来其他部门的知识，影响内部成员的偏见。因此，得出以下命题：

PA1b：接受事业部内部关系网络的规模与其进行跨部门知识转移的意愿正相关。

3.网络范围

内部关系网络范围大，说明成员间的关系具有多元性，即成员存在诸如朋友、咨询、交换等。一般来说，多元关系更易形成强关系。因此，得出以下命题：

PA1c：接受事业部内部关系网络的范围与其进行跨部门知识转移的意愿负相关。

4.网络密度

关系密度大的事业部内部关系网络中，很少有结构洞存在。成员之间的紧密联系更易促进内部偏见、吸收能力和内部知识意识的形成。虽然高密度有助于网络内部成员的相互信任，能够促进内部交换与集体性行为，但它不利于事业部之间进行知识的共享。事业部内部的成员不会期望跨部门的知识转移可以带来益处，因此他们不倾向于跨部门的知识转移。因此，得出以下命题：

PA1d：接受事业部内部关系网络的密度与其进行跨部门知识转移的意愿负相关。

（二）部门间的社会关系网络

事业部内部网络容易产生“内拉”作用，而部门间网络会起到“外拉”作用，影响接受事业部跨部门知识转移的意愿，具体分析如下。

1.**关系强度**

对于某事业部而言，它与其他部门的互动越强烈，关系越强，与其他部门相互学习的机会就越多。强关系促进了部门间具有影响力的长久的和更加可信的关系的发展。强关系与隐性的互惠性安排紧密相连，也就是说，强关系的两个部门会共同遵循互惠性义务的原则，这意味着它们要承担更多的责任帮助对方。另外，强关系还可以促进双方之间启发性理解及共同的语言和符号的建立，这增加了对外吸收知识的能力。因此，强关系可以减轻事业部人员的内部偏见，使其倾向于将整个企业看作是一个团体，而非抵制各部门间的知识转移。

因此，得出以下命题：

PA2a：部门间社会关系网络的强度与接受事业部进行跨部门知识转移的意愿正相关。

2.**网络中心性**

单个事业部在部门间社会关系网络中的位置也会影响它的寻找其他部门知识的倾向。不同的网络位置代表了不同的接触机会。无论何种网络中心性，只要事业部在网络中的中心性高，意味着它可以建立更广泛的联系，即网络规模（直接联系的数量）也相对较高。这使得这个事业部可以触及网络的其他部分，了解不同的观点与技能，这部分抵消了事业部内成员对本事业部内部知识的偏见，更加意识到外部的知识。因此，得出以下命题：

PA2b：单个事业部在部门间的社会关系网络中的中心性与其进行跨部门知识转移的意愿正相关。

3.**网络规模**

对于单个事业部而言，大规模的部门间社会关系网络可以使其成员与其他部门成员建立众多的直接联系。这样成员就可以了解不同的观点与技能，从而减少对本事业部成员的偏见。同时，不同部门成员间可以建立共同的知识基础，提高吸收彼此知识的能力。因此，得出以下命题：

PA2c：单个事业部的部门间社会关系网络规模与其进行跨部门知识转移的意愿正相关。

4.网络密度

部门间社会关系网络密度大意味着各部门均保持密切的联系。一方面，密切的联系使各部门之间有机会相互交流，了解各自的知识，形成共同的知识基础，增加彼此间知识转移的吸收能力。另一方面，当网络凝聚力（存在第三方联系的程度，相当于网络密度）越强，越能促进节点间合作规范的建立。考虑到声望，人们更愿意与他人合作，因为第三方关系的存在对其行为有监督作用，一个成员不合作的行为很容易传播到其他网络成员，这会限制他以后与他人互动的能力。这种凝聚力起到有效的监督与惩罚作用。因此，得出以下命题：

PA2d：多元化企业中部门间社会关系网络的密度与事业部进行跨部门知识转移的意愿正相关。

（三）事业部间的竞争关系

如前所述，各事业部之间会争夺组织内有限的资源或为了获得较好的绩效相互竞争。

有学者指出，集权与部门间知识共享负相关，也就是说集权下各部门对总部安排的知识共享活动较为抵触。M型组织的各事业部具有独立经营的自主权，一定程度上调动了事业部之间知识转移的积极性，使得事业部不至于抵制总部的机制的跨部门知识共享安排。另外，各事业部之间的竞争又会使它们有强烈的动力和兴趣相互了解，它们想发现竞争事业部知道些什么以便为竞争做好准备。但各事业部更倾向于选择非正式社会互动来相互学习，而不让总部知道。“同一行业的人们很少见面，甚至是一块儿娱乐，但他们总是避免公开而私下密谋谈话或商计提高价格。”多元化企业中，具有竞争性的事业部特别是使用相似的资源、服务于类似市场的事业部之间进行知识共享可以获得更大的协同效应。例如，在通用公司中，相互竞争的事业部如Buick，Cadillac，Chevrolet，Oldsmobile和Pontiac之间有很大的知识共享空间。它们可以从其他部门开发出来的最佳技术中获益。它们可以使用相同的工程师或车架，共同设计新的汽车来减少成本。竞争促使它们相互合作，从部门间的知识共享产生的协同中，获取共同的利益。而非正式的社会互动是重要的实现方式。

但是，也有学者认为，处于价值链不同阶段的部门间一般具有互补的知识，知识共享对双方有利，这使两个部门形成合作性的依赖。相反，从事相似的业务但拥有替代性知识的部门之间存在竞争。通常情况下，事业部比较感兴趣的其他竞争者的商业秘密或特有技术知识正是对方极力保护不为共享的知识。因此，具有替代性知识的竞争事业部间将很少进行知识共享，它们更看重知识共享所带来的直接利益。

两种结论貌似相互矛盾，其实是侧重点不同。跨业务知识协同有两个来源——知识相关性与知识互补性。存在竞争的部门之间存在知识转移的动力是基于两部门知识相关性产生的协同；而具有替代性知识的竞争部门很少进行知识共享，则主要侧重于知识的过于相关甚至重叠。互补性知识使部门产生合作倾向，则是知识互补性产生的协同效应。

本书所研究的对象是相关多元化企业，因此企业内部各事业部的知识都存在一定的相关性，也存在一定差异性。知识相关性越大，两事业部间越容易存在竞争，它们之间进行知识共享存在互惠的可能。比如可以共同开发技术、减少研发成本及寻求共同的利益，只是事业部间知识存量和质量会有所不同，拥有较高质量知识的事业部不太愿意将自己的知识透露给竞争事业部。但拥有高质量独特知识的事业部往往有较好的绩效，进而可以获得较高的声望，而向其他事业提供建议和技术同时也是威望的一个来源。另外，事业部将知识透露给其他部门并不是主要的问题，毕竟它们处于同一组织中。因此，竞争并不完全阻碍事业部间的知识转移，相反它有一定的激发作用，但它会影响知识转移的程度。因此，得出以下命题：

PA3：竞争关系会加强接受事业部与其竞争对手进行知识转移的意愿。

二、阶段二：搜寻阶段

国内外多数研究知识转移的文献都没有明确区分知识的搜寻与知识的转移，是不恰当的。部门间的社会关系和事业部之间的竞争关系都会对知识搜寻产生重要的影响。

（一）部门间的社会关系网络

一个部门与其他部门之间的联系，可以是直接的也可以是间接的，联系的程度或强或弱。部门可以直接从另一个部门搜寻到有用的知识，也可以获取有关知识所在何处的信息。下面进行具体分析。

1.关系强度

根据弱关系容易获得新颖的异质性信息，可推断出，强弱关系指的是两节点间的直接联系。另一方面，由于时间和精力有限，部门通过强联系连接的其他部门是有限的，而通过弱联系却可以连接更多的部门。这样，知识搜寻的范围就扩大了。因此，从获取有价值的知识方面来看，弱关系要比强关系有优势，但这并不意味着强关系一定意味着知识冗余，只是通过弱关系获取非冗余知识的概率要大一些。本书再次肯定了这个观点，将其应用到多元化企业内各部门间知识搜寻问题中，得出以下命题：

PB1a：一个部门与其他部门间的弱关系比较有利于其搜寻到有价值的知识。

2.中心性

一个部门的程度中心性较高，表示它与其他部门联系的数量比较多，这样它可以有机会搜寻到更多的信息和资源。由于企业总部的特殊地位，经过正式的组织协调和沟通机制，总部可以与其他所有的事业部获得联系，关系或强或弱。因此，从联系数量来看，总部在网络中的程度中心性可能最高。然而许多事业部经过非正式连接也可以获得较高的程度中心性，这对它搜寻到有用的知识是极为有利的。

一个部门的亲近中心性高，表示它以最少量的直接联系接触到其他的部门的能力很强。一般来说，直接关系被看作比间接关系“更近”。由于通过间接联系接触信息要经过一个或几个“中介者”，这样很可能使信息发生扭曲，这意味着信息的真实性或价值可能会降低，反而使搜寻有价值的知识的概率减低。而亲近中心性描述的正是与其他行动者以最短路径连接的能力。然而，其中的连接路径中会有弱关系与强关系，结合上面的假设，可以看出，当亲近中心性高且弱关系多的部门更可能搜寻到有价值的知识。

中介中心性高的节点正是处在结构洞位置上，是连接其他部门的“桥”。根据伯特（Burt）的观点可知，占据结构洞的部门会拥有信息优势和控制优势。在一个多元化企业中，各部门不一定充分连接，这样，占据结构洞位置的部门就具有搜寻知识的优势，容易搜寻到丰富的知识。拥有高程度中心性或亲近中心性的部门，只是说明它接触的知识比较多，或可以更快速地搜寻到知识，但不意味着其他部门接触不到，而只有中介中心性高的部门才可以接触内容相对异质且丰富的知识。因此，得出以下命题：

PB1b：部门在各部门间社会关系网络中的三种中心性都与其搜寻到有价值知识的可能性正相关，三种中心性都高的部门在搜寻知识中最具优势。

中心性意味着网络结构赋予的权力和地位。有较高中心性的部门一般有较高的声望，它拥有的知识一般被认为具有很高的质量，特别是当一个高中心性的部门连接其他具有高中心性的部门时。那么，其他部门在搜寻知识时，更倾向于选择具有较高中心性的部门。当一个部门的网络规模很小，无法触及网络其他部分或缺少与其他部门的直接联系时，利用与高中心性部门的联系，它可以更快搜寻到其他部门的知识。由于总部的地位与权力及其与其他部门的广泛连接，一般来说，各事业部会很重视总部的知识。在需要知识时，它们也倾向于向总部搜寻；而且有较高中心性的事业部具有较高的声望，一般也会成为众多事业部搜寻的对象。因此，得出以下命题：

PB1c：具有高中心性的部门的知识更可能成为被搜寻的对象。

3.网络规模

一个部门与其他部门的关系网络的规模大，意味着它所联系的部门比较多。这表明它的触及范围很大，其中可以有强关系或弱关系。但一个部门维持强关系的数目毕竟有限，那么网络规模越大，发展弱关系的机会越多，触及的部门越多，获取有益知识的机会越多，因此可以提出如下命题：

PB1d：一个部门与其他部门社会关系网络的规模与搜寻到有价值的知识的可能性正相关。

4.网络密度

网络密度衡量的是企业内部部门间的整体关系网络的关系总量。网络密度大，意味着各部门之间有很多机会互动，进而提高了知识转移的机会。密网可以使各部门有机会接触到彼此的专有知识，同样，各部门相互连接紧密，出现高中心性部门的可能也会降低。这利于企业整体的知识搜寻与转移。疏网中易有大量间接连接存在，也就是易存在结构空洞，不利于企业整体的知识搜寻活动。这似乎与前面的结论相矛盾，其实网络密度针对的是企业整体知识转移的效率而言，关系强度与中心性是针对单个部门的知识转移优势而言。

网络密度与关系强度相互作用，可以产生四种网络结构：弱关系疏网、弱关系密网、强关系疏网和强关系密网。（1）对于弱关系疏网，不仅包含着许多结构洞，且节点间只保持弱关系连接。因此，在这种网络中，单个部门搜到有价值知识的可能性很大，且占据结构洞位置的部门更有优势，但这不利于企业整体的知识共享。（2）对于弱关系密网来讲，网络中很少有结构洞存在，但部门之间主要以强关系相连接。这样，每个部门都有机会搜到异质性的知识，没有哪一个部门有独特的优势。但对于企业整体而言，这种网络利于整体范围的知识搜寻，即各部门可以搜寻到其他部门的知识，但不利于整体的知识转移（见下一节分析）。（3）对于强关系疏网，部门之间存在大量结构洞，但部门之间主要为强关系。这样，占据了结构洞的单个部门会有相对的优势，但优势不如情况（1）

中的明显。由于强关系较多，搜到冗余知识的频率较高，没有占据结构洞的部门更没有知识搜寻的优势。这样的网络既不利于单个部门的知识搜寻，也不利于整体的知识搜寻。（4）对于强关系密网而言，很少有结构洞的存在，各部门还都保持着强关系。虽然单个部门搜寻到异质性知识的优势不明显，但这却最有利于企业内部整体的知识共享。因此，得出以下命题：

PB1e：强关系密网最利于企业整体的知识搜寻，弱关系疏网中容易存在具有知识搜寻优势的部门。

另外，部门在网络中的位置与部门间关系网络密度的相互作用，也会对部门间的知识搜寻活动产生影响。由于网络中心企业拥有更多的知识资源通道，并可能控制其他部门的知识获取情况，因此网络中心部门有较高可能发起竞争性行为，向对手隐瞒知识。网络密度高意味着网络中的沟通变得更加有效，也会促进共享的期望与规范的建立。相反，低密度网络中结构洞较多，易形成相互孤立的帮派（通常以部门为单位），这样会阻碍不同部门成员的相互沟通。因此，（1）密网中的高中心性部门：一方面具有众多的知识获取通道，拥有知识搜寻优势，可以抵制竞争性行为；另一方面，高密度网络中的规范与部门间的相互监督促使中心部门减少竞争性行为，提高知识传送意愿（当其成为搜寻对象时）。因此，密网中的中心部门扮演妥协者的角色。（2）密网中的低中心性部门：在知识获取通道方面具有劣势，往往倾向于向高中心性部门搜寻知识；但是它的知识储量有限，知识质量可能不高，因此极具与其他部门沟通的欲望，因此具有较高的知识传送意愿。这样的部门成为从属者。（3）疏网中的高中心性部门：高中心性同样使其具有优势，不同的是低密度网络中缺少了网络成员的监督和知识传递惯例，这样的部门容易发起竞争性行为，不愿意向知识搜寻部门传递知识，是否传递及传递的多少取决于两部门间的关系状况，因此充当命令者的角色。（4）疏网中的低中心性部门：既没有知识搜寻优势，也没有很强的抵制竞争的能力。但是，知识交换的愿望很强烈，因此成为被孤立者。总结如表2.4。

表2.4　网络位置与网络密度相互作用对知识搜寻的影响

	高中心性	低中心性
高密度	搜寻优势愿意传递（妥协者）	搜寻劣势愿意传递（从属者）
低密度	搜寻优势不愿传递（命令者）	搜寻劣势不愿传递（被孤立者）

（二）事业部间的竞争关系

前面已经论述过，事业部之间存在的竞争可以促使事业部了解竞争对手的知识和技术，倾向于尽量吸取对方的有用知识而保护自己的知识不外泄。但是竞争双方利用相关的知识共同合作，可以获得协同效应，这对双方都有利。因此，竞争双方就在博弈过程中进行知识的搜寻与转移。

竞争的这种负面作用又会被两个事业部之间的社会关系所影响。社会性互动使两个事业部可以相互沟通，相互了解，促进双方之间信任关系的建立，减少机会主义行为，降低交易成本。但是，正式的社会关系和非正式的社会关系与竞争关系相互作用，产生的结果是不同的。

对于正式性的社会关系，如会议、培训、工作轮换等，是由总部安排的。一般来说，如果事业部间关系不太强，缺乏足够的信任，由于竞争关系的存在，各事业部会比较敏感于促进各部门间知识转移的正式活动，因为它们容易怀疑总部的某项决定是否是牺牲一个事业部的利益而偏向另一个事业部。当事业部间的关系主要靠正式的互动来维系时，各事业部更容易缺乏主动性与其他事业部在正式活动中共享知识。然而，出于对总部知识高质量的感知，它们更愿意在正式活动中吸收有益的知识，却不愿将自身的知识与其他部门分享。

然而，非正式性社会关系的存在，极大地促进各事业部间的相互了解。通过非正式协调机制，各事业部之间建立的信任可以减少对方盗用知识的顾虑。非正式性互动可以使事业部在预见竞争对手行为方面更加自信，因此更愿意与之进行知识共享。

非正式社会关系强度与竞争关系相互作用可以产生四种情况。（1）强关系强竞争，事业部间具有很强的社会关系，意味着双方之间容易建立高度的信任和互惠性规范。由于知识高度相关，也较具竞争性，但是信任关系又使竞争事业部隐瞒知识的程度不会很强烈，只是强关系中知识冗余度高。在此种情况下，事业部的知识搜寻活动不会受到对方强烈抵制，但搜寻到的知识价值不高。（2）强关系弱竞争，强关系下两事业部容易相互信任，但也意味着在过去的高强度互动中进行了知识共享。这样，虽然由于竞争关系较弱，知识搜寻活动不易受对方的抵制，但是搜寻到有用的异质性知识的概率很小。（3）弱关系强竞争，弱关系与强关系相反，表示两事业部的信任度不高，但是容易拥有与对方异质性的知识。另一方面，强竞争表明它们的知识高度相关。此种情况中，事业部的知识搜寻活动最易受对方的抵制。这样，两事业部最容易相互猜忌，不愿把知识泄露给对方，但从对方搜寻到的知识可能是价值很高的相关知识。（4）弱关系弱竞争，这种情形下，虽然两事业部不够信任，但竞争性也不大，意味着两个事业部的知识低度相关。两个事业部不太可能合作，但也不会强烈抵制对方的知识搜寻。此种情况下，事业部的知识搜寻活动一般不会受到对方抵制，也易搜寻到异质的知识。如果搜寻的知识与本事业部知识互补，则价值高，反之则价值不高。总结见表2.5。

表2.5 竞争关系与关系强度相互作用对知识搜寻的影响

高竞争	中度抵制冗余的相关知识	搜寻劣势愿意传递（从属者）
低竞争	低度抵制冗余知识	中度抵制异质性知识
	强关系	弱关系

三、阶段三：实施阶段

（一）部门间的社会关系网络

部门间通过正式与非正式互动可以促进部门之间社会关系的建立，进而可以影响知识转移的实施。本小节分析如下。

1.关系强度

尽管弱关系在知识搜寻方面具有优势的结论在后来的文献中不断地得到证实，但在知识转移过程中，由于知识的特性，转移问题出现了。多个研究者证实了个体间缺乏直接关系和大量的交流是影响知识共享的重要原因，并提出了强关系的优势理论。

强关系代表长期频繁且密切的社会互动，这会促进互动双方信任关系的建立。频繁密切的社会互动使各事业部之间可以相互了解，共享信息，得出一致的观点。信任可以减少知识转移双方的机会主义行为，使双方不再顾虑知识分享的不恰当和误用，这提高知识转移双方的意愿。尤其是隐性知识难以表达的特点，更要求转移双方有良好的信任关系作为基础。

另外，保持强关系的两个部门间有着强烈的感情依附，这会影响转移知识的动机，这种动机可能源于互惠的期望或对维持和谐关系的期望。知识转移双方感情依附越强烈，就越容易为对方的利益投入更多的时间和精力，包括知识转移的努力。有学者强调强关系形成的特殊的启发式关系能够促进知识转移双方更为有效的交流。经过频繁的交流，转移双方易形成共同的沟通方式，如共同的术语和解释问题的方式，这样又提高了知识发送方的转移能力和知识接收方的吸收能力。虽然强关系的维持需要一定的成本，但在转移隐性知识中，强关系又可以减少转移的时间和精力。这在一定程度上抵消了维持成本。相反，显性知识易于表达，靠弱关系也可以进行转移。因此，得出以下命题：

PC1a：部门之间的强关系有助于部门间的知识特别是隐性知识的转移。

2.网络中心性

在部门间社会关系网络中，具有高中心性的部门与其他部门联系比较多。中心位置可以赋予其一定的权力和声望，一般来说，处于中心位置的部门更可能被看作是值得信任的。这样，对于此部门与其他部门进行知识共享很有利，相对于中心性很低的部门来说，高中心性的部门可以与更多的部门相对容易地进行知识转移，也就是它与企业内其他部门进行知识转移的整体能力会很高。比如，相对于其他事业部来说，总部更容易与其他所有事业部进行知识转移。因此，得出以下命题：

PC1b：中心性高的部门与其他部门进行知识转移的整体能力较高。

3.网络范围

一个部门与其他部门的社会关系网络范围大，意味着与其他部门保持多重的关系，这对于转移隐性知识更为有意义。有学者指出，一定程度冗余的知识对于发展跨部门吸收知识的能力十分必要。也有学者强调，网络范围大可以影响人们表达不同专业的复杂知识的能力，进而影响知识转移。通过多重关系，各部门的人员可以以不同的身份和不同的目的接触，这样易促进强关系的发展和共同语言基础的建立，提高知识转移双方的意愿与能力。因此，得出以下命题：

PC1c：一个部门与其他部门社会关系网络的范围大，有利于其与其他部门进行知识转移。

4.网络密度

一个多元化企业内部各部门间社会关系网络的密度大，意味着各部门间普遍存在联系，这可以促进规范、价值和共享信息的扩散。因为相互密切联系的环境提供了制度规范扩散的关系渠道，这可以促使默认的合作、集体性行为及对规范的认同。部门之间的密切联系可以使沟通更有效，相反在稀疏网络中各部门容易孤立，限制了跨部门的沟通。密网结构的一个结果是规范在网络中的传播，各部门间通过广泛的关系，可以形成关系交换与共享行为的期望，建立知识共享惯例。由于各部门间相互监督，促进了部门间特别是各事业部之间的知识转移。

高密度网络中的高中心性部门由于受到网络规范的制约，不易发起竞争性行为，反而为了维护自身的声望和地位，愿意传递知识。而低中心性部门为了弥补本身的知识缺陷，极力想获取网络中心部门的知识。这样的网络中知识转移活动可以相对较顺畅地进行。因此，得出以下命题：

PC1d：多元化企业内社会关系网络密度大可以促进企业整体范围内各部门之间的转移。

（二）事业部间的竞争关系

与知识搜寻阶段类似，知识转移也会受到竞争网络的极大影响。当知识发送方感到对方是竞争对手时，它担心被共享的知识会减少自身开发新产品和技术的机会，这种顾虑可严重影响知识发送方的转移意愿。但是，事业部需要利用与发送方的关系进行谈判，使得知识转移的成本加大。如前所述，社会关系更能调节事业部之间的竞争关系。

同样，知识转移也要从事业部之间的社会关系强度与竞争关系强度间的相互作用方面分析其对知识转移的影响。竞争强度低时，可以看作事业部之间社会关系对知识转移的影响，在上一小节中已经分析过。竞争强度高时，有两种情况：（1）强关系强竞争，这代表两个事业部的知识高度相关，竞争对手容易极力保护自己的知识而缺乏知识转移的动力。然而，双方的强关系又加深了彼此的感情，容易建立信任关系和共同的沟通方式，提高了双方知识转移的能力，一定程度上抵消了竞争的负面作用。这很可能发生在两个竞争的事业部之间合作追求知识协同的情况中。（2）弱关系强竞争，这表明两个竞争激烈的事业部之间都不肯让步合作，彼此宁愿各自独立，发展自己的优势。微弱的关系可能也是靠正式的社会互动维系的。这种情况下，虽然各事业部都可能存在对对方有利的有价值知识，合作的空间也很大，但双方僵化的关系严重阻碍了彼此之间的知识转移，它们一般不会选择合作。因此，得出以下命题：

PC2：两个竞争的事业部之间知识转移过程中，强关系格外重要。

四、阶段四：整合阶段

这个过程主要指接受部门将新知识与原有知识进行整合理解、创新予以应用的过程。而这些活动主要依赖于个体成员的理解、融合能力和学习能力，改变个体的认知、态度和行为。个体的知识上升为部门、企业的知识，进而改变部门及企业的认知、态度和行为。

因此，本书认为，知识的内化、整合与创新的过程本质上是由个体的能力和部门整体能力决定的，社会网络结构特性对此阶段的影响不明显或不直接，本书省略分析。

多元化企业通过实施“干中学”、在职培训、创新激励等政策和工具，可以促进新知识在接受部门内部的整合和吸收，提升知识转移的效果。

五、网络稳定性与演变

前文分析的多元化企业内部的社会关系网络貌似是一种稳定的状态。进行社会网络分析时所选用的强度、中心性、密度、多重性等术语，也反映了关系结构的稳定性。实际上，社会网络是不断形成、发展和变化的。本节单独介绍多元化企业内部社会关系网络的演变与不平衡力量等。

（一）事业部内部关系网络

处于同一部门中，成员间的互动往往很频繁，网络密度高，关系强度大，且网络很具稳定性。部门经理等边界跨越者易在网络中有较高的中心性。因此，其他成员的流动对网络的影响较小，而某边界跨越者由于工作轮换或个人原因等退出部门会对网络有某种程度的影响，它可以改变网络的连接结构、强度和密度。但是，长期来看，部门内部网络仍会趋于发展成强关系密网的结构形态。

（二）部门间的社会关系网络

部门间的社会关系网络涉及部门边界的跨越，它的形成与发展更为复杂，值得重点考究。曾有学者阐述了两种极端类型的网络演变轨迹：目标引导与偶得，本书也将部门间的网络类型归化为目标引导或偶得进行分析，便于理解。

受目标引导的网络的主要特征是网络成员共享明确的目标。网络中存在一个管理实体，它作为经纪人计划和协调着整个网络的活动，它可以是网络中某成员或专门扮演协调角色的独立行动者。这种网络演变的轨迹是围绕网络成员共享的特定目标而展开的，网络建立很快，是一种表现为“核心—边缘”型结构的集中化网络。

偶得的网络围绕着各行动者之间的互动随意地展现出其演变的轨迹。这里不存在任何网络层次的目标用以驱动行动者互动的过程。这种网络构建缓慢，是一种非集中化的结构。

1.部门间社会关系网络的基本形成过程

由前文所述，部门间的社会关系网络由部门间的正式或非正式的接触与沟通活动形成。部门间正式的社会关系一般由总部组织并支撑其运作，如会议、培训、专家指导等，是受目标引导的网络。这种网络有明确的目标和组织原则。网络成员一般是趋于同质的行动者，如参加会议的人员为总部领导及众多事业部的部门经理，他们的共同目的是相互学习，提高本部门及企业整体的绩效。这样的正式网络形成了一个区分成员与非成员的明晰边界，即网络成员不是随意加入，而是存在事先遴选的过程。

部门间非正式的社会关系既可以是受目标引导的，如各部门参与的实践社区；也可以是偶得的，如部门间的友谊网络，只是它们不受总部正式的组织与协调。非正式部门社会关系网更多是偶得的发展过程，部门往往出于自身的利益而构建连接关系或结成伙伴关系。某部门的成员可能因为地点、日程等偶然因素而碰巧遇上了另一部门的成员，在这样的两两相遇中他们建立起某种连接。这样，两两关系的建立构成了各部门间的非正式社会关系网络。

正式与非正式两类网络综合起来，便形成了部门之间总体的社会关系网络。这里包含复杂的发展和变化的过程。

2.部门间社会关系网络的变迁与转型

实际中，上述两种社会关系网络往往是同时展开且相互作用的。受目标引导的社会网络可以促进偶得网络的建立和发展，如本来两个人员互不认识，但通过共同参加总部组织的会议，两人可以因此相识，甚至建立起友谊关系；已建立的偶得关系会促进受目标引导的网络中目标的完成，如两个具有朋友关系的人员在跨部门团队工作中可以更好地进行知识共享，因为他们更可能相互了解，相互信任。

两类网络亦可以相互转换。一个受目标引导的网络在达成目标以后，可能会转变为一种除了部门间互动外并不从事任何活动的任何场所。在不存在任何共享目标的情况下，部门间的关系仍可能维持，且得到加强与扩展。部门之间经过一段时间的偶得性互动后，可能又发现了一个新的目标；而在一个倚赖于偶得过程扩展的部门间社会关系网中，亦可能出现目标。比如，部门间松散连接的友谊关系，可能为了帮助某一部门的知识搜寻，形成了一个相互传播知识信息的网络。

有些部门间社会关系网络是一种以目标引导与偶得的交替式循环为特征的网络演变轨迹。部门间某一种社会关系网络在经历了一段时间的偶得过程的发展以后，会出现一个领导人，将网络引到实现某一目标的方向上来。而在经历了另外一段时间以后，这一具有特定目标的网络有可能重归老路，再度成为无目标的松散的部门关系网。

3.部门间社会关系网络的结构变化

由于总部驱动的特殊性，正式的部门间社会关系网络很可能形成以总部为核心，其他部门为边缘的“核心—边缘”结构，由内核向外生长。而主动的部门成员与总部关系往往更强，常聚集在总部周围；被动的部门成员趋于偏离网络核心。主动与被动部门间易存在结构上的相对割裂，但并不严重。总体上说，这种网络中结构洞较少，集权程度较高。

非正式的部门间社会关系网中受目标引导的网络，如实践社区等，一般说来形成以某部门为核心的网络形态的可能性不大或不明显。各部门往往出于共同的目的而相互合作，网络中很难有像总部一样资源丰富且权力较大的核心部门，因此这种网络的集权程度和网络规模都不如上一种网络的大。

非正式偶得的部门间社会关系网络一般不存在核心部门，结构常常是松散的，集中度很低，某部门的加入与退出对网络整体影响不大。对大多数部门来说，靠这种关系只能与整个网络的几个部门相连接，且连接关系通常很强，而网络中的子群之间会存在许多弱连接。因此，非正式的部门间社会关系网络中会持续出现结构洞，但随着连接的不断建立，旧的结构洞会弱化，同时会产生新的结构洞。不过有证据表明，组织背景下结构洞的消失常常非常迅速。

对于部门间社会关系网络，主要有以下两种网络不平衡力量影响整体网络的结构的变化：

成员部门的加入或退出。企业部门间社会关系网络是个行动者的流动体，具体地说，一些部门成员终止合约的退出和另一些新的成员的进入，都会影响部门间的关系状况，使部门间关系中断、弱化、建立或强化。特别是那些关键的边界跨越者的进入与退出，可能直接影响部门间的关系。这样，部门间关系的密度、规模和范围等都会有相应程度的变化。

成员部门在网络中位置的移动。比如一些边缘化的部门逐步进入网络中心地带，另外一些部门被逐步边缘化。这些部门位置的变动都会影响网络的整体结构布局。按照社会资本理论所解释的社会网络演进方式分析，各部门为了获得不断发展所需要的资源，就会同企业内拥有或控制这些资源的其他部门进行互动。在加强与其他部门的联系的同时，为了获取成长所需要的更多的资源，明智的部门就要努力从关系稀疏的地带向稠密地带移动。因此，往往具有高中心性的部门会成为各部门联系的对象，且从长期来看，与其他部门联系较少或处于企业内部网络边缘区域的部门会逐步与其他部门建立更多的联系，努力进入关系稠密地带或网络中心地带。

按照结构洞理论所解释的社会网络演进方式分析，占据结构洞位置的部门具有资源获取方面的优势和控制优势，拥有一定的权力和地位，但它本身与合作价值相冲突，不利于合作均衡的实现，因此这其中也隐含了不稳定的因素。一方面，其他部门会加强与网络内无关或有较少关系的部门沟通（特别是占据结构洞的部门）以获取更多异质信息和资源；另一方面，处于结构洞位置的部门也会不断保持其核心地位。然而，结构洞的优势不可能成为持续性的竞争优势。结构洞的优势存在是因为极少有人运用它，随着其价值被人们认识，运用结构洞的部门增长，中间人的掮客好处也就会不断消失。因此，从长期来看，企业内部各部门间的关系网络中的结构洞趋于消失，从而网络密度不断增大。

六、综合分析与对策

前面已经从网络结构特性各个方面分析其对部门间知识转移各个阶段的影响。下面则从整体角度，综合概括网络结构特性对部门间知识转移的整体性影响，并提出相应的对策。

（一）事业部内部关系网络

总结起来，事业部内部关系网络的强度、密度和范围与事业部进行跨部门知识转移的意愿负相关，但却十分利于事业部内部知识的共享。内部网络的规模越小，越容易造成这种情况。但实际上，这种内部网络的作用是相对的，是在其他条件不变的情况下具有明显的影响作用。事业部内部关系网络的“内拉”与部门间社会关系的“外拉”相互作用产生的合力才决定了事业部跨部门知识转移的意愿。

据此，企业应加强各部门间的协调，促进部门间的沟通与联系，增强整体范围内各部门间知识转移的意识与意愿。

（二）部门间的社会关系网络

这部分比较复杂，分几部分加以说明。

1.正式与非正式社会关系

从前文分析中可知，正式与非正式社会关系的形成、演变及作用都有所不同。许多企业内部的知识转移大部分依赖于正式的社会关系，结果易形成以总部为核心的“核心—边缘”趋势。这样，部门之间的联系易缺乏，不利于部门间获取协同效应。而非正式社会关系在促进部门间的互动合作中有着极其重要的作用，是知识转移的重要渠道。它最有利于竞争事业部间建立联系、增进情感与信任。

因此，企业应重视部门间的非正式社会关系，寻求非正式关系的发展规律，以正确地对其管理。

2.关系强度、范围、密度

关系范围大易形成强关系，这里一并分析。总结前面的分析，弱关系比较有利于知识搜寻，强关系比较有利于知识特别是隐性知识的转移。对于单个部门来说，保持适当比例的弱关系和强关系会有利于其整体的知识获取。部门间关系密度大意味着各部门搜寻知识的机会与能力相当，单个部门不易存在优势。

而对于整个企业而言，强关系密网最有利于企业内部的知识共享和知识创造；要寻求有价值的知识，企业可以试图通过与其他企业的关系，获取外部的知识。

3.中心性

总体而言，中心性对单个部门的跨部门知识转移较为有利。而对企业整体而言，引用另一种分析维度—网络集中度来分析说明。网络集中度表示网络中的连接集中于少数成员身上的状况，重点考察社会网络整体的集权程度。

网络集中度高（一般是总部），代表网络中的人际互动集中于少数节点，而其他部门之间的横向沟通和交流则受到限制，这相应降低了网络内部知识转移的活力；另一方面，网络集中度越高，其他部门对焦点部门的依赖性越强，自身的独立性越弱，这相应降低了网络整体的创新能力。有学者研究表明，网络集中度与网络整体绩效负相关。网络集中度越高，网络内部的资源传递与交换越不顺畅。还有学者研究认为，网络集权程度越高，网络内部成员之间的连接数量越少，网络整体的社会资本也越少，实际产生的知识效能也极为有限。但是，过低的网络集中度意味着网络过于分权，易造成网络整体运行的混乱无序，各部门之间行动不协调，从而阻碍了知识的有效流动。

综上，当多元化企业内部部门间社会关系网络的集中度处于适中的范围之内时，对企业整体的知识转移行为具有促进作用。网络中心性与密度是相联系的，加强部门间的关系会减少中心部门的存在。

另外，对中心部门及网络中的“关键人物”（通常是边界跨越者），企业应进行适当的管理，促进使其发挥沟通桥梁的作用，防止其实施垄断行为，还要防止其流失，最好部署关键人物流失后的替代管理措施。

4.网络规模

一般来说，单个部门的关系网络规模大，有利于其获取有价值的知识。然而，如果一个多元化企业规模很大，部门很多，分裂（形成小团体）的可能性就大。大的网络规模使得各个节点互动的可能性减低。特征相似的人们易结成小团体，多元化企业内人们常会以部门为单位，这易产生网络研究者们所指的“强关系的派系”，即网络内部由互惠关系紧密联系的小集团。由于维持强关系需要大量时间与精力，跨派系的联系将很少。这样，部门间关系对事业部成员的“外拉”作用变得不明显，不利于促进事业部进行跨部门知识转移。

因此，网络规模大的企业获取整体范围内的有效知识共享难度较大，应注重各部门间沟通与协调的管理。

（三）事业部间的竞争关系

多元化企业中各事业部间既有竞争也有合作，既有自身利益也有共同利益；各事业部通常期望能按约定取得共同性收益，但知识和信息的私有性，决定他们之间更多是一种学习竞赛，尽量利用对方的知识，获取最大收益。总体上来看，竞争关系可以促进事业部间的知识转移，但是强的社会关系尤其是非正式社会关系起着很重要的调节作用。

因此，企业应注重管理事业部间的竞争合作关系，加强他们之间的联系与信任，提倡合作性的企业文化，以获取企业整体的利益。

第四节　案例分析：ICI知识转移的关系网络和研发机构

英国卜内门化学工业有限公司（Imperial Chemical Industries，ICI）是全球性的化工集团，世界500强企业之一，全球最大的建筑装饰漆供应商之一，在全球化工行业名列前十，总部设在英国。ICI的主要业务范围包括油漆、粘胶剂、合成树脂、食品香料及调味品业务、个人卫生护理和区域性业务等。ICI有四个国际性的业务单位：National Starch，Quest，Uniqema和ICI Paints。另外，小型的区域性业务保留在“集团的地区和产业业务”中。

ICI成立于1926年，当时生产散装化学品。然而，在19世纪80年代和90年代期间，ICI经历了重大的战略调整，改生产特效化学品。当今的10集团是过去20多年中一系列合并、收购和争夺业务的成果。

一、知识转移的正式组织结构（正式关系网络）

（一）地点和结构

ICI的研发部门分散在各个业务单位中，目的在于获取业务间的协同和技术战略，使各个业务单位的主要研发工作都适应各自市场的需要。ICI的业务单位遍布世界各地，它们的研发机构也通常是分散的。ICI设有一个小型的中心技术机构，用来监视和指导各个业务单位的研发活动，促进业务间的技术转移。

公司总部设有四个协调机构：集团技术部，职能是促进业务单位间通过集团技术平台共享最佳实践和知识；小型集团技术办事处（GTO），负责组织和促进业务间合作并减少业务间研发重复的状况；另两个具体的技术中心—战略技术小组（STG）和测量科学小组（MSG），负责对于所有业务都重要的能力的长期、总体的科学研究。

（二）业务单位间的知识转移

ICI集团各业务单位的研发机构受到总部的支持，其分布状况见图2.8的“行星图”。公司会积极地鼓励业务间直接的知识转移及分散的研发中心间的联系，这样共享各业务间的知识对公司整体有利。这些知识转移的显性途径被称作“业务联结计划”（BLP），目的是获取集团内部的技术协同效应。技术部提供沟通路径和中央基金以支持业务间的知识转移。

ICI也建立了一系列的跨职能知识共享小组，用来实践技术战略和促进业务间的知识与信息资产的交换。这些小组是：“Megathemes”，“专家小组”和“专家网络”。

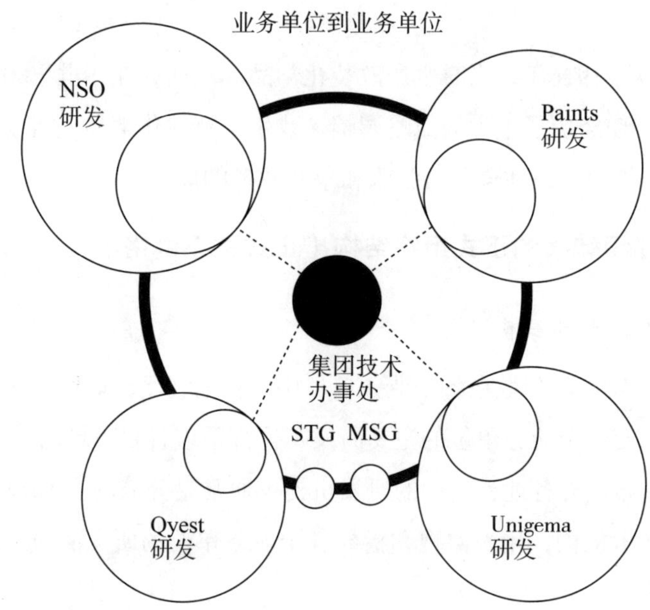

图2.8 ICI研发机构内部预期的知识转移行星图

二、ICI集团中的非正式网络

艾伦（Allen）等用UCINET软件包处理了问卷资料，进而利用NetDraw效用技术形成网络图。图2.9是ICI集团研发机构中的雇员间非正式的解决问题网络。单个雇员是结点，表2.6可以帮助读图。

从网络图中可以观测到：

（1）关于研发问题的技术性沟通大部分在单个业务单位中进行，多数解决问题关系只存在于同一业务单位的雇员之间。各业务单位间的合作很少。

（2）当雇员跨业务单位寻求帮助解决技术问题时，通常求助于总部人员而非其他业务单位人员。特别是当总部成员被从网络中移除时，这种现象更加显而易见（参见图2.9的下半图）。在没有总部成员参与的情况下，四个业务单位几乎都保持着各自独立的网络，而与其他业务单位联系很少或没有联系。

（3）网络图中所示，各业务单位间的直接非正式合作十分有限。业务单位C仅与其他三个单位各有一条连线（代表关系）。业务单位B与D间仅有两条连线，且都是从B中同一雇员发出的。业务单位B与E之间无连线。

（4）令人惊讶的是，被调查的正式指定“专家”落在网络的边缘，仅与广范围的团体保持松散的联系。

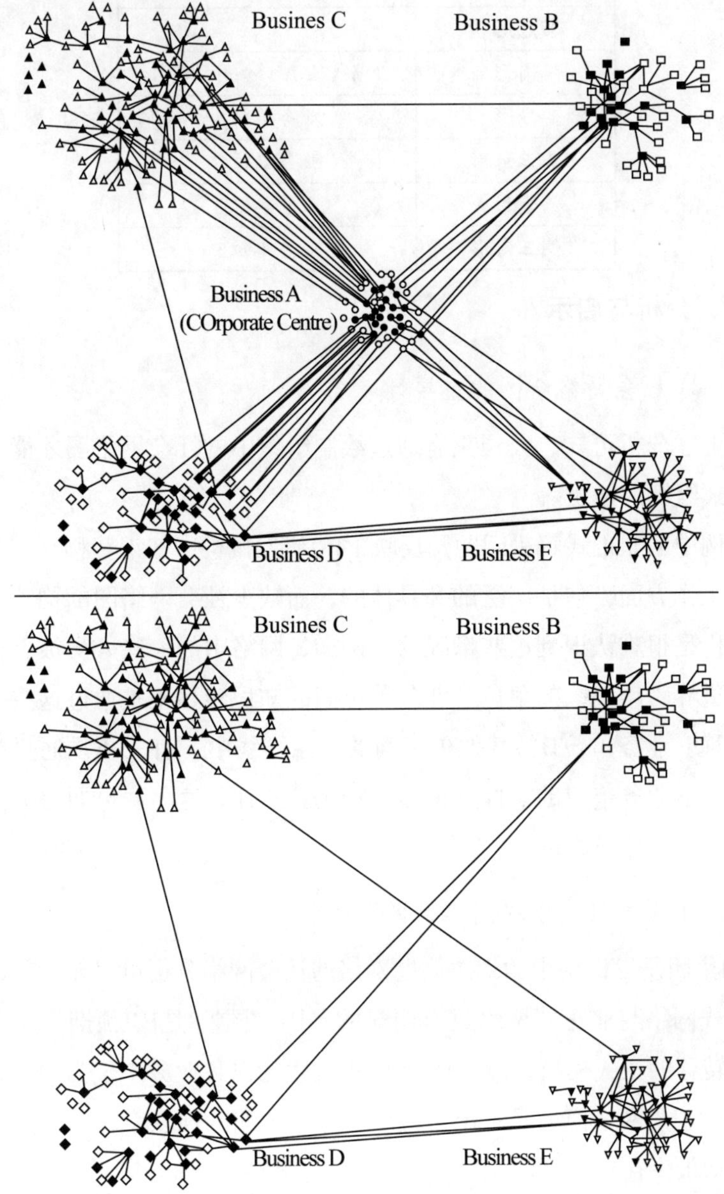

图2.9　ICI研发机构内部非正式解决网络，上下图分别为含有/不含有总部成员的情况

表2.6 关于图2.9关系网络图的说明

节点颜色	
黑色	被调查的雇员
灰色	未被调查而被提名的雇员2
节点形状	
圆形	业务单位A（公司总部）
方形	业务单位B
正三角形	业务单位C
菱形	业务单位D
倒三角形	业务单位E

三、分析与启示

（一）社会网络绘图的重要性

从上述分析可知，公司只有通过绘制组织中的社会网络图才能全面理解非正式组织的性质。

案例中的非正式解决问题网反映了ICI研发机构中知识转移和工作关系的许多工作方面，包括广泛的和具体的，而缺少社会网络图的构建和社会网络分析是很难认识到这些情况的。例如，网络中的一些人员被看作是充当了“边界跨越者”的角色。业务单位间的知识转移正是通过这些少数节点而转移。业务单位D与其他单位间的六条连线中，有三条是通过同一个雇员进入本业务单位的。像其他边界跨越者一样，这名雇员通过大量关系与其他同事保持强关系。

（二）正式与非正式网络的区别

ICI集团研发机构中的解决问题网络的社会网络分析可以显示出，公司中的正式网络与非正式网络具有明显的不同。图2.8是ICI预期描绘各业务间知识转移的正式模型，图2.9是实际中发生的以各业务单位为中心的非正式网络。正式网络模型显示出了四个业务单位间的强联系，而实际中跨业务合作却很少存在。

小型中央技术部在联结各业务单位的研发活动中起到了很重要的作用，提供了各业务单位间共享战略利益并交换知识的沟通渠道。这在总部被从网络中移除的图中表现得更加明显。而实际中，知识转移活动并没有像ICI的正式计划那样发生。研发人员与那些共享组织特性和地理位置的人员相联系。

案例中显示的正式与非正式网络的区别支持了本书对正式与非正式社会关系的区分说明。正式的组织结构被描述成是规定的和可预见的。案例中分析的非正式网络是产生于研发人员独立的行为和工作习惯的有机结构。还可以看出，非正式社会关系对于促进业务单位间的联系是很重要的，只依靠正式社会关系是不够的。

（三）ICI的“知识孤岛”

曾有学者断言，严格围绕特定知识领域或合作项目组织知识的转移，是冒着创造“知识孤岛”的危险。从图中可见，总部在部门间解决问题的关系网络中具有高中心性，各业务单位间合作甚少。

总部与各业务单位间联系较多，具有高中心性，这样它易成为各业务单位知识搜寻的对象。各业务单位纷纷向总部寻求解决问题的知识，而各业务单位间缺少非正式联系，缺乏对对方知识的意识和信任，因此缺少知识共享。

另外，由于雇员工作在不同的国家和分离的研发机构中，及公司近年复杂的历史。由于20世纪90年代后其多次并购和业务重组，各业务单位在地理和文化上相互独立。各自的文化特性仍然很明显，这使得业务单位抵制更广范围的互动。

（四）对管理者的启示

ICI案例反映出，非正式网络对于管理者来说，本质上是无形的。正式结构与非正式组织间的区别反映出这样的事实，虽然管理者意识到知识生产和利用中非正式网络的重要性，但是他们没有将其作为知识交换的机制有效地利用。驱动非正式工作关系的人际关系和文化因素通常被管理者看作是“不精确的和难以管理的”。从战略角度来看，这表明公司理解的研发机构的知识共享网络与实际发生的知识非正式转移间存在严重的差距。

正式与非正式网络对于小规模企业来说，不那么重要。尤其对于大的企业来说，管理者应注重了解与管理非正式关系。并有效确认网络中的关键人物，将其安排在关键岗位，配以监督和激励制度，使其发挥应有的作用。

第五节 社会网络对知识转移的综合影响效果

在当今充满竞争的知识经济时代，将多元化战略建立在知识基础之上，是适应时代要求、寻求有效多元化及获取竞争优势的必然选择。多元化企业各个业务单位之间是否以及如何合作、共享知识以创造协调效应，是多元化经营的关键。本书以此为出发点，系统分析了社会网络特性对多元化企业内部各部门间知识转移的影响，并提出一系列的命题。最后结合ICI企业集团的案例，进一步支撑说明本书的论点。

本书结合多元化、社会网络和知识管理等理论，梳理整合国内外（尤其是国外）相关研究成果，找出融合点并实现理论上的突破。较为系统、深入地分析了多元化企业内部部门层次的知识转移。以往关于知识转移的研究多为个体层次，关于部门层次的知识转移研究不够系统和全面。本书结合相关理论与文献成果，系统分析归纳了多元化企业内部部门之间知识转移的类型、过程（包括具体的部门成员层次的知识转移过程）、影响因素等，并构建相应的表格和模型。

运用社会网络分析理论，分析多元化企业各部门间关系网络的构成，提出“社会关系网络”与“竞争关系网络”两种不同的网络，并分析其异同，确定“社会关系”和“竞争关系”为本书分析的关系类型。并将“社会关系”细分为正式与非正式的，说明它们对知识转移的不同影响。

以往学者多从社会网络特性的某个或某几个方面分析知识转移的问题。本书从关系强度、网络规模、网络范围、中心性和网络密度等几方面网络特性，全面分析各特性以及单个特性间的相互作用对多元化企业部门间知识转移的影响，并提出一系列的命题。运用网络动态理论，分析多元化企业中各关系网络的形成、演变与发展。总之，多元化企业内部各部门间的知识转移问题是很复杂的，其影响因素涉及方方面面。社会网络理论及其分析技术，在国外已成热点并趋成熟，在国内仍属引进和探索阶段。因此，此类研究需要深厚的理论功底和优秀的数学分析技能，及丰富的企业实践经验。

第三章　社会网络特性与跨单元知识搜寻

企业多元化经营是否会比专业化经营创造更多价值？这个问题近几年已经引出了不少的争论。而“相关”的多元化战略能够提升企业整体绩效这一观点已受到公认。如果多元化企业的事业部、分公司或研发中心间能够分享彼此的资源，这种资源的相关性带来范围经济效应，提高了企业创造价值的能力。有学者研究表明知识资源及运用知识的能力是企业获得持续竞争优势的根源，知识作为一种特殊的资源可应用于多个产品，业务单元（如事业部、分公司等）间分享知识资源可以提高相关多元化企业绩效。

企业从知识关联性中的得益程度又受到知识转移有效性的制约，业务单元间的知识转移障碍削弱了多元化企业的绩效。知识转移是知识被传递或转换到使用者并被其吸收的过程。多元化企业的业务单元间进行知识转移的第一个步骤是准确找到所需要的知识，需求知识的业务单元应该知道所需要的知识在哪里并能够获取这部分知识，这实际是一个知识搜寻过程。与知识的传递和吸收相比，知识转移的相关研究经常忽视知识搜寻阶段，或没有给予足够的重视。并且在知识搜寻的少数研究中，缺乏对知识搜寻的动机和影响因素的探析。

有学者将多元化企业看作是一个企业内部网络（intra-organizational network），而不是一个单体组织，因为研究组织间现象的网络关系概念[①]可以被用于企业内部网络，使得对该种网络的结构、运作和治理可以得出更多有价值的认识。业务单元间可以通过战略协同、知识共享以及资源交换提高整体绩效。

① 这种内部网络关系为组织提供了一种获取知识、分享知识的途径，提高了知识分享效率。

为了探析知识搜寻的动机和影响因素，本部分将网络密度、网络强度、网络中心性等社会网络特性引入到知识搜寻的研究中，分析这些网络特性对跨单元知识搜寻意愿和机会的影响，提出了5项研究假设，并进一步通过实证研究，验证了这5种网络特性对跨单元知识搜寻有显著影响，最后对实证结果给出了合理的解释。

第一节　研究假设和理论模型

从网络关系视角分析知识共享的学者们，大多关注组织中会促进或阻碍知识共享的正式或非正式关系的特点。一些研究已经分析了团队和组织子单元内部的网络关系非正式关系，而另一些研究则关注于团队或事业部间的网络关系。虽然一些研究也涉及了团队（或部门）内部网络特性和部门间的网络关系，但并未用于研究知识的搜寻、转移和分享。我们将企业内部网络区分为“单元内部网络”和“单元间网络”，分别研究这两种网络的特性与跨单元知识搜寻的关系。

一、单元内部网络

一个业务单元内员工间的关系可被看作是“单元内部网络”关系（如图3.1所示），网络的节点是员工。在一个业务单元中员工间可能存在直接的联系，如图3.1中的D和A有直接联系，B和A、C都有直接联系，也可能像A和E那样不存在直接联系。

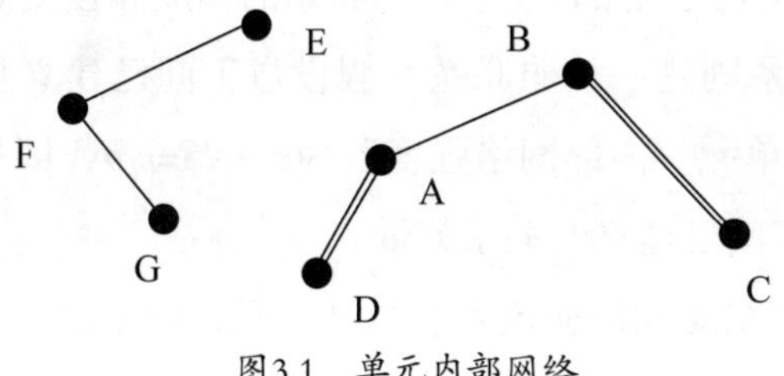

图3.1　单元内部网络

假设某业务单元有N个员工，这个单元内部网络的员工间联系的总的可能数量为$N\times(N-1)$。而实际上并不是所有员工间都存在直接联系，假设员工间已建立的持续关系的数量为α，那么单元“内部网络密度”可以定义为：$IND=\alpha/N(N-1)$，即员工间已建立的关系数量除以员工间联系的总可能数量。

在企业的一个事业部（或其他形式的业务单元）中，员工经常会遇到新的问题或难题，如新产品开发或销售渠道选择等，要求员工间相互协作和共享知识。在生产经营过程中，相当多的问题需要跨学科的知识工作者共同解决，技术、市场、经营专家的协作，对事业部绩效有相当大的贡献。已建立的单元内部关系会增加员工对彼此知识的认知，这种认知会促使员工在寻找解决办法时关注于单元内部知识主体，而不愿意从单元外部寻找知识。

员工在长期有规律的联系中，会相互吸收知识，这样就发展出一个共同的知识基础和一套共同的专业化术语。通过已建立的关系，他们也会发展出一种共同解决问题的能力。这些联系的益处反过来会使团队成员更容易相互吸收知识，这导致了员工间偏好一起工作并共享知识，而不是从其他事业部寻找知识。我们认为单元内部网络密度越高，员工越不愿意从单元外部需求问题的解决办法，越依赖于内部知识共享和知识协作，因此提出假设1。

假设1：内部网络密度越高，业务单元越不可能跨单元知识搜寻。

业务单元的某些员工间可能关系密切，联系频繁，如图3.1中的B和C（或D和A）之间相互联系的频度和强度高，我们认为这样的员工间有着强联系。而另一些员工间虽然有联系，但联系的频度和强度低，如A和B（或E和F）之间的关系则是一种弱联系。假设员工间已建立强联系的数量为ε，那么我们定义单元“内部网络强度”为：$INS=\varepsilon/\alpha$，即员工间建立的强联系数量除以员工间已建立的关系数量。

业务单元内部员工间的交流程度越高，联系越密切，内部竞争越小，分享知识和经验的机会越多，越不依赖单元外部的知识。社会心理学家们的研究表明：团队成员间的密切联系，导致一些员工经常性地高估本团队成员的能力，并倾向于过低估计或忽视非团队成员的知识。尤其是在事业部的研发活动中，工程师们高估本部门知识的偏见更加严重，经常拒绝其他事业部的技术知识。

员工在长期的频繁联系中，会强化共同知识基础，已建立共同知识基础的员工因此就会将他们的时间和精力用于发展本单元的独特知识，而不关心其他事业部的知识资源，甚至限制新观点和不同事物的流入。员工间的友谊和信任关系创造了看不见的纽带，将知识型员工们联系在一起，促进了内部知识共享，并拒绝和排斥利用外部知识。因此我们提出假设2。

二、单元间网络

假设2：内部网络强度越高，业务单元越不可能跨单元知识搜寻。

多元化企业的业务单元间也结成了一个知识网络，这个单元间网络中的节点是企业的业务单元，节点间的网络关系如图3.2所示。

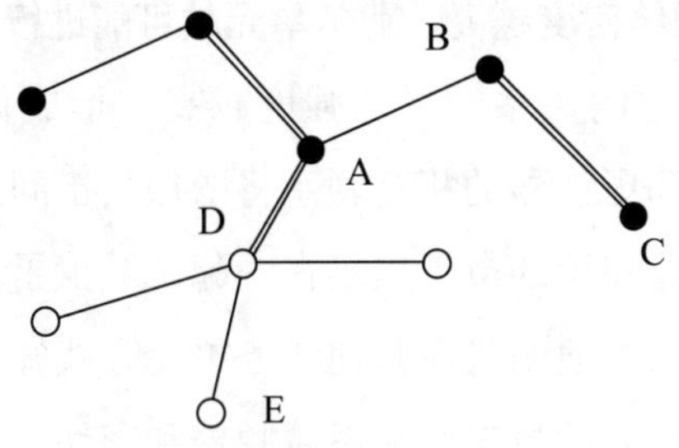

图3.2　单元间网络

图3.2中实心圆点表示存在知识转移的企业，如事业部A、B和C间存在着知识的流动和传递，A和B间是知识的直接传递，A和C间是知识的间接传递，需要以事业部B为中介来实现。而在实心圆点（A、B和C）和空心圆点（D、E）间虽然存在的联系，但几乎不存在知识流动。图3.2中的B和C（或D和A）之间相互联系的频度和强度高，我们认为这样的单元间有着强联系，而像如A和B（或D和E）之间的关系则是一种弱联系。虽然A和D间可能少有知识转移，但也可能维持强联系，以促进其他资源的共用。

与单元内部网络一样，我们定义“单元间网络密度”为：单元间已建立的关系数量除以单元间联系的总可能数量。定义单元“单元间网络强度”为：单元间建立的强联系数量除以单元间已建立的关系数量。单元内部网络关系会将员工的时间和精力导向单元内部，而单元间建立的网络关系则会将他们“向外拉”。

如果单元间的网络密度低，单元间员工相隔离带来的“距离感”，会增加形成单元内部偏见的危险。单元间的关系越密切，形成偏见的可能性越低，因为员工有更多的机会与其他业务单元的员工相互联系，并因此接触到了不同的知识和观点。单元间建立的网络关系会减轻单元内部偏见的影响，增加员工跨单元知识搜寻的意愿。这种外部的网络关系也使得员工有机会与其他业务单元的员工共同解决问题，并发展一个共同的知识基础。当单元间网络密度增加时，员工对其他单元知识的认知也会增加，因为员工已经有了更多的机会来学习这些知识。因此随着单元间网络密度的增加，员工有更多的机会和意愿进行跨单元知识搜寻。

假设3：单元间网络密度越高，业务单元越可能进行跨单元知识搜寻。

业务单元间已建立的关系的平均强度越高，形成偏见危险的可能性越低，因为更频繁的和更强烈的相互联系将增加员工间跨部门相互交流的机会，使拥有不同专业知识的员工聚集在一起，减少了员工对其他部门员工的负面感知，并增加了他们将在其他业务单元寻找知识的机会。单元间网络强度越高，不同单元的员工间联系越频繁和密切，员工跨部门寻求知识的偏好越强烈。随着不同单元员工间有了更广泛、更频繁的机会分享知识，跨单元的知识认同增加使得员工更愿意跨单元搜寻知识。

假设4：单元间网络强度越高，业务单元越可能进行跨单元知识搜寻。

社会网络研究者们经常用“中心性”来描述参与者在网络中的位置和参与者的权力。图3.2中连接两点B和D的途径经过A，可认为点B和D的关系依赖点A，点A就成为一个“结构洞”，结构洞的存在使得连接两点的第三者扮演了经纪人或中间人的角色。我们定义“中心性”为：业务单元在网络中担任结构洞的数量。如果一个业务单元的中心性强，意味着它在网络中的位置为其带来了社会资本（代表了行为主体借助于社会网络或其他的社会结构来获得各种利益的能力）。中心性导致一个业务单元更大范围接触到网络的其他部分，有助于其发现资源的位置，降低了资源搜寻成本。因此我们认为，业务单元在网络中的中心性越强，它越有机会和便利获取其他单元的知识。

假设5：网络中心性越强，业务单元越可能进行跨单元知识搜寻。

第二节　研究设计和研究方法

一、问卷设计

设计问卷的目的是测量5个网络特性变量和1个目标变量（跨单元知识搜寻）。目标变量（跨单元知识搜寻）的测量问卷，我们采用Hanson（汉森）开发的问卷。采用Nerkar（内克）开发的量表测量网络中心性。我们对Podolny（波多尼），Hanson（汉森）开发的问卷作了调整，用于测量单元内部网络密度、内部网络强度、单元间网络密度和单元间网络强度四个变量。这些学者开发的量表经过了效度（Validity）和信度（Reliability）检测，比较成熟。我们以前人量表为基础，结合中国的网络组织特性、文化特点和知识管理的具体情况，对问卷作了调整。调整后首先经同行专家评议，然后对部门企业中的调查对象进行了实地访谈，最后笔者对量表和问卷的结构和内容再次进行适当修改与调整。

二、数据收集

本书利用国内外相关研究中常用的“方便抽样”方法，从一家咨询公司的数据库中随机抽取了300家多元化经营企业，这部分企业在最近几年内均参加过该咨询公司有关知识管理方面的培训或者公开课，并在不同程度上开展了知识管理活动。通过电子邮件的方式向300家企业发送问卷，企业中接受调查的对象主要是企业的CEO、CKO或知识管理项目负责人等相关人员。本次调查共回收有效问卷126份，有效回收率为42%，满足调查研究中回收率不低于20%的要求。

三、样本分析

表3.1内容是本次调查中有效反馈企业的行业分布情况，其中制造业/加工业、IT/通信业、保健业/制药业、金融业是除“其他行业”外实施知识管理的企业数目最多的行业，合计占有效反馈企业总数的64.3%。除“其他行业”外，剩余8个行业各自所占百分比均未达到5%。

表3.1 企业行业分布

行业	企业数量	百分比	累计百分比
制造业/加工业	34	27.0	27.0
IT/通信业	23	18.3	46.0
其他行业	14	11.1	57.1
保健业/制药业	12	9.5	66.7
金融业	12	9.5	76.2
运输业	6	4.8	81.0
咨询业	5	4.0	85.7
服务业	5	4.0	88.9
零售业	4	3.2	92.1
建筑业	4	3.2	95.2
政府单位	3	2.4	97.6
公共事业	2	1.6	99.2
教育/研究机构	2	1.6	100.0
合计	126	100.0	

表3.2数据显示接受调查的企业中，国有企业和民营企业各有48家，而外资企业为30家。可见，此样本数据显示，在知识管理实施方面，国有和民营企业并不落后于外资企业。

表3.2 企业所有权性质分布

所有权	企业数量	百分比	有效百分比	累计百分比
国有控股	48	38.1	38.1	38.1
民营控股	48	38.1	38.1	76.2
外资控股	30	23.8	23.8	100.0
合计	126	100.0	100.0	

表3.3内容是接受调查企业年营业收入的分布情况。考虑到企业隐私，20份问卷没有回答此问题。从接受调查企业员工人数分布上看（表3.4），最多的是1001至5000人规模的企业，有29家，但整体分布相对平均，最少的是51至100人的小规模企业，有12家。

表3.3　企业年营业收入

收入	企业数量	百分比	有效百分比	累计百分比
5亿以上	36	28.6	28.6	28.6
1亿–5亿	20	15.9	15.9	44.4
未填答	20	15.9	15.9	60.3
1000万–5000万	16	12.7	12.7	73.0
5000万–1亿	15	11.9	11.9	84.9
100万–500万	8	6.3	6.3	91.3
500万–1000万	7	5.6	5.6	96.8
100万以下	4	3.2	3.2	100.0
合计	126	100.0	100.0	

表3.4　企业人数

人数	企业数量	百分比	有效百分比	累计百分比
1001—5000人	29	23.0	23.0	23.0
101—500人	26	20.6	20.6	43.7
501—1000人	22	17.5	17.5	61.1
50人以下	19	15.1	15.1	76.2
5000人以上	18	14.3	14.3	90.5
51–100人	12	9.5	9.5	100.0
合计	126	100.0	100.0	

第三节　数据分析与假设检验

本研究使用SPSS11.5对数据进行回归分析，分析结果如表3.5所示。

首先，将内部网络密度（ID）、内部网络强度（IS）、单元间网络密度（ED）、单元间网络强度（ES）和网络中心性（NC）分别对目标变量跨单元知识搜寻（KS）分别作了回归分析，如Mode1至Mode5。分析结果表明，5个网络特性变量对目标变量KS都有显著影响，5个假设全部得以验证。5个网络特性变量对KS的影响强度排序是：ES（β=0.836；t=5.427），

NC（β=0.647；t=4.613），ID（β=−0.482；t=3.173），ED（β=0.438；t=2.975）和IS（β=−0.337；t=2.379）。

表3.5 回归分析结果

Mode	Mode1	Mode2	Mode3	Mode4	Mode5	Mode6	
						β	t
内部网络密度	β=−0.482 t=3.173★★					−0.518	3.274★★
内部网络强度		β=−0.337 t=2.379★				−0.293	2.051★
单元间网络密度			β=0.438 t=2.975★★			0.376	2.639★★
单元间网络强度				β=0.836 t=5.427★★★		0.592	4.165★★★
网络中心性					β=0.647 t=4.613★★★	0.453	3.022★★
Adjusted R^2	0.11	0.09	0.15	0.17	0.23	0.48	

注：* P<0.05，** P<0.01，*** P<0.001

将5个网络特性变量对目标变量KS做了多元回归（如Mode6）。一般认为对于探索性研究，Adjusted R^2达到或接近0.2被认为是可以接受的，因此Mode6的分析结果（Adjusted R^2=0.48）反映出模型的解释能力是较好的。根据表3.5的数据，我们用图3.3描述了5个网络特性变量对目标变量KS的影响因子。

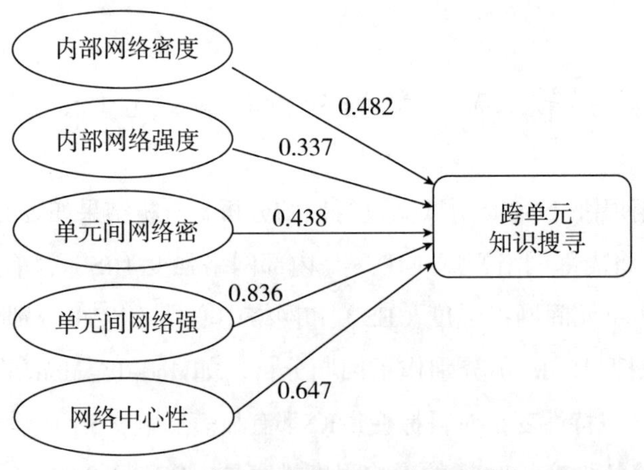

图3.3 网络特性对跨单元知识搜寻的影响因子

第四节　网络特性对知识搜寻的综合影响

在一个多元化经营的企业中，实现单元间知识共享的前提是业务单元能够有效地搜寻知识。我们将一个多元化企业看作是业务单元间构成的组织网络，将网络密度、网络强度、网络中心性等社会网络特性引入到知识搜寻的研究中，并通过实证研究验证了网络特性对跨单元知识搜寻有显著影响。

单元内部员工间的密切关系会增加员工间的彼此认同，并发展出一个共同的知识基础，促使员工在寻找问题解决办法时关注于单元内部知识主体，而不愿意从单元外部寻找知识。单元内部员工间的联系越密切，分享知识和经验的机会越多，会强化共同知识基础，拒绝和排斥利用外部知识。如果员工有更多的机会与其他单元的员工相互联系，就能够接触到不同的知识和观点，可以使得拥有不同专业知识的员工聚集在一起，增加了他们在其他业务单元寻找知识的机会。尤其是如果一个业务单元在网络中处于有利位置，就可以大范围接触到网络的知识资源，增加了搜寻知识的机会和动机。

研究结论表明，5个网络特性都对跨单元知识搜寻有显著影响，其中又以单元间网络强度和网络中心性对跨单元知识搜寻的影响最为显著。说明了业务单元应高度重视与其他单元间建立频繁的、密切的、高强度的联系，并争取占据网络中的有利位置，成为“结构洞”。这样才能在企业内部的资源分享中获取更多的机会，并降低获得成本。

本研究在提出一些新观点的同时，也存在一定的局限。本研究收集的是多元化企业在某一时点上的截面数据，由于跨单元知识搜寻是一个长期、复杂的过程，如果进行纵向研究和时间序列分析，结合大规模问卷调查，可能会更有利于深入分析网络特性对知识搜寻的影响机制。本书建立的研究模型尽管具有较好的解释能力，仍有其他因素对企业的知识搜寻可能存在影响，例如知识的特性、企业文化、组织结构、信任水平等，本书对于一些可能存在的控制和调节变量没有深入展开讨论。我们计划在今后的研究中选择更加广泛的调查样本，结合深入的案例研究方法，并考察其他因素与网络特性对跨单元知识搜寻的共同影响机制，力争对企业网络中的知识搜寻和知识共享规律有更深入的理解和认识。

第四章　企业内部社会资本与跨部门知识搜寻

在知识经济时代，研究知识管理已经成为众多企业充分利用知识提高竞争和创造经济价值的重要手段。我国许多IT和高科技企业已经进入了尝试和探究知识管理的阶段，具体的知识管理工作所涉及的内容包括了知识创造、知识搜寻、知识转移、知识共享、知识整合等方面。其中，知识搜寻作为知识转移、共享及整合应用的前提，更是企业进行学习和创新的知识技术的基础。有效的知识搜寻能够为企业进行知识管理奠定良好的基础，从而保证各知识环节有条不紊的发展和创新，不仅为企业节省了大量的成本，而且对组织流程和产出绩效都非常关键。

知识在不断巩固其在经济时代具有重要价值的地位的同时，更是各个组织及组织内部门进行搜寻和创造活动的对象。知识的搜寻、转移分享、整合等一系列活动都难以通过市场机制等手段来完成，因为其本身就是一个很显著的社会过程，因此，从社会资本的视角进行知识管理方面的研究具有科学性和必要性。

对于企业而言，企业的外部社会资本和内部社会资本都是企业在自身发展壮大过程中所不可缺少的，而众多的企业都认识到外部社会资本的重要性，往往忽略对企业内部社会资本的开发和积累。但是企业应该清醒地认识到，企业如果内部资本匮乏，其对外部社会资本的利用也会受到约束。因为，内部社会资本相对来说更易培养和积累，同时会对企业发展外部社会资本产生积极的促进作用。企业只有在自我巩固的基础上，才能更有效利用外部社会网络关系的资源。因此，研究企业的内部社会资本具有重要的意义。本书试图通过从企业内部社会资本的三个维度——结构维度、关系维度、认知维度分别进行分析和探讨，确定三个维度之间的相互影响关系，并全面阐述企业内部社会资本与企业内部门进行知识搜寻的关系，为企业有效的进行知识搜寻、节省知识管理成本、促进企业社会资本培育和积累，沟通企业社会资本和知识管理相关性提供科学的理论依据。

随着经济的全球化和科学技术的发展，世界进入了一个知识主导的全新时代。知识已经逐渐成为关键的经济资源，是企业核心竞争优势的主要来源。管理大师彼得德鲁克指出：20世纪的企业，最有价值的资产是生产设备；21世纪的组织，最有价值的资产将是组织内的知识工作者和他们的生产力。因此，知识已经成为组织最有价值的战略资源，而知识搜寻便是这一资源真正发挥作用的源头和基础，是企业进行知识管理的序幕。企业通过知识搜寻、转移、共享及整合等一系列知识管理过程来塑造自身的核心竞争力。

社会资本理论作为对知识管理理论思考的一种延伸，逐渐成为理解知识管理过程的新视角，因此不断涌现出关于企业客户关系社会资本与企业进行知识开发和转移等方面的研究、企业中社会资本与知识整合相关研究、母子公司间通过社会资本关系进行知识流动和共享等。

随着社会资本理论的研究的影响程度的扩大，实现了如今社会资本理论与知识管理理论的交接，不断从社会资本理论为切入点，研究众多范围关系内实体的知识管理，使社会资本理论不断成为企业知识管理研究的一个有效途径。国内的相关研究起步较晚，比较突出的学者有丘海雄、边燕杰；赵延东、风笑天等，在学术界受到西方国家的影响下，通过理论探究和比较发展，影响到企业界的相关经营和管理活动。

因此，本部分试图通过从企业内部社会资本的三个维度——结构维度、关系维度、认知维度分别进行探讨，通过对每个维度中所包含的主要因素对三个维度之间关系进行理论研究，得出相互影响的结论，同时全面揭示企业内部社会资本三个维度与企业内部门进行知识搜寻的关系。在理论上，通过对企业内部社会资本结构维度、关系维度、认知维度的分析和相关关系探讨，丰富和社会资本理论的意义和关系内涵，为社会资本理论发展提供了一定支持；同时进行了企业内部社会资本与企业内部门的知识搜寻的关系的研究，不仅有助于从社会资本角度进行知识管理相关理论的探索研究，更加快了知识管理社会化的进度，促进社会资本与知识的进一步融合。在经济迅速发展的当今社会，企业中各部门不仅是企业有效运转相互配合的各个组成部分，同时也是企业的一个重要创新来源，从企业内部社会资本角度研究企业各部门在往来过程中的知识搜寻，有利于揭示促进知识搜寻的内在机制，可以使企业部门在往来过程中采取更有针对性的措施，提高企业的知识搜寻效率。与此同时通过分析企业内部社会资本各维度与知识搜寻之间的关系，可以更精确地了解网络联系、信任、共享愿景等因素在各部门进行知识搜寻努力过程中的作用和影响，从而使企业能够有效进行知识管理，通过获取知识不断提高企业自身创新绩效，为企业提高知识搜寻效果提供更具可操作性的建议。

第一节　研究假设和理论模型

国外学者将微观层次及中观层次的产生于行动者外在的社会关系所形成的社会资本合称为“外部社会资本”；将形成于行动者或群体的内部关系的、用于提升其行动水平宏观社会资本称为“内部社会资本”。根据我国的实际情况，张方华将企业的社会资本分为内部的社会资本和外部的社会资本，并认为企业内部社会资本包括了各部门之间的信任和合作程度、知识员工的轮岗制、知识型员工的信任和知识共享、企业文化及内部培训、团队学习等内容。

因此，企业的社会资本包括企业外部社会资本和企业内部社会资本。“企业外部的社会资本是指企业外部存在的、有助于企业涉猎各种稀缺资源的社会关系网络和社会结构。企业内部的社会资本是指企业内部存在的，有利于推动企业成员之间的信任和合作，促进企业各部门的沟通与协调，从而增加企业内部凝聚力的人际关系网络以及蕴含在其中的潜在资源。”现代社会，企业是经济活动的主体，因此社会资本成为学者们关于企业从事经济活动社会学研究的较佳切入点。

在企业进行知识管理的相关过程中，企业内部各部门在转移或共享知识的活动中，第一个步骤是准确找到所需要的知识，需求知识的业务单元应该知道所需要的知识在哪里，并能够获取这部分知识，这实际是一个知识搜寻过程。

目前，国内外对于知识搜寻的相关研究还处于最初始的阶段，对于知识搜寻的一些定义和相关概念介绍主要来自两个方面，一种说法将知识搜寻认为是知识搜索的广义概念的一部分，而另一种说法将知识搜寻认为是知识共享及知识转移众多阶段中的一个阶段。

1. 知识搜寻是知识搜索的一部分

根据众多学者已有的研究，知识搜寻被认为是知识搜索广义概念的一部分，通常指组织对外部知识源的种类、数量、地理位置等情况进行查找、扫描与测评等活动，这些活动的开展将确保组织较为正确地定位对不同知识源知识进行搜寻的适当范围、强度与频次，以及合理地确定所采用的知识搜寻渠道与方法。

2. 知识搜寻是知识共享或知识转移的一个阶段

有学者在强调知识来源的重要性的同时，认为企业可以通过采用契约购买以及知识主体之间的各种关系来搜寻和获取知识，知识搜寻的有效性和强度往往取决于组织的学习愿望和市场导向。

本书在对知识搜寻的定义过程中，参考了国内学者于鹏在其博士学位论文《跨国公司内部的知识转移研究》中对知识搜寻的研究定义，认为知识搜寻是尝试寻找知识转移伙伴及其有价值的知识的过程，是组织内部知识转移过程众多阶段（意愿阶段、搜寻阶段、实施阶段、整合阶段）中的一环，并受到知识转移机会、方向和转移意愿的影响。

本书在国内外学者关于社会资本理论和知识管理相关理论研究的基础上，以结构、关系、认知三个维度来衡量企业内部的社会资本，每个维度下结合本研究的实际又分别包括了联系强度、网络密度、信任、共同语言、共享愿景等不同的子维度。通过对每个维度的深入分析阐述，本书建立了每个三个维度之间相互影响的关系假设，为反映企业内部门之间以及部门成员之间相关关系及资源搜寻与交换能力的内部机制提供研究的角度和切入点。因此，本书对企业内部社会资本结构、关系、认知三个维度的内容进行了深入的分析和进一步拓展，在依据现有理论对三个维度之间相互影响的关系的基础上，提出本研究的概念模型框架，进行企业内部社会资本与企业内部各个部门进行知识搜寻的实证分析。

根据以上论述，现本书提出研究的概念模型框架如图4.1所示。

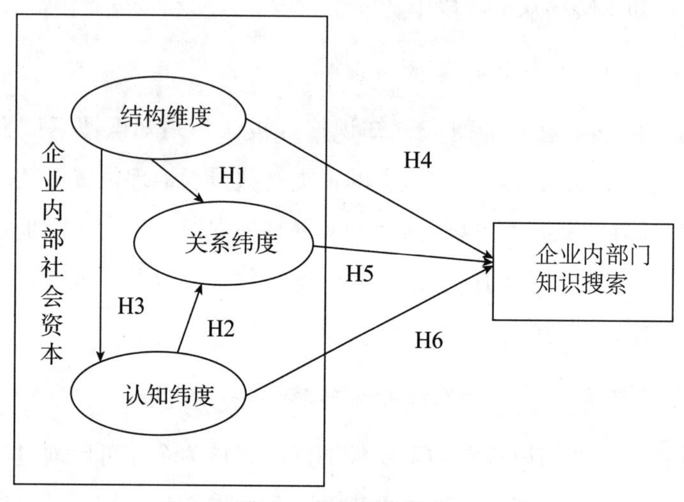

图4.1 本书研究模型

一、企业内部社会资本三个维度之间关系研究

综合之前众多学者对社会资本的相关研究的不同角度，可以看出社会资本是一个广阔的概念，可以从不同的层次进行分析，但通过现有研究发现，社会资本最基本地涵盖了社会网络联系、网络信任关系以及网络内部价值观这几个方面。将社会资本划分为结构维度、关系维度、认知维度三个维度最初是由纳哈佩特（Nahapiet）& 高沙尔（Ghoshal）提出的，并在后来的研究中被众多学者的进一步研究得到证实和支撑。

社会资本的结构维度被认为是非人格化的社会关系网络，包括了关系网络联系是否存在、网络联系的强弱、网络联系者之间联系的频繁程度以及处在网络中不同位置的组织成员对于整个网络信息沟通和联系的重要性程度等一系列内容。本研究中，企业内部社会资本的结构维度主要从企业内成员及部门之间的联系强度和网络密度这两个层面来进行研究。

社会资本的关系维度被认为是人格化的社会关系网络，包括了组织网络关系中信任与可信赖的相互信任关系、组织的规范和义务等一系列由人际关系所创造或获取构成的内容。通过已有学者的相关研究发现，众多学者都认为相互信任是社会资本关系维度中最核心的组成要素，因此，在本研究中，企业内部社会资本的关系维度主要从企业内成员及部门之间的信任层面加以分析。

社会资本的认知维度是指为组织的社会关系网络中的各构成部分提供能够给予他们相同的理解表达和释义的相关观念的社会资本组成部分，这些部分包括了组织内使用的语言、符号、价值观念及文化等方面。本研究中，企业内部社会资本的认知维度主要从企业内成员及部门之间的共同语言和共享愿景两个层面进行衡量。

（一）结构维度与关系维度

有学者认为，体现在组织结构网络联系互动中的企业社会资本的结构维度会刺激组织内部成员及部门之间的相互信任（包括信任他人和被他人所信赖），而这种相互信任正是社会资本的关系维度的集中体现。之前众多学者都曾在研究中得出结论，证明相互信任的关系来自组织间的互动而建立起的关系网络。而且，与社会网络相关的文献中都证明了网络的联系强度与组织内部相信他人和被他人所依赖的相互信任有正相关的关系。组织内部网络成员之间频繁和紧密的联系将会对成员之间相互了解、交换和分享重要信息以及获得拥有共同的价值观和愿景具有重要的促进意义。因此，某个组织内成员所拥有的网络中的地位直接影响着组织内部其他成员之间相互信任的程度。因此，本书提出假设：

H1：企业内部社会资本的结构维度与关系维度具有正相关关系。

（二）关系维度与认知维度

有学者认为，共同语言、共同价值观以及共享愿景是社会资本认知维度中的重要的三个要素，同时这三个要素也将推动社会资本关系维度的增进和提高。有学者曾在研究中指出，不同组织之间的相互信任关系能够促使将他们凝聚在一起的共同的目标和价值观念的产生。还有学者研究表明，共同的价值观念和信仰将会为组织利益协调统一起到关键作用，防止那些组织内部的成员投机行为的产生。甚至有学者通过研究证明组织内部成员之间对组织所持有的价值观念的融合和统一的认识，是组织能够相互信任并产生信赖关系的根源。在拥有共同的目标的基础上，组织内部的成员更容易相信他人，形成相互信任的关系，因为此时的他们相信，他们所拥有的奋斗目标是一致的，并且所有成员在为此目标努力的过程中，他们不会发生利益的冲突。换句话说，在一个组织内部，任何与组织有相同的价值观念和目标理想的成员和部门，都更容易在追求组织目标实现的过程中形成相互信赖的关系。因此，本书提出假设：

H2：企业内部社会资本的关系维度与认知维度具有正相关关系。

（三）结构维度与认知维度

在认知维度与结构维度之间的关系研究问题上，本书认为此处须有一个前提条件，即社会网络中的互动关系在一系列的组织目标和价值观的塑造过程，以及在推进这些目标和价值观在组织内部成员及部门之间共享的过程中起着至关重要的作用。有学者通过评估组织内部整体的社会结构来研究内部成员的认知的准确性，并指出组织内的成员间的互动影响的网络结构对成员之间构成的共享愿景构成了影响。有关组织社会化的相关研究突出强调了非正式的社会网络互动对于成员个人学习组织价值观具有巨大帮助。通过网络互动，组织内的成员逐渐认识和采用了他们所达成共识的组织语言、规则、价值观念及组织实践。同时，这些社会化的成员还会给予他们的共同利益及相互理解来创造一系列新的价值观念和目标景象。在一个多部门的组织中，不同部门也许会有不同的部门目标和计划，以此来满足他们的自我利益。处于部门内部的成员将会共享同一套具有集体导向的价值观，用以实现部门的目标和计划。因此，我们认为一个部门应该在企业的社会互动网络中占有一席之地，这有助于部门和其他部门一起共享一定的组织愿景和价值观。因此，本书提出假设：

H3：企业内部社会资本的认知维度与结构维度具有正相关关系。

二、企业内部社会资本结构维度与企业内部门知识搜寻的关系研究

根据上文的关于社会资本结构维度的文献综述，本书更注重企业内部社会资本结构维度中有助于企业内部人员和部门摄取各种知识资源的企业内部社会关系网络，包括部门之间及部门成员之间的网络联系的强度及密度等。

一个拥有多部门的企业部门之间的联系形成了一个知识网络，这个部门间知识网络中的节点是企业的各部门。根据之前文献对网络密度的定义，我们将部门间网络密度定义为部门间建立的强联系数量除以部门间已建立的关系数量。部门内部网络关系会将员工的时间和精力导向部门内部，而部门间建立的网络关系则会将他们“向外拉”。当部门间网络密度增加时，员工对其他部门知识的认知也会增加，因为员工已经有了更多的机会来学习这些知识。因此随着部门间网络密度的增加，员工有更多的机会和意愿进行跨部门知识搜寻。部门间网络强度越高，不同部门的员工间联系越频繁和密切，员工跨部门寻求知识的偏好越强烈。随着不同部门员工间有了更广泛、更频繁的机会分享知识，跨部门的知识认同增加使得员工更愿意跨部门搜寻知识。

因此，本书在对结构维度的深入剖析和拓展的基础上，提出假设：

H4：企业内部社会资本的结构维度与企业内部门知识搜寻有正相关关系。

三、企业内部社会资本关系维度与企业内部门知识搜寻的关系研究

有学者认为，企业内部社会资本的关系维度主要表现为组织内部门间及成员间的信任和各组成部分互惠合作等关系特征，是一种基于网络强联系和持续互惠规范的信任关系。还有学者通过研究论述，指出信任在企业内部信息交换方面起到了重要的作用，指出组织从联系中产生搜寻信息的意愿，并将此种搜寻意愿付诸于搜寻行动的可能性很大程度上取决于相互信任的程度高低，并证明了企业进行知识搜寻活动与否与组织间的相互信任成正比例关系。

知识必须通过具有相同信任的关系网络进行搜寻和获取，是因为与传统的生产要素如土地、资本等资源不同，知识既不可能在流动过程中被监控或者被强迫进行，因此，相互信任的社会网络关系为组织内各主体行动者进行相关知识搜寻和交换提供了基础，那就是建立在这一人际关系网络上的相互信任关系。网络内部社会关系主体之间的相互信任不仅为增强其间知识搜寻的可能性提供基础，促进他们之间的信息、知识等社会资源的交换，同时还能增加各主体之间陆续的知识的搜寻等方面的交流与合作，而这也是企业赢得高企业绩效，培育企业核心竞争优势的不可或缺的组成要素。

一个组织所处的环境由各种要素相互组合和相互作用而成，而当今组织所处环境中，信任逐渐成为一个重要的环境因素。组织内的部门和成员在相互形成的网络关系信任基础上，逐渐形成了与他人、其他组成主体进行资源交换和分享的意愿，这便为组织中主体进行知识搜寻奠定了最坚实的基础，当行动主体将此中搜寻意愿付诸行动，便形成了知识搜寻的事实，促进组织内部的知识流动和交换，也反过来更加牢固了企业内部的相互信任的网络关系。相反的，如果组织内部网络中缺乏相互信任的关系特征要素，组织环境就大大的不同了，在此种环境中，组织内成员及部门的行动有可能处于相对混乱的状态，因为他们没有信任和被信赖，从而降低了进行与他人交流的机会，扼杀了从其他部门中搜寻自己所需信息和知识的意愿，就更谈不上进一步将意愿变成现实，实现组织内部的知识搜寻和

交换。企业内部门之间双方的互相不信任是企业的R&D、营销和制造部门之间存在界面障碍的主要原因之一，没有了部门之间的信任基础，便降低了部门之间相互联系和交流的机会，堵塞了部门之间知识搜寻和流动的渠道来源。因此本书认为，企业内部门之间的知识搜寻是建立在互惠与信任的网络关系基础之上的，故提出以下假设：

H5：企业内部社会资本的关系维度与企业内部门知识搜寻有正相关关系。

四、企业内部社会资本认知维度与企业内部门知识搜寻的关系研究

企业内部社会资本的认知维度主要包括企业内部员工和部门之间在工作过程中所使用的共同语言和共享愿景。有学者认为，如果组织想要在内部得到高效的知识交流和统一的组织认知，将组织环境中共同的语言、价值观念、组织文化等一系列内容都以一定的程序和非程序的形式散布至组织的各个角落，从而使组织每个成员都对组织目标有一个清楚而明确并为其实现付出全部努力的理想状态，这不仅会提高组织进行知识搜寻和获取的效率，同时更能够促进组织目标实现，实现组织的高绩效。

（一）共同语言

共同语言指组织网络中各成员共享的同一种工作语言和沟通方式，并且这种语言和方式能被成员所互相理解。然而共同语言对于知识来说之所以重要，是因为其构成了知识的一部分载体，是知识进行传播和交流的手段和渠道，因此共同语言对于知识的相关方面的流动的重要性是不言而喻的，它是企业内部门进行资源搜寻和获取的重要促进工具。

有学者认为，共同语言的形成是组织内部门层面频繁而顺畅交流的结果，同时又是部门层面进行交流的必要工具，产生于此过程中，同时又进一步为这一过程产生推动作用。企业内部员工之间、部门之间频繁的交流而建立的共同语言不仅为企业内部门进行跨部门知识搜寻提供了可能的工具，同时在搜寻过程中更担当了媒介的重要作用，作为企业技术及不同部门差异工作的沟通手段，共同语言为部门进行知识搜寻速度的提高产生了

重要的推动，同时更为企业内部各部门解决问题提供了标准的方法，提供了组织内部知识搜寻和流动的效率，更降低了组织在搜寻过程中的重复工作，节省了知识搜寻的成本投资。

（二）共享愿景

共享愿景指组织网络中各成员对价值观念、目标、期望等的共同理解，是组织价值创造和资源交换的决定因素之一。

组织中的共享愿景反映了组织集体的目标，更是组织各部门知识的一个黏合机制。曾有学者提出，在共同的语言和价值观的作用指导下，处于同一组织中的成员和部门更倾向于形成彼此之间相互理解的共识，这就使他们容易产生从他人或其他部门搜寻知识等资源的意向，从而加快组织内部知识流动和交换的概率，实现组织内部资源搜寻等活动的开展。因此可以看出，组织内成员及部门之间共同拥有的共享愿景能够增加其进行资源交换的机会，并在知识等资源的搜寻和实践过程中加大彼此信赖的程度，为组织实现知识搜寻提供了最有力的帮助。一个组织内包含众多部门，而每个部门的职能各不相同，因此在实现部门目标的过程中，不免会产生这样或那样的差异，这些差异有可能就会引起组织整体在绩效取得及目标实现过程中的障碍，产生因不同部门价值理念不同带来的冲突，造成组织内资源的浪费，重复建设，或引发严重的组织内部门冲突等。由此来看，若想打破部门之间互相的妨碍和制约，形成在不影响部门目标完成的基础上实现组织绩效增长的目标，就必须在组织内形成一个全体成员和部门都共同承认的共同价值观念，使所有成员在共享愿景的实现过程中都秉承相同的努力方向，注重企业内部部门之间的交流和合作，实现知识等资源的搜寻和流动，促进组织内知识的搜寻和获取的实现。

由此看来，企业内部社会资本认知维度中的共同语言能够加强部门之间的相互理解，促使部门进行知识搜寻和交换的意愿的产生，这样在共享愿景的作用之下，知识搜寻等活动就顺利地展开了。因此，本书从认知维度的两个子维度共同语言和共享愿景提出了关于知识搜寻相关的假设：

H6：企业内部社会资本的认知维度与企业内部门知识获取有正相关关系。

第二节　研究设计和研究方法

一、问卷设计

本研究在相关文献与研究的已有结论的基础上设计问卷。从企业内部社会资本的三个维度出发，三个维度中又包含5个具体因素，建立满足企业内部门知识搜寻的度量标准，对问卷进行项目设计。正式的问卷设计分为三个部分：企业内部社会资本三个维度的测量、企业内部门知识搜寻测量、企业与个人背景资料。

第一部分是企业内部社会资本三个维度的测量。量表由19个项目组成，对企业内部社会资本三个维度的衡量包括以下几个方面：结构维度（联系强度、网络密度）、关系维度（信任）、认知维度（共同语言、共享愿景）。本研究参考了蔡（Tsai）和高沙尔（Ghoshal）等人的调查结果，在研究量表中，结构维度下联系强度有3个项目、网络密度有3个项目，关系维度下信任有6个项目，认知维度下共同语言有3个项目、共享愿景有4个项目。量表采用自评方式，采用里克特（Liken）五点式评量尺度，按五点计分，全部项目都正向计分。1—非常不符合，2—比较不符合，3—不确定，4—比较符合，5—完全符合。具体内容如表4.1所示。

表4.1　企业内部社会三个维度的初始测量项目

<table>
<tr><th colspan="2">因素</th><th>项目内容</th><th>参考文献</th></tr>
<tr><td rowspan="6">结构维度</td><td rowspan="3">联系强度</td><td>1.部门内部常通过面对面、电话、电子邮件、聊天软件等进行交流</td><td rowspan="6">Krackhardt（克拉克哈特）；Aquino（阿奎诺）& Serva（赛瓦）；柯江林</td></tr>
<tr><td>2.不同部门之间常搞活动，在一起交流</td></tr>
<tr><td>3.不同部门之间有较好的沟通（如有工作关系的管理者或员工之间互相熟悉）</td></tr>
<tr><td rowspan="3">网络密度</td><td>4.本部门大部分成员两两之间能经常在一起讨论问题</td></tr>
<tr><td>5.大多数部门之间能进行较好的沟通和工作配合</td></tr>
<tr><td>6.本部门大部分成员在工作上相互沟通与配合较多</td></tr>
</table>

续表

关系维度	信任	7.本部门成员相互信赖彼此的工作能力	Marquardt（马夸特）；何芳蓉；Lee（李）& Dawes（道斯）
		8.部门内部成员之间互惠程度高	
		9.组织大部分成员之间相互信守承诺	
		10.大部分成员彼此坦诚并相互信任	
		11.部门与部门能够在工作中为达成共同的目标而相互信任	
		12.在需要其他部门配合时，部门能够得到其他部门有效而积极的帮助	
认知维度	共同语言	13.本部门成员对自己工作中所涉及专业领域的符号、用语、词义都很清楚	Tsai（蔡）& Ghoshal（高沙尔）；Aquino（阿奎诺）& Serva（赛瓦）何芳蓉；柯江林
		14.部门与部门之间因有共同的工作语言而能够进行有效的沟通和合作	
		15.对于项目所涉及的工具（如软件、工艺、流程等），项目组的人都很熟悉	
	共享愿景	16.本部门成员能理解公司和部门的愿景和目标，并共同为之努力	
		17.本部门成员服从共同的价值观念和行为准则（如员工行为的是非标准等）	
		18.组织中各层级、各部门都享有同一组织愿景	
		19.组织中所有的员工和部门均为企业目标的达成而努力	

第二部分是企业内部门知识搜寻的测量，有4个项目，单因素测量。测量参考了奥蒂奥（Autio）和萨皮恩泽尔（Sapienza）等人的调查结果。量表采用员工自评方式，采用里克特（Liken）五点式评量尺度，按五点计分，全部项目都正向计分。1—非常不符合，2—比较不符合，3—不确定，4—比较符合，5—完全符合。具体内容如表4.2所示。

表4.2 企业内部门知识搜寻的初始测量项目

因素	项目内容	参考文献
知识搜寻	1.本部门成员能够在部门中较容易地搜寻与自己工作相关的资料和建议	Autio（奥蒂奥）& Sapienza（萨皮恩泽尔）Tsang（曾）；Yang（杨）
	2.本部门成员能较容易地从其他部门人员处搜寻与自己工作相关的资料和建议	
	3.本部门成员能方便地从公司内网中查找到自己工作需要的相关信息和知识	
	4.本部门成员能方便地从公司数据库或知识库中查找到自己工作需要的相关信息和知识	

第三部分是企业与个人背景资料。被测人个人背景资料包括性别、学历、年龄、加入企业工作年限、职务层次。企业背景资料包括被测人所在企业所属行业、企业性质、企业人数。

研究主要以大连部分高新技术企业为研究对象，采取便利抽样的方法，主要通过调查问卷的方式进行调研。根据被调查者的意愿，主要以当场发放、当场收回的方式以及E-mail发放、E-mail收回方式进行问卷调查。笔者共发放问卷154份，回收问卷112份，回收率为72.7%。对于回收的调查问卷，进行了初步筛选。判断问卷是否有效的标准是：问卷空白，或者1个题目有两个以上的答案，或对所有问卷项目的选择答案是相同的，那么则认为该问卷无效。经过如此筛选，获得有效问卷98份，发出问卷的有效回收率为63.6%。对回收的数据采用SPSS1 8.0软件包、AMOS 7.0软件包进行分析，主要采用信度分析、效度分析（探索性因子分析、验证性因子分析）、相关分析和结构方程回归分析等统计分析方法，分别对量表及各项假设进行检验，以了解其是否达到统计上的显著性。

二、问卷的信度和效度分析

（一）信度分析

信度分析，主要是考察问卷测量的可靠性，本研究采用Cronbach's Alpha系数法来分析信度，参照以往学者的研究分析标准，Cronbach's Alpha系数的最小值不得低于0.70。

1.企业内部社会资本问卷的信度分析

本书对企业内部社会资本量表的信度进行了总体的信度分析，以及企业内部社会资本的结构、关系、认知三个维度所包含的五个因素的信度分析。经Cronbach's Alpha系数的检验，该量表总的一致性系数为0.922，社会资本的三个维度所包含的五个因素的一致性系数在0.713—0.920，结果非常理想。这样的结果说明各个维度及所包含的各个因素的所有项目的一致性较好，也表明测量工具具有较好的信度，满足研究需要。具体分析结果如表4.3所示。

表4.3 企业内部社会资本信度分析表

<table>
<tr><th colspan="2">因素</th><th>项目内容</th><th>项目与总分相关度</th><th>α系数</th><th>总体α系数</th></tr>
<tr><td rowspan="6">结构维度</td><td rowspan="3">联系强度</td><td>1.部门内部常通过面对面、电话、电子邮件、聊天软件等进行交流</td><td>0.732</td><td rowspan="3">0.713</td><td rowspan="19">.922</td></tr>
<tr><td>2.不同部门之间常搞活动，在一起交流</td><td>0.847</td></tr>
<tr><td>3.不同部门之间有较好的沟通（如有工作关系的管理者或员工之间互相熟悉）</td><td>0.815</td></tr>
<tr><td rowspan="3">网络密度</td><td>4.本部门大部分成员两两之间能经常在一起讨论问题</td><td>0.771</td><td rowspan="3">0.734</td></tr>
<tr><td>5.大多数部门之间能进行较好的沟通和工作配合</td><td>0.817</td></tr>
<tr><td>6.本部门大部分成员在工作上相互沟通与配合较多</td><td>0.840</td></tr>
<tr><td rowspan="6">关系维度</td><td rowspan="6">信任</td><td>7.本部门成员相互信赖彼此的工作能力</td><td>0.848</td><td rowspan="6">0.920</td></tr>
<tr><td>8.部门内部成员之间互惠程度高</td><td>0.836</td></tr>
<tr><td>9.组织大部分成员之间相互信守承诺</td><td>0.898</td></tr>
<tr><td>10.大部分成员彼此坦诚并相互信任</td><td>0.851</td></tr>
<tr><td>11.部门与部门能够在工作中为达成共同的目标而相互信任</td><td>0.860</td></tr>
<tr><td>12.在需要其他部门配合时，部门能够得到其他部门有效而积极的帮助</td><td>0.778</td></tr>
<tr><td rowspan="7">认知维度</td><td rowspan="3">共同语言</td><td>13.本部门成员对自己工作中所涉及专业领域的符号、用语、词义都很清楚</td><td>0.832</td><td rowspan="3">0.765</td></tr>
<tr><td>14.部门与部门之间因有共同的工作语言而能够进行有效的沟通和合作</td><td>0.863</td></tr>
<tr><td>15.对于项目所涉及的工具（如软件、工艺、流程等），项目组的人都很熟悉</td><td>0.780</td></tr>
<tr><td rowspan="4">共享愿景</td><td>16.本部门成员能理解公司和部门的愿景和目标，并共同为之努力</td><td>0.826</td><td rowspan="4">0.829</td></tr>
<tr><td>17.本部门成员服从共同的价值观念和行为准则（如员工行为的是非标准等）</td><td>0.733</td></tr>
<tr><td>18.组织中各层级、各部门都享有同一组织愿景</td><td>0.834</td></tr>
<tr><td>19.组织中所有的员工和部门均为企业目标的达成而努力</td><td>0.856</td></tr>
</table>

2.知识搜寻问卷的信度分析

从企业内部门知识搜寻量表中可以看到，企业内部门知识搜寻4个项目与总分的相关程度都在0.6以上，其一致性系数达到0.706，量表信度较高，效果较好，能满足研究要求。具体分析结果如表4.4所示。

表4.4　企业内部门知识搜寻信度分析表

因素	项目内容	项目与总分相关程度	α系数
知识搜寻	1.本部门成员能够在部门中较容易地搜寻与自己工作相关的资料和建议	0.637	0.706
	2.本部门成员能较容易地从其他部门人员处搜寻与自己工作相关的资料和建议	0.660	
	3.本部门成员能方便地从公司内网中查找到自己工作需要的相关信息和知识	0.776	
	4.本部门成员能方便地从公司数据库或知识库中查找到自己工作需要的相关信息和知识	0.826	

（二）效度分析

效度指的是样本数据的正确性程度，本研究首先通过探索性因子分析来对模型的构建效度进行检测，从若干数据中离析出基本构思，以此来对测量的构思效度进行分析；之后通过验证性因子分析的方法对问卷进行验证，来检测模型理论逻辑的合理性，为后续结构方程修正提供重要参考。

1.探索性因子分析

本书利用SPSS18.0软件包，运用探索性因子分析的方法检验问卷的效度，测量企业内部社会资本的影响因素指标的构成。根据KMO和Bartlett的检验，具体因子分析结果如表4.5所示。

表4.5　KMO和Bartlett的检验

企业内部社会资本影响因素指标	KMO样本测度		.872
	Bartlett球体检验	Approx. Chi-square	1153.444
		自由度df	171
		显著性概率Sig.	.000

通过对企业内部社会资本量表中的19个项目的因素分析，从表4.5中的分析结果可以看到，KMO值为0.872（大于0.7），这说明数据是比较适合做因子分析的。同时表4.5中Bartlett球体检验的x，统计值的显著性概率Sig是0.000，小于0.01，说明数据具有相关性，也说明统计数据是适合做因子

分析的。

表4.6 企业内部社会资本各因素正交旋转后的因子载荷矩阵

因素		项目内容	因素荷重					α系数
			X_{1a}	X_{1b}	X_{2a}	X_{3a}	X_{3b}	
结构维度X_1	联系强度X_{1a}	1.部门内部常通过面对面、电话、电子邮件、聊天软件等进行交流	0.672	−0.230	0.108	0.426	0.068	0.713
		2.不同部门之间常搞活动，在一起交流	0.845	0.272	0.046	−0.110	0.198	
		3.不同部门之间有较好的沟通（如有工作关系的管理者或员工之间互相熟悉）	0.703	0.185	0.417	−0.037	0.137	
	网络密度X_{1b}	4.本部门大部分成员两两之间能经常在一起讨论问题	0.295	0.516	0.271	0.508	−0.081	0.734
		5.大多数部门之间能进行较好的沟通和工作配合	0.141	0.708	0.182	0.100	0.447	
		6.本部门大部分成员在工作上相互沟通与配合较多	0.140	0.648	0.441	0.074	0.229	
关系维度X_2	信任X_{2a}	7.本部门成员相互信赖彼此的工作能力	0.004	0.493	0.635	0.215	0.257	0.920
		8.部门内部成员之间互惠程度高	−0.051	0.488	0.594	0.268	0.306	
		9.组织大部分成员之间相互信守承诺	0.049	0.298	0.810	0.165	0.203	
		10.大部分成员彼此坦诚并相互信任	0.129	0.237	0.785	0.036	0.274	
		11.部门与部门能够在工作中为达成共同的目标而相互信任	0.244	0.086	0.796	0.063	0.300	
		12.在需要其他部门配合时，部门能够得到其他部门有效而积极的帮助	0.287	0.049	0.728	0.259	0.132	
认知维度X_3	共同语言X_{3a}	13.本部门成员对自己工作中所涉及专业领域的符号、用语、词义都很清楚	0.108	0.115	0.168	0.741	0.228	0.765
		14.部门与部门之间因有共同的工作语言而能够进行有效的沟通和合作	0.074	−0.047	0.169	0.846	0.153	
		15.对于项目所涉及的工具（如软件、工艺、流程等），项目组的人都很熟悉	−0.132	0.200	0.037	0.750	0.041	
	共享愿景X_{3b}	16.本部门成员能理解公司和部门的愿景和目标，并共同为之努力	0.071	0.140	0.483	0.114	0.632	0.829
		17.本部门成员服从共同的价值观念和行为准则（如员工行为的是非标准等）	0.140	0.256	0.164	0.127	0.719	
		18.组织中各层级、各部门都享有同一组织愿景	0.206	0.190	0.418	0.167	0.636	
		19.组织中所有的员工和部门均为企业目标的达成而努力	0.119	0.041	0.524	0.217	0.594	

因子分析的结果如表4.6所示，企业内部社会资本三个维度的19个项目

被萃取为五大因子，每个因子中涵盖了大于0.5的各个不同数量的变量（因子负荷大于或等于0.5的变量就可以被萃取出来）。

表4.6中描述了整个因子分析的统计结果以及每个因子内部一致性检验结果。各变量负荷绝对值系数比较高，说明各因子中的原始变量有较显著的相关性。同时，五大因子的一致性信度α值均在0.7到0.9之间，显示因子内部一致性较好。企业内部社会资本结构维度X_1中的因子X_{1a}由三个项目组成，反映了企业内部社会资本的结构维度的特征；结构维度中的因子X_{1b}由三个项目组成，反映了企业内部社会资本的结构维度的特征；企业内部社会资本关系维度X_2中的因子X_{2a}由六个项目组成，反映了社会资本的关系维度特征；企业内部社会资本认知维度X_3中的因子X_{3a}由三个项目组成，反映了社会资本的认知维度特征；认知维度X_3，中的因子X_{3b}由四个项目组成，反映了社会资本的认知维度特征。因此，由以上分析可知，企业内部社会资本因素因子分析的结果与原构思基本一致。

2.验证性因子分析

本研究通过之前对问卷效度分析所做的探索性因子分析已经从侧面部分证实了理论基础的合理程度，并得到了较好的结果。所以此处的验证性因子分析是在之前探索性因子分析的基础上直接验证观测变量与潜在变量的关系，证明模型理论基础的合理性并做出相应修正，为后续结构方程模型分析提供修改依据。

本书通过AMOS 7.0统计软件对问卷进行了验证性因子分析，建立了因子分析模型。根据修改建议，在题项之间建立残差连接，分别合并题项13与14及题项21，23，同时删除结构维度和认知维度中的4个题项，连接后的拟合指标见表4.7。

表4.7　验证性因子分析的各项拟合指数

CMIN	DF	CMIN/DF	GFI	IFI	TLI	CFI	RMSEA
175.881	113	1.556	0.845	0.945	0.932	0.943	0.076

从表4.7可以看出，CMIN/DF小于2，GFI，IFI，TLI，CFI中除GFI外，其余的值均大于0.9，RMSEA值小于0.08，说明模型拟合基本良好，具有较好的结构效度。

第三节　数据分析与假设检验

一、描述性统计

（一）企业内部社会资本的描述性统计

本书拟从企业内部社会资本的角度出发，研究企业内部社会资本与企业内部门知识搜寻之间的关系影响。表4.8是关于企业内部社会资本总得分的描述性统计。

表4.8　企业内部社会资本三个维度的描述性统计

项目名称	项目数	均值	标准差
结构维度X_1	5	3.51	.74
关系维度X_2	6	3.77	.72
认知维度X_3	3	3.71	.85
社会资本X	14	3.67	.65

从表4.8中可以看出以参加调查的企业内部社会资本的三个维度以及总体均处于中等水平。其中，关系维度和认知维度的社会资本较高，结构维度的社会资本相对低一些。可以说，目前企业内部员工的社会资本还是处于一个比较好的水平上。

（二）企业内部门知识搜寻的描述性统计

本书研究调查的企业内部门知识搜寻结果如表4.9所示。

表4.9　企业内部门知识搜寻的描述性统计列表

项目名称	项目数	均值	标准差
Y知识搜寻	3	3.68	.72

从表4.9可以看到，本次调查的企业内部员工知识搜寻总得分均值为11.04，每个项目的均值为3.68，处于中等水平。

二、研究模型的假设检验

（一）研究模型的拟合度检验

在验证本研究所提出的假设之前，本书运用AMOS7.0统计软件对研究模型进行了拟合度的检验。研究的结构方程模型如图4.2所示。

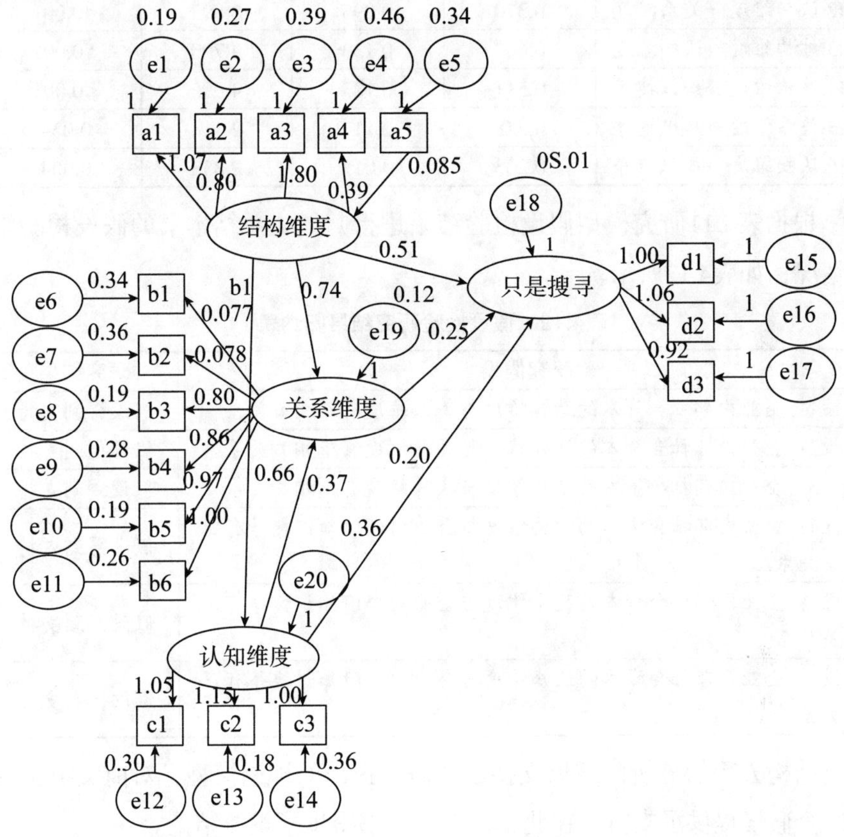

图4.2　本研究的结构方程模型

研究的结构方程模型的拟合度指数结果如表4.10所示。分析结果显示，CMIN/DF小于2，GFI，IFI，TLI，CFI中除GFI外，其余的值均大于0.9，RMSEA值小于0.08，说明模型拟合很好。

表4.10　研究模型的各项拟合指数

CMIN	DF	CMIN/DF	GFI	IFI	TLI	CFI	RMSEA
175.881	113	1.556	0.845	0.945	0.932	0.943	0.076

（二）研究模型的假设验证结果

研究模型的路径系数及假设检验的指数如表4.11所示。

表4.11 研究模型的假设检验指数

假设	Estimate	S.E.	C.R.	P
H1:结构维度→关系维度	0.745	0.125	5.976	<0.001
H2:认知维度→关系维度	0.370	0.095	3.892	<0.001
H3:结构维度→认知维度	0.662	0.138	4.790	<0.001
H4:结构维度→知识搜寻	0.511	0.125	4.095	<0.001
H5:关系维度→知识搜寻	0.248	0.117	2.118	0.034
H6:认知维度→知识搜寻	0.203	0.017	2.855	0.004

根据表4.11研究模型假设检验结果进行归纳，总结本书的假设检验结果情况，如表4.12所示。

表4.12 假设检验研究结果归纳表

研究假设	研究结果
假设1：企业内部社会资本的结构维度与关系维度有正相关关系	假设得到支持
假设2：企业内部社会资本的认知维度与关系维度有正相关关系	假设得到支持
假设3：企业内部社会资本的结构维度与认知维度有正相关关系	假设得到支持
假设4：企业内部社会资本的结构维度与企业内部门知识搜寻有正相关关系	假设得到支持
假设5：企业内部社会资本的关系维度与企业内部门知识搜寻有正相关关系	假设得到支持
假设6：企业内部社会资本的认知维度与企业内部门知识搜寻有正相关关系	假设得到支持

结构方程的分析的结果支持了本研究提出的理论模型，对前文提出的共六个假设提供了支持，在此基础上，本书得出了重要结论。

第四节 社会资本对跨部门知识搜寻的综合影响

一、社会资本与知识搜寻关系

在知识经济日益发展的今天，组织的生存和发展在于赢得持续竞争优势，从企业内部开始，就该提倡企业内员工之间和部门之间的知识搜寻和交换，最大化利用企业的知识资源。本书以大连部分高新技术企业为研究对象，从企业内部社会资本的角度出发，以国内外相关研究为基础，建立了本研究的研究模型，探讨企业内部社会资本与企业内部门知识搜寻的关系影响。

（一）企业内部社会资本三个维度之间关系的相关关系结论

本书进一步分析了社会资本三个维度之间的关系，探究了每个维度在知识搜寻过程中的作用。通过运用统计软件对企业内部社会资本结构维度对关系维度影响的经验分析，结果显示的结构维度对关系维度的影响路径系数为0.745显著性水平在0.001以下，因此，本研究的结果表明，企业内社会资本的结构维度对关系维度有显著的正向影响关系；认知维度对关系维度的影响路径系数为0.370，显著性水平在0.001以下，因此，本研究的结果表明，企业内社会资本的认知维度对关系维度有显著的正向影响关系：结构维度对认知维度的影响路径系数为0.662，显著性水平在0.001以下，因此，本研究的结果表明，企业内社会资本的结构维度对认知维度有显著的正向影响关系。

在社会资本三个维度之间，由信任这一要素体现的企业内部社会资本的关系维度与其他结构和认知两个维度都具有显著的正相关关系。同时，企业内部社会资本的结构维度中的联系强度和网络密度以及认知维度中的共同语言和共享愿景都对于企业内部成员及部门之间的信任起到重大作用，体现出企业内部社会资本的结构维度对于认知维度具有显著性影响。这一结论与之前很多学者的关于组织社会化研究结论相符。本书认为，处于统一社会资本网络中的各资本维度必然会在相互作用中相互影响和相互制约，通过每个维度中的子因素表现出来，这也为我们理清其相互影响的脉络奠定基础，为从社会资本视角探讨知识管理等其他问题提供了很好的切入点。

（二）企业内部社会资本结构维度对于企业内部门知识搜寻有正相关关系

众多学者都认为，个体间或组织间的基于组织网络的联系有助于进行知识的搜寻和交换。本书通过一系列的实证分析，也得出了与以上学者相同的结论。通过运用统计软件对企业内部社会资本结构维度对企业内部门知识搜寻的经验分析，结果显示的结构维度对知识搜寻的影响路径系数为0.511，显著性水平在0.001以下。因此，本研究的结果表明，企业内社会资本的结构维度对企业内部门知识搜寻有显著的正向影响关系。正如我们都了解到的，个人行动者都生活在一定的组织网络环境中，尤其对于企业来说，企业内部所形成的关系网络为企业内的成员和部门提供了相互交流和联络的基础，与此同时，知识这一资源与其他的资源不同，不能通过强迫等手段进行交换和流动，必须存在于组织网络之中，通过网络进行组织内部门之间的知识搜寻和交流。因此，镶嵌于组织内部的组织关系网络为组织内部门相互联络提供了良好的环境基础，降低了组织内部知识搜寻的成本，提高了部门之间进行知识搜寻的效率。在网络联结强度大，网络密度高的时候，广泛而频繁的部门间交往提供了部门接触其他部门的知识（特别是隐性和复杂性知识）的机会，促进了组织内部的互动，使部门间知识搜寻可以在不断的反馈和帮助下进行。

（三）企业内部社会资本关系维度对于企业内部门知识搜寻有正相关关系

有学者研究发现，组织从联系中获得信息的能力与在联系中获得的相互信任成正比例关系。本书通过一系列的实证分析，也得出了与以上学者相同的结论。通过运用统计软件对企业内部社会资本关系维度对企业内部门知识搜寻的经验分析，结果显示的结构维度对知识搜寻的影响路径系数为0.248，显著性水平在0.034。因此，本研究的结果表明，企业内社会资本的关系维度对企业内部门知识搜寻有显著的正向影响关系。与传统的生产要素不同，知识这一要素的交换要基于知识搜寻的双方都拥有资源而且乐于为对方提供的基础之上，这就要求在组织内部社会网络关系中积累相当的相互信赖的要素，不断促进社会资本关系维度的相关内容，不断消除在知识搜寻和获取这一交往过程中存在于组织内部门之间的障碍和阻滞，在相互信任的同时，愿意而且高效地相互分享和交流知识，实现组织内部知识搜寻。根据本书的实证研究结果，企业应加大培育内部部门之间以及部门内部关系网络的建设，在信任的基础上使部门之间无障碍地沟通，最终获得更高的企业绩效。

（四）企业内部社会资本认知维度对于企业内部门知识搜寻有正相关关系

根据以往的研究，多数学者都认为组织内的共同语言和共同愿景会促进内部知识搜寻和交换。本书通过一系列的实证分析，也得出了相同的结论。通过运用统计软件对企业内部社会资本关系维度对企业内部门知识搜寻的经验分析，结果显示的结构维度对知识搜寻的影响路径系数为0.203，显著性水平在0.004。因此，本研究的结果表明，企业内社会资本的关系维度对企业内部门知识搜寻有显著的正向影响关系。共同语言可以为企业内部门之间交流和合作提供有利的环境，提高部门间和成员间的相互理解，彼此之间搜寻和交换更有价值的知识；共同愿景能够帮助企业内部门和成员对企业的共同的认知框架和价值观念，促进企业内知识文化体系的形成，帮助部门和成员为探索企业发展搜寻更多的知识，推进组织知识管理，培育企业的核心竞争优势。

二、对管理的启示

本书通过对文章假设的证实，得出的结论对于企业内部社会资本管理、知识管理等方面都具有一定的启示作用。相对于企业外部的社会资本来说，企业内部的社会资本积累日渐显得尤为重要。因为企业只有在夯实自我、完善自我的基础上，才能更好地利用外部的资源和环境，实现内外部社会资本的结合和良好利用。同时，最近关于知识的相关活动，如知识搜寻、知识转移、知识共享、知识整合等多个知识管理的环节的中心向组织内部社会资本转移的现象逐渐明晰，组织希望达成内部资源畅通交流的理想状态，不但满足内部成员及部门的知识需求，同时在行业中知识积累和利用也能处于领先地位。本书通过一系列的理论和经验研究得出的结论，可以为企业在内部社会资本管理过程中，提高企业的知识搜寻提供有益的指导，具体的实践建议包括以下两个方面。

（一）积极培育和发展企业内部社会资本①

本研究结论表明企业内部社会资本的三个维度不仅是相互联系的，而且每个维度下的子维度所包含的要素内容都非常丰富，对企业内部沟通交流，促进企业知识内部门知识搜寻和交流具有重大的意义。为推进企业进一步利用内部社会资本培育企业良好的核心竞争力，充分利用内部知识，达到较好的知识搜寻和学习效果，企业应积极培育和发展内部社会资本。

在提升企业内部社会资本结构维度的水平上，组织应鼓励加强部门成员之间的联系和交流，建立和谐的部门工作氛围。若想实现这样的目标，企业可以通过举办内部聚餐、提供娱乐休闲等措施，为企业内部门及成员提供更多的社交活动机会，在自由、轻松的环境中建立良好的人际关系，扩大组织内部网络内各节点的联结强度，同时使网络密度更加强大，实现组织内部门之间频繁而密切的联系。在联系手段上，企业可以加强便捷的通信网络，柔性化的会议讨论等沟通机制的建立等，从观念和硬件配套设备方面实现改进，鼓励部门之间、成员之间的积极联系和交流。

在提升部门内部社会资本关系维度的水平上，组织应着力提升部门之间、部门成员之间的信任和被信赖的感受程度。企业可以通过建立完善的招聘选拔机制，保证成员道德及专业素质的可信赖感；通过为组织成员提供优质的培训和畅通的沟通渠道，使有针对性的培训为部门之间相互信任提供理解互动的基础，提高成员之间、部门之间工作能力及品质的高度互相信任：通过建立科学和激励性质的考核和奖惩制度，降低企业内部的信任风险，鼓励成员及部门之间的信任程度，积极促进组织的内部信任机制及信任文化的建立。

在提升部门内部社会资本认知维度的水平上，组织应塑造部门成员之间以及部门之间具有的共同语言和共享愿景。企业要严把招聘选拔程序，

① 在当今市场经济，企业需要通过更多的利用内部社会资本，进行内部社会资本和企业知识搜寻和交流的互动，高效完成组织目标，提高组织绩效。

获得专业知识过硬的员工，并通过给予高质量的专业培训，为员工获得企业内部的工作语言、树立企业共享的价值观、了解和落实组织文化提供渠道和帮助。及时有效的顺畅沟通，会使企业成员之间、部门之间形成共同的工作语言，对组织的理念、目标、愿景等达成共识，并为不断实现自我和组织的融合，最终实现自我和企业的共发展。

（二）大力促进企业内部知识搜寻活动的开展

本研究结论表明企业内部知识搜寻活动不仅受到企业内部资本的积累影响，同时更是企业提高自身绩效、获得核心竞争力的重要措施。经过本研究的经验证明，企业内部社会资本的结构、关系和认知各维度都会对企业内部门知识搜寻产生积极的正向影响。基于这样的实证研究结果，企业可以以提高企业内部的社会资本为切入点，关注企业内部社会资本的结构、关系、网络维度的构成积累，同时更加注重每个维度所包含的要素的丰富，如网络联系的强度和密度，成员及部门之间的相互信任程度以及工作中所沉淀下来的共同语言和共享愿景等方面内容。部门之间频繁和高质量的沟通和交流，能够促进彼此间信任程度的提高，破除对自我拥有知识的封锁，敞开交换的心扉，便于组织内部各部门进行知识搜寻等活动的展开，实现每个部门都能够找到自己需要的知识，提高企业内部知识搜寻和流动的效率，提高企业内部知识管理的科学性和高效性。

此外，利于企业进行知识搜寻活动的渠道还有很多，例如通过企业内部或部门内部的工作规范、制度规则、选拔培训、考核激励等方面的各种标准化的工作的管理措施的展开，为部门进行知识搜寻提供空间和便利，促进部门知识搜寻工作的成功。

第一，从观念上和实际工作中都重视企业内部各部门之间的交流和合作，形成企业内部顺畅透明的关系网络，加大内部部门之间的相互信任关系，为部门进行知识搜寻建立良好的环境基础。

第二，在企业不断发展和壮大的过程中，善于发现企业内部知识储存和发散的来源、保护知识源的日益完善，并制作企业搜寻知识的“战略攻略”，使各部门在搜寻所需知识时了解知识的所在，并在搜寻过程中以最小的资源消耗获得最想要的知识。

第三，关注企业内部门知识搜寻的激励因素，并在此基础上，形成科学的鼓励组织部门及内部员工进行知识搜寻的激励机制，对成功的知识搜寻和应用行为给予表扬和奖励，激发各部门进行知识搜寻和交换的意愿和行为。同时，这也有助于形成企业内部良好的互惠合作的氛围，有助于发展性的知识管理工作的展开，培养企业创新的企业文化。

第四，把握知识管理的各个组成部分的影响因素，在知识搜寻、知识转移、知识共享、知识整合过程进行阶段性的核查和评估，了解取得的成绩以及知识活动的效果，对于未达到预期效果的知识过程要努力及时发现问题的原因，积极调整，充分利用网络中的知识资源，创造和挖掘新的知识，努力成就知识搜寻过程，做好各个阶段的反馈和评价。

第五章　组织间知识转移、社会资本与多元化创新绩效

第一节　文献回顾、研究假设和理论模型

在知识经济时代，技术创新是企业取得竞争优势的必要手段，企业提高技术创新绩效的关键在于整合和利用内外部的社会资源。虽然组织间知识转移问题一直是学者们长期关注的热点，然而，在增强外部联系、促进组织之间交流的同时，企业更应该做好内部各单元的协调和联合，尤其是相关多元化企业。相关多元化企业可以通过企业内部单元之间的知识转移活动充分共享信息资源，产生内部协同的优势，从而提升技术创新绩效。

近年来，社会资本的研究受到了企业界和学术界的广泛关注，社会资本通过影响关系网络成员之间的知识转移，促进个体或单元之间的资源交换并建立联结的通道，进而影响企业的创新绩效，为组织创造价值。因此，社会资本对跨单元之间的知识转移、企业技术创新绩效的作用不容忽视。本研究以相关多元化企业为研究对象，以跨单元知识转移为中介变量，研究社会资本的结构维度、关系维度和认知维度对多元化企业技术创新绩效的影响。

本研究采用问卷调查方法进行数据收集，对数据进行了因子分析、相关分析，并运用结构方程建模方法对假设进行了验证，并对结果进行了探讨。

一、社会资本与多元化企业技术创新绩效关系的相关假设

尽管一些学者证实了企业外部社会资本对技术创新的正向作用，企业内部社会资本对于技术创新的作用也不容忽视。组织内部业务单元间的密切联系可以提高企业创新水平。还有学者认为社会交互作用和信任对部门间资源交换的作用非常显著，进而影响企业的技术创新。企业技术创新活动的开展离不开企业内部的沟通合作，通过企业研发，社会资本推动了企业内部资源与信息的交换，并促进创新。企业社会资本通过企业的信息获取、知识获取和资金获取等变量影响到技术创新绩效的水平。高科技企业研发部门、生产部门和销售部门的相互信任与合作，能够降低企业创新的机会成本，提高企业技术积累和技术开发的能力。

根据上述分析，提出如下假设：

假设H1：企业社会资本对技术创新绩效存在正向影响作用。

假设H1a：企业社会资本结构维度水平对技术创新绩效存在正向影响作用。

假设H1b：企业社会资本关系维度水平对技术创新绩效存在正向影响作用。

假设H1c：企业社会资本认知维度水平对技术创新绩效存在正向影响作用。

二、跨单元知识转移的中介作用

社会资本是一种掌控资源的能力，可以促进企业不同来源的信息交流从而促进资源的获取，它是整合知识的一个关键机制。已有很多学者指出社会资本对于企业内部单元之间的知识转移非常重要。企业知识转移绩效不高的一个重要原因包括企业内部知识的模糊性和隐含性等特点，而社会资本的建立能够有效地促进隐性知识与显性知识之间的转移，仅仅通过书面化的手册或邮件等电子系统，显性知识并不足以促使知识接受者全面了解显性知识的内涵，还需要通过社会资本的辅助才能增强知识转移的效果。

一些学者认为企业内部的社会资本促进部门之间、部门内员工之间的资源交换和组合，从而对知识转移有着积极的影响。还有学者认为社会资本促进个体之间的资源交换。社会互动和信任（结构和关系维度）明显影响企业内部各小组之间资源互换的范围。

曾有学者从个体的角度研究虚拟社区成员之间知识共享过程，强调了社会资本的重要性，并对社会资本三个维度在知识共享数量和质量方面的影响进行了全面分析。研究结果表明，社会资本的结构维度水平能够很好地增加知识共享的数量。关系维度的信任与知识共享质量存在显著正向相关关系。知识共享是知识转移的过程之一，这一研究进一步说明了社会资本的三个维度与知识转移之间存在密切的关系。

一些学者构建了社会资本的维度与促进知识转移条件之间的关联，研究网络中社会资本各维度对网络成员之间知识转移的影响。通过研究分析，按照网络类型的不同提出了促进知识转移的一系列条件。

还有一些学者从跨国公司的角度研究企业的内部关系资源，研究社会资本与知识转移的关系。通过把跨国公司看成是在不同国家的各个分公司之间的资本、产品和知识交换的网络，研究企业内部的关系资源对企业的知识转移作用，他们认为，跨国公司存在的主要原因在于公司内部具有比外部市场机制更能有效进行知识转移和创造的能力。这也说明了企业内部社会资本对知识转移和创造的积极作用。

由于“黏滞信息”（Sticky Information）的存在，R&D、营销和制造部门之间常常存在关系不协调问题，这就说明了不同职能部门之间的交互和整合的必要性。企业内部跨职能层面的交流创造了企业内部知识的转移机会，有利于知识交换以及知识的横向交流，从而使得跨职能边界模糊化，更有利于知识在组织中的流动。同时，企业内部的网络联系，有助于理解新的外部知识。企业内各职能部门之间的连通性，有利于发展信任和合作，促进共同知识的形成和知识的交换，鼓励交流并且提高了部门间知识交换的效率。有效的内部交流减轻了各单元之间信息共享的障碍，从而提高知识吸收转化的效率，这也增加了新知识产生的机会，有利于知识创新。

有学者指出，合作双方在关系密切的情况下，更愿意投入时间和努力参与合作行为，信任能使合作双方愿意开放和共享信息，从而有助于提高双方知识转移的意愿。

企业内部也可以看成一个由各个不同的单元组成的网络，如果网络中的个体具有共同的语言和相似的价值观，则它们可以更为顺畅地交流。企业内各单元员工之间共享相关知识，促进单元之间的互动理解，同时有利于知识的开发利用。企业共享相同的语言到一定的程度，可促进信息的获取。企业内各部门之间日益增进的信息共享可以促进相互联系的发生，并创造技术创新的机会。国内学者郭斌和陈劲等指出，企业内部不同职能部门的目标和价值观的不同往往会导致互动冲突，不利于相互交流。

周洁以浙江企业为研究对象，对企业内部部门之间，部门内部成员之间的社会资本和企业知识转移的关系进行实证研究，认为企业内部社会资本三个维度均对知识转移过程具有显著影响。关于企业外部社会资本的研究方面，国内学者王三义、刘新梅和万威武通过对74家企业进行问卷调研，考察了企业间社会资本结构维度水平和关系维度水平与企业间知识转移的关系，研究得出企业间社会资本结构维度水平和关系维度水平均和知识转移水平呈正相关关系。

魏江、王铜安认为知识管理对企业技术创新过程具有能动效应。企业各单元之间知识的转移改变了各单元的知识容量和结构，进一步进行技术知识的转化，技术创新的核心就是技术知识的转化。

企业转移知识的能力是企业存在的重要理由。企业技术创新源于知识创新，企业内部各单元之间的合作对于企业创新起着重要的作用。实际上，企业内各相关单元之间的联系促进了知识在各单元之间的转移，只有加强各单元之间的联系和沟通才能增大知识创新的机会。

我国制造业企业在R&D、市场营销、生产制造等诸环节之间存在较大的界面障碍，导致新产品开发活动、产品创新活动中技术和信息流动不畅，不同职能部门缺乏交流沟通而导致冲突，最终导致创新活动效率低下。

对于一个多元化企业来说，通过企业内部各单元之间的知识进行识别和转移来灵活运用现有知识从而实现创新更具经济性。对跨单元间知识的利用作为企业知识创新方式的一个补充，对企业在进行重要技术创新的构思和编码方面具有重大影响。“组织单元之间的知识转移提供了各单元之间的相互学习和合作的机会，能够促进新知识的创造，同时有利于提高组织单元的创新能力。”

国内学者张方华对资源获取与技术创新绩效的关系进行了实证研究，认为企业获取外部知识后充分吸收和利用所获知识（知识的转移）能够很好地促进企业技术创新绩效的提升。

由此提出如下假设：

假设H2：社会资本通过促进跨单元知识转移，进而提高多元化企业的技术创新绩效。

假设H2a：社会资本结构维度通过促进跨单元知识转移，进而提高多元化企业的技术创新绩效。

假设H2b：社会资本关系维度通过促进跨单元知识转移，进而提高多元化企业的技术创新绩效。

假设H2c：社会资本认知维度通过促进跨单元知识转移，进而提高多元化企业的技术创新绩效。

第二节　研究设计和研究方法

一、问卷设计、量表开发和数据收集

本研究属于企业层面的研究，所需数据无法从公开的资料中获得，因此本研究的数据收集采用问卷调查的形式。问卷设计主要包括以下步骤：第一，参阅大量相关文献，结合企业多元化、知识转移、社会资本和技术创新绩效相关文献，吸取了文献中与本研究相关的研究成果，设计了相关

题项；第二，征求学术专家意见，对问卷题项进行了修改。第三，对企业界人士进行了预测试。笔者预测试了5家企业的中层人员，根据他们的反馈，又一次对问卷题项进行了修正，形成了最终问卷。

本研究主要采用向企业发放调查问卷的方式进行数据收集。调查对象主要是企业从事技术管理的工作人员，本书针对技术创新绩效的研究，对他们的调查有助于本书更准确地掌握企业技术创新绩效的准确信息。

问卷的发放和回收主要采取两种形式，一种是通过拜访企业将纸质问卷直接发给技术管理人员进行填写，并当场回收。这种方式共发放问卷11份，全部为有效问卷。考虑在保证质量下问卷能及时回收，第二种形式是笔者利用社会关系将电子版问卷发放给被调查者，然后通过邮件回收。通过这种方式联系的被调查者同样也是相关多元化企业的技术人员，此种方式发放了150份问卷，回收了138份，有效问卷100份，问卷回收率和有效率分别为92%和72.4%。最终总计回收有效问卷111份。

对跨单元知识转移、社会资本和企业技术创新绩效这三个变量，为了确保测量工具的效度和信度，本研究尽量采用国内外现有的已经应用非常成熟的量表，再根据本研究的目的加以修改作为搜集数据的工具。

（一）多元化企业技术创新绩效

在本研究中，企业的技术创新绩效为被解释变量。在以往的研究中，对技术创新的研究涉及管理学和经济学领域的比较多，然而，对于技术创新绩效的测度仍然尚未形成一致公认的指标体系。在对以往关于技术创新绩效的文献阅读中，笔者发现，许多研究采用新产品开发数量来测度创新绩效。有学者研究发现，企业层面的研究中，专利数量能解释新产品数的方差仅不到3%。一些学者指出，专利数量指标适用于高新技术企业的创新绩效的测量。还有学者研究发现，专利数量和新产品产值占销售总额的比重之间存在一定程度上的相关性，并且后者正是测量创新绩效的常用指标之一。

在上述研究的基础之上，结合我国企业技术创新的现状，本研究借鉴大多数技术创新的量表，从创新效益和创新效率两个方面采用5个题项来度量企业的技术创新绩效。5个题项均采用里克特（Likert）五级量表，这些问题分别为：2010年与国内同行业主要竞争对手相比，（1）新产品数的情况；（2）申请的专利数情况；（3）新产品产值占销售总额的比重情况；（4）新产品的开发速度情况；（5）创新产品的成功率情况。

（二）跨单元知识转移

企业跨单元知识转移为中介变量，选取了企业跨单元知识转移过程中影响知识转移绩效的2个重要因素：知识转移意愿和吸收能力。在知识转移意愿测度方面，本书借鉴以往学者对知识转移意愿的测度得出2个测量指标，分别作为问卷的两个题项：（1）企业内部门、各团队或经营单元之间很乐意进行知识交流；（2）企业内部门、各团队或经营单元之间进行交流时互相信任。

在对吸收能力的测度方面，大多数通过一系列以结果导向的指标来测度，如研发投入占销售收入的比例、研发人数、参与基础研究的部门数等。笔者认为，以结果为导向测量吸收能力，不能很好地反映知识吸收过程中知识流动的互动过程，难以反映吸收能力的本质。有学者认为，具有强吸收能力实现技术知识转移的企业必须具备以下能力：（1）企业能够识别可以潜在模仿和利用的技术，并能够解释已获得的技术信息；（2）企业能够发现新技术或已获技术的替代用途，并将其与企业现有技术有机整合；（3）在生产工艺中不断地改进和创新。

结合以往学者的研究，本研究通过三个题项对企业的吸收能力进行度量，分别是：（1）目前的专业人才队伍可以满足技术开发；（2）对来自其他经营单元的新技术或新规则有能力作出适应性改进；（3）执行引进的新工作程序、制度或新技术不会遇到阻力。

（三）企业社会资本

关于企业社会资本的结构维度，网络联系为企业带来信息收益，企业内外部联系的频次，反映了双方的重复交互程度，曾有学者在分析企业内网络对于价值创造的作用时，通过以下两个题项度量企业社会资本的结构维度：（1）在社交场合中，你与哪个部门的人在一起的时间最多；（2）请指出与你所在的部门保持密切关系的部门。本研究中企业内部各单元的联系包括以下三类：（1）企业内各部门之间的联系；（2）企业各经营子单元之间的联系；（3）企业内部团队之间的联系。本书通过借鉴以往学者的研究，通过3个测度题项对企业内部社会资本的结构维度进行了度量。这3个测度题项分别为：（1）联系的频繁程度；（2）联系的密切程度；（3）联系所花费的时间。

关于企业内部社会资本的关系维度，在国外学者研究基础上，本人借鉴了韦影对于关系维度的测量指标体系，用三个题项测量关系维度。这三个题项是被调查者对于以下问题的接受程度，分别为：（1）联系双方在合作过程中，存在损人利己的趋向；（2）联系双方能真诚合作；（3）联系双方能相互信守诺言。

关于企业内部社会资本的认知维度，曾有学者通过2个题项测量社会资本的认知维度：（1）我们部门与其他部门在工作时共享同样的价值观；（2）我们部门的员工热衷于完成整个组织的集体目标和使命。结合上述研究，本研究通过2个题项对企业内部社会资本的认知维度进行度量，这2个题项分别为：（1）网络联系因有共同语言能有效沟通；（2）联系中拥有一致的集体目标。

二、样本分析

本研究共收回111份有效问卷。研究对象描述性统计分析主要包括企业所处行业类型、企业产权性质、成立年数和年销售额等项目。表5.1为样本基本资料统计情况。本研究所获得样本涵盖的行业范围比较广，从回收的有效问卷来看，包括软件、电子通讯设备制造业30家，制药和新材料行业24家，机械制造、纺织业38家，其他行业19家。样本的产权性质分为民营、三资和国有企业，本研究样本中，民营企业占据大多数。从企业设立年份来看，样本企业既包括了不到5年的新企业，也有在15年以上的老企业。总体看来，以成立年数在8—15年的企业居多。从企业员工总数上看，有不足50人的小企业，也有500人以上的大规模企业。从企业规模统计来看，2009年销售额在3000万以下的小型企业占25.2%，年销售额在3000万到3亿之间的中型企业和超过3亿的企业分别约占46.8%和28%。综上分析可得，本研究所采集的样本范围较广，具有较好的代表性。

表5.1　样本基本资料统计

企业特征	分类	样本数	百分比（%）	累计百分比（%）
产业类型	软件业、电子通讯设备业	30	27.0	27.0
	医药、新材料制造业	24	21.6	58.6
	机械制造、纺织业	38	34.2	92.9
	其他行业	19	17.1	100
产权性质	民营企业	48	43.2	43.2
	三资企业	37	33.3	76.5
	国有企业	15	23.5	100
成立年数	5年以下	25	22.5	22.5
	5—15年	67	60.4	82.9
	15年以上	8	17.1	100
年销售额	3000万以下	28	25.2	25.2
	3000万—1亿	30	27.0	52.2
	1亿—3亿	22	19.8	72
	3亿—10亿	23	20.7	92.7
	10亿以上	8	7.3	100

第三节　数据分析与假设检验

一、信度、效度检验和因子分析

本书在阅读大量文献并归纳总结的基础之上建立理论模型和测量量表，并根据预测试情况对量表进行调整，所以，本书的总体研究结构以及数据在内容效度和效标关联效度上具有较高的水平。构建效度通过因子分析结果来评判。下面将对与本研究模型中各变量分别进行信度检验和因子分析。

（一）信度检验

信度分析一般采用一致性指数（Cronbach's alpha值）检验。按照经验判断，测量变量的Cronbach's alpha值应大于0.70。笔者采用这一标准，利用SPSS16.0软件对研究模型中各变量的Cronbach's alpha值进行了计算，结果如表5.2显示。本研究各变量的Cronbach's alpha值均大于0.7，符合要求，这表明本研究整体具有较高的信度水平，可以进一步进行实证分析。

表5.2　变量内部信度检验结果表

变量名称	题项内容	Cronbach' s alpha值
跨单元知识转移	1. 企业内部门、各团队或经营单元之间很乐意进行知识交流	.912
	2. 企业内部门、各团队或经营单元之间进行交流时互相信任	
	3. 目前的专业人才队伍可以满足技术开发	
	4. 对来自其他经营单元的新技术或新规则有能力做出适应性改进	
	5. 执行引进的新工作程序、制度或新技术不会遇到阻力	
社会资本结构维度	1. 企业内部门、各团队或经营单元之间联系的频繁程度	.924
	2. 企业内部门、各团队或经营单元之间联系的密切程度	
	3. 企业内部门、各团队或经营单元之间的联系所花费的时间	
社会资本关系维度	4. 企业内部门、各团队或经营单元之间的联系中，存在损人利己的趋向	.825
	5. 企业内部门、各团队或经营单元之间能够真诚合作	
	6. 企业内部门、各团队或经营单元之间联系双方能够互相信守承诺	
社会资本认知维度	7. 企业内部门、各团队或经营单元之间有共同语言能有效沟通	.930
	8. 企业内部门、各团队或经营单元之间联系双方拥有一致的集体目标	
技术创新绩效	1. 与国内同行业主要竞争对手相比，新产品数	.926
	2. 与国内同行业主要竞争对手相比，申请的专利数	
	3. 与国内同行业主要竞争对手相比，新产品产值占销售总额的比重	
	4. 与国内同行业主要竞争对手相比，新产品的开发速度	
	5. 与国内同行业主要竞争对手相比，创新产品的成功率	

（二）知识转移各变量因子分析及效度检验

按照经验判断，当KMO（Kaiser-Meyer-Olkin）值大于或等于0.7，巴特利特球体检验的χ 2统计值具有统计意义上的显著性 。引用KMO值这一标准，作者对研究模型中的知识转移各变量进行了KMO样本测度和巴特利特球体检验，检验结果如表5.3所示。

表5.3　KMO 和 Bartlett的检验

知识转移影响因素指标	KMO样本测度		.825
	Bartlett球体检验	Approx.　Chi-Square	711.758
		Df自由度	28
		显著性Sig.	.000

从表5.3可知，知识转移各影响因素的总体KMO样本测度值为0.825，大于KMO标准值0.7，并且巴特利特球体检验的χ2统计值的显著性概率为0.000，小于0.01，则说明在显著性水平0.01情况下具有统计意义上的显著性，适合做因子分析。

在样本充分性检验基础上，利用SPSS16.0做探索性因子分析，按照特征根大于1的原则和最大方差法正交旋转进行因子抽取，得到2个公共因子，各因素正交旋转之后的因子载荷表如表5.4所示。

表5.4　知识转移各题项描述性统计、正交旋转后的因子载荷系数

因素	题项内容	描述性统计		因素载荷系数	
		Mean	SD	Y1	Y2
Y1知识转移意愿	1.企业内部门、各团队或经营单元之间很乐意进行知识交流	3.52	1.008	.819	.055
	2.企业内部门、各团队或经营单元之间进行交流时互相信任	3.77	1.015	.803	.194
Y2吸收能力	3.目前的专业人才队伍可以满足技术开发	3.35	.901	.158	.835
	4.对来自其他经营单元的新技术或新规则有能力做出适应性改进	3.38	.925	.054	.865
	5.执行引进的新工作程序、制度或新技术不会遇到阻力	3.35	.978	.086	.842

注：因子提取方法为主成分法，旋转变换方法为最大方差法。

由表5.4得出，从影响因素内部测度题项的载荷系数来看，各题项按照预先的设计收缩为相应的因子，即知识转移意愿和吸收能力二个公共因子。由此，因子分析的结果与预期的模型设计基本一致，这说明所构建的研究模型中各个研究变量的内部测度项具有很好的构建效度。同时，对应的两个因子的载荷系数（粗体标出）均为0.8以上，大于载荷系数参考值0.5，因此，可以经标准化处理产生一个单一的值作为知识转移的代表值，

代入回归模型进一步分析。

（三）社会资本各维度因子分析及效度检验

表5.5 KMO 和 Bartlett的检验

社会资本影响因素指标	KMO样本测度		.904
	Bartlett球体检验	Approx. Chi-Square	486.934
		Df自由度	28
		显著性Sig.	.000

从表5.5可知，社会资本各影响因素的总体KMO样本测度值为0.904，大于KMO参考值0.7，并且巴特利特球体检验的χ2统计值的显著性概率为0.000，小于0.01，则说明在显著性水平0.01情况下具有统计意义上的显著性，适合做因子分析。在样本充分性检验基础上，利用SPSS16.0做探索性因子分析，按照特征根大于1的原则和最大方差法正交旋转进行因子抽取，得到3个公共因子，也即是社会资本三个维度即结构维度、关系维度和认知维度，这与本研究模型预设的结构一致。各因素正交旋转之后的因子载荷表如表5.6所示。

表5.6 社会资本各题项描述性统计、正交旋转后的因子载荷系数

因素	题项内容	描述性统计		因素载荷系数		
		Mean	SD	X1	X2	X3
结构维度	1. 企业内部门、各团队或经营单元之间联系的频繁程度	3.30	1.014	.887	.042	.031
	2. 企业内部门、各团队或经营单元之间联系的密切程度	3.36	1.016	.885	.120	.051
	3. 企业内部门、各团队或经营单元之间的联系所花费的时间	3.36	1.034	.888	.143	.071
关系维度	4. 企业内部门、各团队或经营单元之间的联系中，存在损人利己的趋向	2.58	.910	−.222	−.903	−.038
	5. 企业内部门、各团队或经营单元之间能够真诚合作	3.47	.861	.033	.858	.329
	6. 企业内部门、各团队或经营单元之间联系双方能够互相信守承诺	3.54	1.007	.186	.836	.166
认知维度	7. 企业内部门、各团队或经营单元之间有共同语言能有效沟通	3.33	1.056	.056	.075	.923
	8. 企业内部门、各团队或经营单元之间联系双方拥有一致的集体目标	3.57	1.050	.075	.161	.921

由表5.6可以看出，从社会资本内部测度题项的因子载荷系数来看，各题项按照预先的设计收缩为相应的三个因子，即社会资本的三个维度。由此，因子分析的结果与预期的模型设计基本一致，这说明所构建的研究模型中社会资本的内部测度项具有很好的构建效度。同时，对应的三个因子的载荷系数（粗体标出）均为0.8以上，大于载荷系数参考值0.5，因此，可以经标准化处理产生三个单一的值分别作为结构维度、关系维度和认知维度的代表值，代入回归模型进一步分析。

（四）技术创新绩效的因子分析及效度检验

本研究采用SPSS16.0对技术创新绩效的五个题项进行特征根大于1分析的结果显示，它们具有单维度特点，KMO值为0.841，大于KMO参考值0.7，并且巴特利特球体检验的χ2统计值的显著性概率为0.000，小于0.01（见表5.7），各题项的因子载荷系数分别为0.869、0.805、0.925、0.898、0.894，均大于0.5（见表5.8）。因此，可以对技术创新绩效所包含的题项值经过标准化处理产生一个单一的因子值，然后代入回归模型进行分析。

表5.7　KMO 和 Bartlett的检验

社会资本影响因素指标	KOM样本测度		.841
	Bartlett球体检验	Approx. Chi-Square	486.934
		Df自由度	28
		显著性Sig.	.000

表5.8　技术创新绩效各题项描述性统计、正交旋转后因子载荷系数表

题项内容	描述性统计		因子载荷系数
	Mean	SD	
1. 与国内同行业主要竞争对手相比，新产品数	3.35	.921	.869
2. 与国内同行业主要竞争对手相比，申请的专利数	2.95	.957	.805
3. 与国内同行业主要竞争对手相比，新产品产值占销售总额的比重	3.29	1.030	.925
4. 与国内同行业主要竞争对手相比，新产品的开发速度	3.14	1.060	.898
5. 与国内同行业主要竞争对手相比，创新产品的成功率	3.28	1.097	.894

二、假设检验

（一）三大问题检验

为了确保使用SEM模型分析得出科学的结论，需要检验模型是否存在多重共线性、序列相关和异方差等三大问题。以下将对本书模型是否存在上述三大问题进行检验，在不存在这些问题的前提下，才能对模型进行SEM分析。

多重共线性可用方差膨胀因子（Variance inflation factor，VIF）指数来测量。根据经验判断表明：当0＜VIF＜10，不存在多重共线性；当10＜VIF＜100，存在较强的多重共线性；当VIF＞100，存在严重多重共线性。本研究通过对下面将介绍的回归模型的VIF值计算，结果表明所有模型的VIF值均大于0且小于10。本模型不存在较强的多重共线性问题。本研究通过计算回归模型的DW值来判断是否存在典型的序列相关问题，经过软件分析，本研究所有的模型DW值均接近于2，而且样本是横截面数据，因此不存在序列相关问题。最后，对于是否存在异方差的检验，本研究使用对异方差稳健的标准误差调整t统计量对此作出推断，计算结果表明不存在异方差问题。

1. 正态性检验

本研究使用极大似然法对结构方程模型进行估计，有必要对各变量进行正态性检验，只有观测变量服从多元正态分布的情况下，这种估计才是合理的。变量的正态性检验一般采用偏度（Skew）和峰度（Kurtosis）分析进行检验。根据经验判断，样本数据满足中值与中位数接近，偏度则小于2，同时峰度小于5时，可认为模型变量服从整体正态分布。采用SPSS16.0对样本数据的偏度和峰度进行分析，结果表明，本研究模型的变量符合正态分布要求，可以进行下一步分析。

2. 模型拟合及评价

依据社会资本、知识转移以及技术创新绩效关系的理论模型以及上述分析的思路，本研究提出的结构方程模型如图5.1所示。本研究模型通过设置了18个观测变量（b1、b2、b3、b4、b5、y1、y2、y3、y4、y5、a1、a2、a3、a4、a5、a6、a7、a8）对5个潜变量（知识转移、技术创新绩效、结构维度、关系维度、认知维度）进行测量。

图5.1是利用AMOS7.0软件绘制而成的结构方程模型，导入数据进行运算的结果如表5.9所示。拟合结果表明，模型拟合的χ2值为240.597（自由度df为121），χ2/df为1.988（小于2），表明模型拟合效果较好；RMSEA值为0.062，在0.05≤RMSEA≤0.10内，可以接受模型；IFI、CFI值和TLI值分别为0.948、0.947和0.925，均大于参考值0.90。综上各指标的评判，本研究模型的拟合度较好，整体模型具有一定的合理性。

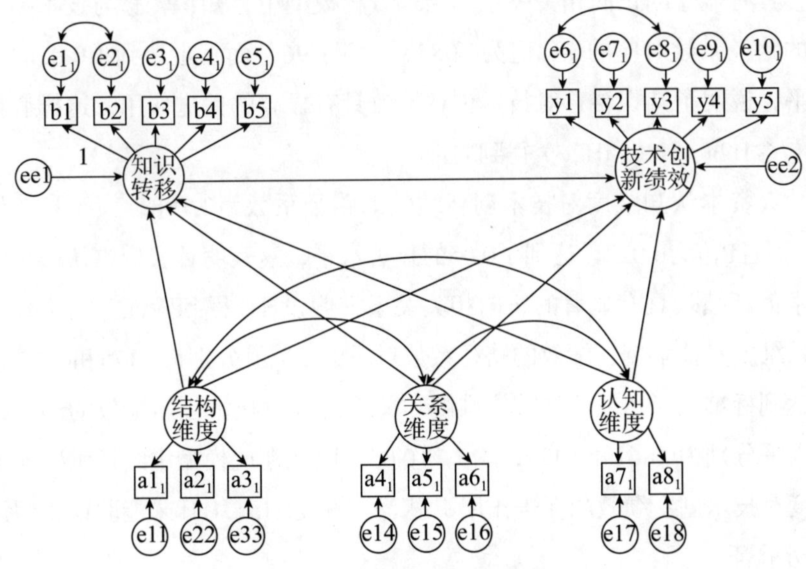

图5.1　本研究结构方程模型图

表5.9　结构方程模型拟合结果

路径	路径系数	标准化路径系数	C.R.	P
知识转移结构维度	0.431	0.113	3.813	0.000
知识转移关系维度	0.027	0.098	2.278	0.000
知识转移认知维度	0.301	0.107	2.806	0.005
技术创新绩效结构维度	0.025	0.146	0.175	0.861
技术创新绩效关系维度	0.080	0.101	0.791	0.429
技术创新绩效认知维度	0.280	0.127	2.198	0.028
技术创新绩效知识转移	0.720	0.234	3.083	0.002
χ2	240.597	RMSEA	0.062	

续表

路径	路径系数	标准化路径系数	C.R.	P
df	121	IFI	0.948	
χ2/df	1.988	CFI	0.947	
P	.000	TLI	0.925	

从表5.9中可以看出，社会资本三个维度对知识转移的路径系数对应的C.R.值分别为3.813、2.278、2.806，均大于1.96的参考值，并且P值均达到了0.05的显著水平，这说明社会资本结构维度、关系维度和认知维度与知识转移具有显著的正向相关关系。结构方程模型中，知识转移与技术创新绩效的路径系数对应的C.R.值为3.083，大于1.96，而且也达到了0.01的显著水平，说明了知识转移对技术创新绩效具有显著的促进作用。这样假设H2（包含H2a、H2b和H2c）得到验证。

社会资本认知维度对技术创新绩效的路径系数为2.198，大于参考值1.96，而且P值为0.028，达到了0.05的显著水平，这表明社会资本认知维度与技术创新绩效具有显著的正向相关关系，假设H1c得到验证。结构维度和关系维度对技术创新绩效的路径系数对应的C.R.值分别为0.175和0.791，没有达到标准值1.96，而且结构维度和关系维度对技术创新绩效的影响的显著水平分别为0.861和0.429，均大于0.05，因此在此模型中结构维度和关系维度对技术创新绩效的促进作用不显著，假设H1a、H1b未能验证，假设H1部分验证。

第四节　知识转移和社会资本对多元化创新的综合影响

本研究通过实证分析证实了多元化企业内部社会资本对技术创新绩效存在正向相关关系，这表明在企业内部，网络联系的强度密度越大，则越有利于促进内部各单元之间的知识转移，进而提高创新绩效。这也验证了学者们提出的一些理论观点。有学者研究认为，社会资本的结构维度的某些方面为企业的知识获取和知识利用创造了机会。组织内的人际网络使得组织内不同单元（部门或个人）之间产生互动，模糊了部门或群体之间的界限，使得跨部门、跨职能团队协作得以实现，提高协作效率。本研究社会资本关系维度的测度主要是信任基础，企业内部建立良好的信任基础，有利于促进跨单元之间的知识交流。社会资本认知维度的作用主要是有效沟通，本研究证实，企业内部业务单元或部门之间进行有效的沟通，能够很好地促进跨单元的知识转移。这也证实了学界的一些观点，企业社会资本的认知维度的几个方面可以把组织有效地聚集在一起，促进整个组织的整合，有助于组织的知识转移和对知识的有效利用，使组织成员为实现整个组织的利益而努力。

假设H1a、H1b没有得到证实，针对这一问题，本书认为主要有两点原因：第一，由于知识转移变量的加入，社会资本对技术创新绩效的影响更多的是以知识转移为中介实现的，知识转移在模型中对于社会资本与技术创新绩效的关系发挥了中介作用，因此在本研究模型中，知识转移是一个中介变量。第二，在结构方程模型拟合结果中，社会资本认知维度对技术创新绩效的路径系数对应的C.R.值为 2.198，显著性水平为0.028在P为0.05上显著，则认知维度对技术创新绩效的正向影响在本模型中是显著的，这也说明了结构维度和关系维度对技术创新绩效的作用有可能转嫁到对认知维度的作用上，也就是说，社会资本结构维度和关系维度通过作用于社会资本认知维度而对技术创新绩效起作用。

关于社会资本的结构维度、关系维度和认知维度之间的关系，以往学者也有相关的理论分析。国外有学者认为，企业内部频繁的交往可以获得联系双方的共同语言，有利于更进一步的技术交流。由此，企业的结构维度达到一定水平后，企业中联系双方通过高频度的交往可以促进联系双方的共同语言和共同价值观的发展，从而促进技术知识的转移，提高企业的整体技术绩效水平。还有学者认为，企业社会资本的结构维度对认知维度具有正向影响作用，深度联系和双方的交互作用都能增加基于特殊关系的共同语言（即认知维度）。韦影在分析企业内外社会资本与企业技术创新绩效的关系中，通过回归模型的分析，发现社会资本的三个维度之间存在某种必然的联系。又通过构造社会资本的结构维度、关系维度和认知维度的关系模型进行结构方程模型分析，分析结果表明，结构维度和关系维度对技术创新绩效的影响是通过认知维度实现的。本研究与上述观点一致。

从企业实践上来说，企业内部联系的增多（结构维度）和信任关系（关系维度）的建立，并不一定直接促进创新活动的开展。因为，有效的沟通是技术知识成功转移的前提，在现实企业中，不乏开展了频繁沟通和合作的部门最终也没有达成知识成功共享，出现只做表面沟通而没有办实事的案例。由此，联系的频繁度和真诚合作的态度只是知识转移的充分非必要条件。若使企业内部开展充分的知识创新，必须提高企业社会资本的认知维度，即培养企业内部各单元之间的共同语言和价值观，只有在拥有共同语言的基础之上才能建立良性的沟通，这对于技术型企业尤为重要。众所周知，技术知识并非通用知识，只有培养联系双方的共同技术基础，才能更进一步共享技术知识，从而为技术创新创造条件。

随着全球经济的发展进程加快，企业为了更好地发展技术创新努力寻求外部合作者。而寻求合作者的机会成本远大于企业内x部进行知识整合的成本。而且企业内部各相关部门之间的沟通交流，对于企业本身技术创新同样具有不容忽视的作用。尤其是对于实施相关多元化经营战略的企业，企业自身内部相关知识的共享和整合，更有利于产生知识协同作用，促进技术创新水平的提高。本研究通过一系列理论总结和实证研究得出一些重要的结论，可以为企业内部在进行知识交流时，利用社会资本提高企业的知识转移水平从而达到技术创新提供有益的指导。

基于本书实证分析的企业社会资本与知识转移的正向促进关系，企业从提升知识转移水平的角度出发，应当积极培育和发展企业社会资本。在社会资本结构维度方面，企业应当不断加强内部经营单元之间、职能部门之间或者各业务团队之间的联系，使得企业知识充分流入各个业务单元，并加以吸收和利用。为了提高社会资本关系维度的水平，从企业自身出发，应努力加强内部的信任度，减少企业内部的交易成本，大力促进各单元之间的有效沟通，建立完善的信任体制，让员工充分感受到企业对员工及员工对员工的尊重。为了提高社会资本认知维度的水平，着眼于企业内部，则需要加强内部上下级之间，各平级单元之间的知识共享，并通过各相关单元之间有效的互相学习和领悟，达到共同的知识基础，从而促成知识成功的转移。另外，企业的文化建设也是提升社会资本水平的一个重要环节，一个好的企业文化为知识的有效转移提供了一个丰富的土壤，只有不断加强企业文化的建设，使之成为企业内各个单元的共同追求，借此加强企业内部的知识转移，从而推动企业的技术创新活动。

通过对以往研究的回顾和总结，企业的内部吸收能力与技术创新之间的正向相关关系已被认可。本研究的理论模型同样也验证了吸收能力作为影响知识转移效果的因素影响着技术创新绩效的水平。从现有的研究来看，企业可以通过组织学习、加强员工培训、增进研发投入等提高员工对知识的消化能力从而提高企业整体的吸收能力。

尽管本书以多元化企业为研究对象，沿着社会资本到跨单元知识转移再到技术创新绩效的因果逻辑构建模型，显现了一定的创新性，但是研究过程中仍然存在一些局限之处，这需要在后续的研究中逐步改善。这些局限包括：

本研究对跨单元知识转移的测量主要通过整合相关文献后设计多个题项来进行主观评价进行，主要是考虑到利用客观指标设计题项很有可能搜集不到真实有效的数据。而主观评价存在一定的局限性。另外，本研究在社会资本的变量测度上，仅仅集中了为数不多的几个影响社会资本的因素，而其他代表社会资本的因素也会对整个模型产生影响。同样，对跨单元知识转移的测量也存在类似的局限。在未来的研究中，设计更为客观的指标来评价社会资本和跨单元知识转移以及技术创新绩效，将更助于提高研究的有效性。

尽管作者在搜集样本数据上花费了大量的精力，获得的有效数据也满足了研究的要求，但是研究仍然不是真正意义上的大样本研究。由于研究实力和时间精力的限制，采取的抽样方法为便利抽样，设计多个行业（软件、电子通讯设备制造业、制药和新材料、机械制造、化工和纺织及其他行业等）和不同年龄、规模的企业，但是随机抽样获得的数据更能体现研究的普遍性和代表性。

第六章 社会资本视角下的联盟网络中知识共享

随着经济全球化和知识经济时代的到来，知识已经成为企业所依靠的最重要的战略资源和创造可持续竞争优势的源泉。企业能否对知识资源进行有效开发和管理已经成为企业能否在竞争激烈的市场中获胜的关键。随着知识管理的蓬勃兴起，知识共享的地位和作用日益凸显出来。微软公司的创始人比尔·盖茨在《未来时速》中论述知识管理时强调了“知识共享”的重要性，他认为：“公司的高层经理们应坚信知识共享的重要性，否则即使再努力掌握知识也会失败。”

自20世纪80年代起，战略联盟的数量以爆炸式的增长，并在宏观上呈现出网络化的趋势。由于企业进行自主知识开发面临着巨大的风险，战略联盟无疑为知识获取和共享创造了广阔的空间。一方面，知识转移和组织学习成为构建战略联盟的动机之一，另一方面，战略联盟是获取知识的有效途径。在联盟合作中，企业可以跨越企业边界获得有价值的知识，培养和发展合作伙伴的核心能力。汽车界福特公司和马自达公司为学习对方技能和知识而建立战略联盟，实现了双方企业的竞争优势的提升；通讯领域的著名跨国公司摩托罗拉、诺基亚、西门子等通过与中国企业的合作，开拓了新的市场，丰富了在中国市场运作的经验。很多实践证明联盟中的知识共享能够给企业带来竞争优势。

但是，通过联盟进行知识共享并不是一个简单的过程，失败的例子也比比皆是[①]。因此，对“联盟网络中的知识共享”问题进行理论研究是十分必要的。知识共享是当前学术研究的热点，越来越多的企业界和理论界

① 相对于组织内的知识共享，联盟中的知识共享存在着更大的困难。

人士开始关注组织如何有效地获取和利用知识，这关系到企业能否获得知识优势和竞争优势。战略联盟作为一种获取知识的有效组织形式，为企业间共享有价值的知识提供了一个平台。企业之间形成的联盟网络，为知识共享和流动提供了便捷而丰富的通道，同样也影响和制约着知识共享的效率。

当前国内外企业通过建立各种各样的战略联盟实现优势互补、知识共享、共同发展已经成为一种趋势，比如全球的汽车、航空、电信、计算机和生物制药等产业，再如我国的通讯、计算机、电视、汽车等行业。通过持久的关系网络获得资源、分享知识是这些联盟网络组建的一个重要目的，但联盟解体、共享失败的例子相当多，这就表明现实中更缺乏清晰的、有效的知识获取策略和方法。

因此，无论从理论还是现实角度出发，研究“联盟网络中的知识共享”问题，是适应环境需要的，也是非常有价值的。社会资本为研究联盟伙伴间的知识共享提供了一个新的研究视角和分析框架。本研究就是在前人研究的基础上，从社会资本的视角，系统地分析社会资本在联盟网络的知识共享过程中扮演的角色，揭示社会资本与联盟网络中成员间知识共享的关系，进而为探索联盟网络中知识共享的促进条件建立一个理论模型，也为企业界管理者解决知识共享问题提供一个可借鉴的分析框架。

第一节　联盟网络中的知识共享

20世纪70年代以来，“网络”一词已经变成描述当代组织的一个时髦词，越来越多的组织被描述成网络。当前，战略联盟的合作形式也呈现出从线型联盟转向立体型联盟网络的趋势。

1.联盟网络的含义

企业的联盟网络形成的基础是战略联盟。战略联盟的概念最早是美国DEC公司总裁简·霍普兰德（J.Hopland）和管理学家罗杰·奈格尔（R.Nigel）提出，是指两个或两个以上有着共同战略利益和对等经济实力的企业（或特定事业部门）为达到共同拥有市场、共同使用资源等战略目标，通过各种协议、契约或股权形式而结成的优势互补、风险共担、生产要素水平式双向或多向流动的一种松散的网络组织。

联盟企业之间建立了广泛的合作联系，而这些企业又分别与其他企业合作扩展了这个联系的边界。联盟企业间的联系将诸多联盟伙伴联结成一个网络，这就形成了联盟网络。本研究中的联盟网络就是从网络角度对战略联盟进行定义的，即指战略联盟伙伴之间为实现优势互补、资源共享而结成的以伙伴企业为节点，以合作互动关系为联结关系的协同关系网络。战略联盟作为一种特殊的社会网络，是参与者获取生存和发展所需要的稀缺资源的通道，同时也为组织间知识流动和创新提供了极为有利的平台。

2.知识共享的含义

知识共享是知识管理的核心。关于知识共享的定义可以归纳为以下几个角度：

（1）从知识转移角度。知识共享是指知识所有者与他人共享自己知识，是知识从个体拥有向群体拥有的转变过程。

（2）从知识学习角度。知识共享是指某一技术团队转向另一团队学习的过程。

（3）从知识交易角度。知识共享是指不同知识拥有者之间交易的过程。

（4）从知识系统角度。知识系统建立的目标即为促进知识共享。

（5）从知识类型的转化角度。野中郁次郎在对日本组织的研究中提出实现知识共享首先是将隐性知识转化为显性知识。

以上从不同的角度对知识共享定义进行了概括和总结，可以认为：知识转移是指知识共享的过程；而知识学习和知识系统则是知识共享的手段；知识交易在一定程度上概括了知识共享活动的经济本质；知识类型转化是实现不同知识主体之间知识共享的基础。虽然学者们用不同的文字描述知识共享，但他们所要表达的概念都是知识的共享与交换。

知识共享的目的在于使知识活动产生1+1≥2的效果，它强调的是知识的双向流动。知识共享行为涉及两个主体：知识提供方和知识接受方。达文波特和普鲁萨克（Davenport & Prusak）认为知识共享的意义就是将知识进行传递和吸收，即知识共享（或转移）=传播+吸收，说明知识共享的成功离不开知识提供方的传播和知识接受方的吸收。任何知识共享活动的目标都是将知识资源成功地从知识提供方转移给知识接受方。因此，从某种意义上来说，知识共享和知识转移具有同一个含义。

知识共享既可以发生在组织内部，也可以发生在独立的组织之间。本研究的知识共享是指联盟中的组织间知识共享，即将各联盟成员所拥有的各种知识，特别是独有的隐性知识，通过联盟成员之间的交流、学习与合作，使知识从一个联盟成员扩散到其他联盟成员，并被获取知识的联盟成员消化吸收，与其自身的知识资源相融合，创造出新的知识。

一、战略联盟——企业获取知识的有效途径

知识是企业竞争优势的重要来源。企业保持可持续竞争优势的关键，不仅在于企业所拥有的知识存量的多少，而且在于企业获取所需要知识的连续性和深度。企业获得组织知识的主要途径可以概括为两个来源和三种方式，如表6.1所示。

表6.1　企业获取知识的三种方式的简要分析

知识来源	内部来源	外部来源	
知识获取方式	企业自主开发相关知识	企业通过市场购买相关知识	企业通过战略联盟获取相关知识
主要优点	掌握相关知识的产权，可形成较为完整的知识链，培育了自主开发新知识的潜能	所需时间少，见效快；无需更多的相关设备和人员	易于开发新知识和转移隐性知识，有利于发展解决问题和开发新知识的潜能
主要缺点	成本较高（较多的人力和物力），所需时间多	所需费用较多，很难获取更多的相关知识，隐性知识转移较难	自身的知识可能外溢

（一）企业自我开发

企业自我开发知识往往需要投入较多的资源、时间和精力等，而且由于企业自身能力有限和环境的迅速变化，还要面临巨大的风险，常常难以成功，企业仅靠这种方式获得关键性知识资源是不妥的。

（二）市场购买、兼并与收购

企业通过市场交易获得的主要是显性知识，它的吸收并不能提高企业自身的核心能力。价值观念、组织文化和经验诀窍等隐性知识，根本不能通过市场渠道简单地复制出来，且交易隐性知识要承担较高的信息搜索成本和谈判成本。

兼并与收购其他企业，可以获取其他企业的知识和能力，但在重构或重组过程中，由于企业间的知识结构和认知能力有差别，嵌于企业中的凝聚力、组织关系、态度、企业文化等深层次的隐性知识往往会受到破坏，从而使企业付出巨大的投资费用，却没有成功获得所需要的知识。

（三）战略联盟

战略联盟是介于市场和内部层级结构之间的合作模式。战略联盟的参与者非常广泛，包括企业竞争者、供应商、客户企业和科研机构等，参与者的多元化和多样化提供了广泛而丰富的知识基础。而且，在相对长期和稳定的契约或股权关系的支撑下，联盟伙伴形成的关系较为紧密，有助于组织间相互了解和学习对方的知识和能力。同时联盟伙伴之间有更多的机会进行面对面的交互式学习和交流，有效地削弱了企业边界对隐性知识转移的抑制作用，通过沟通和互动，可以实现大量的隐性知识的交流和转移。企业间的战略联盟被普遍视为知识传递和形成网络知识的有效方式。有学者指出，联盟网络是从较弱的二维联系演化为较强的网状结构，在知识的产生、转移和整合方面比公司内部更有效。

任何一种方式都不可能是十全十美的，但相对于前两者而言，建立战略联盟确实是企业获取组织知识的一种有效途径，它使参与联盟的企业有机会接触到其他企业的知识，为企业获得显性知识甚至隐性知识提供了条件和可能。

二、联盟网络中知识共享的过程

曾有学者在分析合资企业的知识管理时将合资企业内的知识流动划分成知识转移、知识转化和知识收获三个过程。合资企业是股权式战略联盟的一种形式，因此，该结论可以推广到其他联盟形式及多伙伴联盟形式。战略联盟中存在三种相互联系的知识流动过程，如图6.1所示。

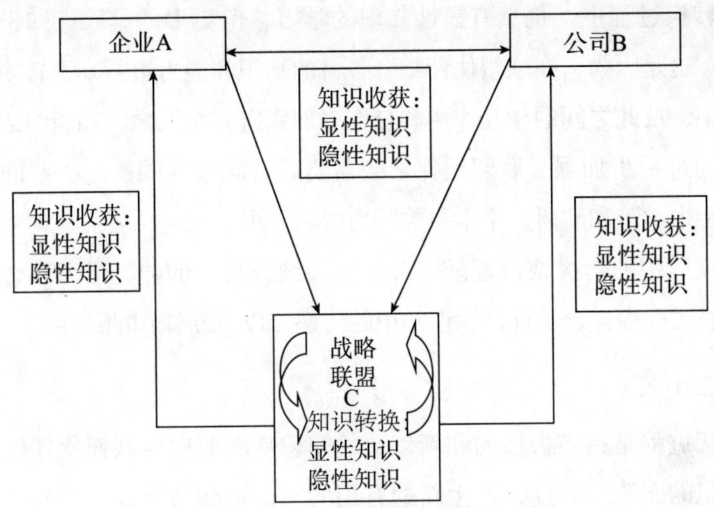

图6.1　战略联盟中的知识流动

注：知识转移的路径通常是A—B，B—A，A—C和B—C；知识收获的路径通常是C—A，C—B。

资料来源：Iris Berdrow，Henry W.Lane：“International joint ventures: creating value through successful knowledge management”，*Journal of World Business,* 2003（38）:15-30.

（一）转移过程（transfer）

转移过程是现有知识在联盟企业之间的流动，以及从联盟企业向联盟的转移。这种转移可以通过技术购买、技术互换、联合开发、联合生产等活动中的观察和模仿实现。

在转移过程，联盟提供了有形资源和知识转移的机会。转移的知识有两种：显性知识和隐性知识，但隐性知识的转移是少量的。有学者认为，显性知识的转移，如蓝图、规格单、价目表和产品样本等，是很容易的，但为了保证默会的“诀窍”的转移，还有必要转移那些使用这些硬件的人员，即隐性知识载体的转移。这一阶段转移了一些隐性知识，但转移的程度和数量比较有限。

（二）转换过程（transformation）

转换过程是战略联盟内部独立的知识转换和创造活动。在这个过程中，联盟伙伴对投入的不同知识和能力资源在联盟内部进行整合，实现知识的转换和创新。

在转换过程中，仍然有显性知识的学习，但更多的是隐性知识和诀窍的学习。这是因为，在联盟伙伴结合各自的知识和能力进行知识转换和更新的过程中，彼此之间的相互作用和合作更加紧密，个人之间和组织之间的交流和沟通进一步加强，联盟伙伴之间需要联合起来共同解决一些问题。这样，“干中学”和“研究中学”等行为得以开展。双方（各方）对对方嵌藏在管理流程中的行为惯例逐渐了解并开始结合自己的能力学习和转换。所以，这一过程中包含了许多隐性知识的传递，以及新知识的产生。

（三）收获过程（harvesting）

收获过程是指转换后的和新创造的知识从联盟向各联盟伙伴的转移。通过知识的交流与碰撞，产生新的有用的知识被联盟企业吸收和应用，增强了联盟伙伴各自的竞争力。这一过程转移的仍然是显性和隐性两种知识。在这一过程中，联盟伙伴自身的学习和吸收能力非常重要。拥有较强的学习能力的企业能够将在联盟中学到的知识转化成自己的能力，而不善于学习的企业则从联盟中得到得较少。

三、联盟网络中知识共享的实现形式

知识共享在联盟网络中是如何实现的？知识共享的多样性，决定了联盟内企业间知识共享的方式也是多样的。很多学者也运用访谈研究、理论归纳、实证调查等手段开展了多样的研究。

曾有学者对位于北美的四十多家美日建立合资企业形式的战略联盟做了调查后，把它们的知识转移做了分类：第一类是知识共享协议，如技术联系会议、定期工作访谈、技术培训、设备借入、工程师短期借入等等；第二类是人际活动，例如合资企业与母公司的工作人员轮换；第三类是战略连接，即通过联合发展战略，母公司之间建立更紧密的管理或结构性联系。

此后这些学者的研究又把跨国公司生产技术转移常用的手段归结为

专家转移、对管理者和工人进行培训、生产地点的视频信息，电子邮件往来，联盟成员之间工作访问，公司制定指导手册等多种形式。

还有学者从知识的默会性出发探讨了知识转移的方法，分别可以列入到人际沟通，编码传播和知识内嵌转移三大类。人际沟通的方法有人员迁移、电子邮件、团队合作、电话联系、视频会议、当面面谈、培训研讨会（课程培训）、特殊知识转移团队（利益共同体、事务共同体）；编码传播包括电子数据交换、传真、文字报告或手册；内嵌转移包括产品、设备、规则、工艺程序和生产指令等。

以上学者的研究和概括中可以看出知识转移的多样性，但是，上述分类罗列了众多的共享方式，未免显得有点混乱，难以清晰地表达战略联盟网络中知识共享的脉络。本书在此将知识共享方式分为三类：人际互动式、媒介传播式和实物式转移。人际互动式是通过人与人之间进行面对面的交流实现知识共享，如人员转移、管理人员互派、技术专家转移、成立共同研发团队、对管理者和员工培训等。媒介传播式，是指以文本或电子化载体为媒介实现知识共享，如以电话、电子邮件、视频会议等，再如联盟成员间交换的文件、指导手册、说明书、文字报告、电子数据和专利技术转让等。实物式转移就是相关技术和知识经过实物化，固化于实物载体中，经过实物转移即可实现共享的方式，如原材料、产品、机器设备、模型/模板、生产线的转移等。

由于被转移知识的复杂性和多样性、知识转移双方的条件差异、转移情境的变化，现实联盟中的知识共享行为，不可能只简单使用一种知识转移形式实现，更多的是以某种转移形式为主，其他转移形式作为补充和支持。

四、影响联盟网络中知识共享的因素

战略联盟网络中的知识共享过程受到许多主观和客观因素的影响，这些因素促进或阻碍了知识的流动和共享。本部分从知识本身的特性、联盟伙伴企业的条件、联盟网络界面及距离因素四个方面对战略联盟中知识共享的影响因素进行分析。

（一）知识本身的特性

知识的转移依赖于知识是否易于移植、理解和吸收。知识本身具有隐性、专有性、复杂性等特征，从而形成知识一定的模糊性。知识的隐性是指它是高度个人化的，根深蒂固于某些行动模式和惯例中，不易交流与共享。隐性的知识难以通过正式的、系统的语言或表达方式进行编码和传递，它是知识产生模糊性的最显著的前提。专有性是指企业的知识是企业专有的，它依赖于一定的历史背景和组织环境。专有性程度加深会增加知识的模糊性，同时制造了模仿壁垒。复杂性是指知识具有相互关联和相互协同性，比如一项特定的复杂技能可能需要许多部门和人员的共同协作，这样的知识整体不易被理解和模仿，削弱了知识的可转移性。

（二）联盟伙伴企业的条件

1.联盟伙伴对知识的保护程度

企业参与联盟，每一方都必须提供一些独特的东西，比如技术能力、制造能力、分销渠道以及管理模式等，以使联盟能够给双方创造较联盟外部公司更为有利的条件。但与此同时，各个企业又都会尽力防止自己的知识和能力尤其是核心的能力泄露出去，因此会加以保护。联盟伙伴对知识保护的程度越高，知识的可获得性就越小，伙伴之间的学习效果就越差。

2.企业的知识传递能力和吸收能力

知识共享的实现需要知识提供者确切而真实地发出和解释新知识并让联盟伙伴理解和接受的能力。企业的知识传播能力越强，就越能更好地在企业间进行知识传输。吸收能力指是指企业评估外部知识价值、内化吸收并加以商业化应用的能力。学者认为，正是企业内部的这种领悟（学习）能力及与之相关的消化（开发）能力使得企业具有了认识和利用来自周围环境知识的能力。总之，企业的吸收能力越高，才越有机会将竞争对手或相关的知识吸收转化为企业自己的知识。

（三）联盟网络界面

1.联盟网络的治理结构

联盟的形式很多，通常根据合作方的依赖程度将其划分为股权式联盟和契约式联盟，前者如合资和相互持股等，后者往往包括长期契约、授权和特许等。战略联盟的不同治理模式会影响到知识的转移以及知识的取得与学习。

有学者认为，无法言传的隐性知识的转移和学习以合资联盟效果最佳，特许与授权次之。契约性联盟对专利、产品、制造等相关的外显知识转移有明确而迅速的效果。而股权性联盟则可以更好地促进合作关系的建立，让联盟伙伴间产生深层次的依赖，从而又紧密而广泛地互动，使得内隐知识更好地传播和转移。

2.联盟互动渠道的丰富性和信任程度

信息发送者与接收者的信息沟通效果还取决于信息传递渠道是否存在以及传递渠道的丰富程度。一般来讲，双方互动的沟通方式越多元、越直接、频率越高，沟通渠道的丰富程度就越高，知识转移的程度也会越高。信任是联盟内实现有效知识共享的基础，高度的信任可以让知识提供者具有转移知识的动力，减少企业自身知识外流风险的防范，增加组织知识的透明度和开放度；也可以让知识接受者确信知识的可信度，相信知识的价值性，并加以吸收和利用。

（四）距离因素

知识提供方与知识接受方在知识水平、企业文化、组织等方面通常会存在一定的差异，而这些差异又会对知识转移产生影响。

知识距离是指他们在知识基础上的距离。知识距离过大，知识共享双方不能很好地理解和诠释对方的知识，知识转移就会遇到难以逾越的障碍。但是，知识距离过小，企业间没有太多的知识值得转移，知识转移既无足够的动力，也无发生的必要。

文化距离是指知识共享双方在文化上的差异大小。文化距离小的企业，有着类似的认知、情景和行为，所转移的知识更易于满足需求方的要求，易于被认同、理解和吸收。文化差距大的企业在价值观、思维方式等方面具有较大差异，容易导致冲突的发生，使学习受挫。

组织距离是指企业在组织结构、制度、流程、决策程序等方面的差异。组织距离会增强知识的模糊性，过大的组织距离可能导致对市场行为和结果、投入和产出、原因和后果之间逻辑联系的理解偏差。由于存在组织差异，联盟企业之间可能产生误解，这样就会产生不必要的不协调和矛盾，势必对知识转移效果造成负面影响。

第二节 联盟网络的社会资本分析

一、联盟网络中的社会资本

社会资本是社会学中一个十分重要的概念和研究工具，由于其很强的解释能力，近年来已经开始从社会学领域逐渐延伸到政治学、经济学、管理学等领域，成为诸多学科理论分析的重要视角。

对于社会资本的定义，国内外许多学者都试图从各自的研究领域和研究对象出发，给予了不同的定义，但至今还没有一个公认的定义。

首次正式提出“社会资本”的概念，是法国社会学家布迪厄（Bourdieu），他将社会资本定义为“实际或潜在的资源集合体，这些资源与占有人们共同熟悉或认可的制度化关系的持久网络联系在一起”。

科尔曼（Coleman）从社会资本的功能角度对其进行了定义，他认为社会资本“使取得某些缺少社会资本就无法实现的结果成为可能”。

普特南（Putnam）从宏观上对社会资本进行了界定，认为“社会资本是社会组织的特征，例如信任、规范和网络，它们能够通过推动协调的行动来提高社会的效率”。

纳哈佩特（Nahapiet）和高沙尔（Ghoshal）认为，社会资本是嵌入于个人和组织拥有的关系网络中、通过关系网络可获得的、来自关系网络的实际或潜在的资源的总和。纳哈佩特（Nahapiet）和高沙尔（Ghoshal）对社会资本界定在管理学研究中受到广泛承认。

另外，还有很多学者从自身研究角度对社会资本进行了界定，有学者认为社会资本代表了行为主体借助于社会网络或其他的社会结构来获得各种利益的能力；国内学者边燕杰和丘海雄认为社会资本是企业通过纵向联系、横向联系和社会联系摄取稀缺资源的能力。

社会资本是存在于网络中的一种资源或获取资源的能力。在对前人的研究成果总结的基础上，本书将社会资本定义为：联盟伙伴企业在合作和互动过程中所形成的关系网络，以及从其拥有的关系网络中获取的实际的或潜在的资源的总和。

二、联盟网络社会资本和社会网络的关系

社会网络是指社会单位之间和人与人之间比较持久的、稳定的多种关系结合而成的网络关系。与人力资本、物质资本一样，社会资本在一段时期内能够为行为主体带来利益和价值。社会资本与社会网络的区别在于社会资本不仅包括社会网络的量，也包括社会网络的质。社会网络是企业社会资本的重要组成部分，是社会资本发挥作用的基础，社会资本是嵌入社会网络关系中的社会资源，无法脱离社会网络而单独存在，社会资本价值的实现需要依托一个稳定的社会网络。可见，社会资本是以网络成员之间的网络关系为基础的，既包括网络关系本身，又包括网络中流动的资源。

战略联盟也是一个社会关系网络，是联盟网络社会资本存在的基础。联盟网络中的社会资本的形成与积累以及其作用的发挥都依赖于联盟成员形成的关系网络。根植于联盟网络之中的社会资本有利于组织的协调行动，推动企业间良好关系的发展。

社会资本是嵌入社会网络关系中的社会资源，普特南（Putnam）认为关于社会资本的最优先研究的问题是明确社会资本的维度。纳哈佩特（Nahapiet）和高沙尔（Ghoshal）在研究社会资本如何促进智慧资本的建

立时，首次将社会资本的构成划分为三个维度：结构维度、认知维度和关系维度。

（一）社会资本的结构维度

社会资本结构维度是指网络联系存在与否、联系强弱及网络结构。结构维度重点分析网络联系和网络结构的特点。纳哈佩特（Nahapiet）和高沙尔（Ghoshal）认为社会资本结构维度具体包括：网络中成员之间的连接关系，如有无连接、与谁连接、连接强度等;所有连接所构成的整体网络的特性，包括网络密度、网络的连通性及网络层次性等。还有学者提到了网络稳定性。

（二）社会资本的认知维度

社会资本认知维度是指提供网络中不同行为主体间共同理解的表达、解释与价值观念的那些资源。目前学者们对认知维度含义的理解基本一致。有学者认为认知维度是指网络成员之间通过表达、解释及共同语言实现知识的共享。纳哈佩特（Nahapiet）和高沙尔（Ghoshal）认为这一纬度主要包括共同目标和共同文化两个方面。还有学者认为认知维度包括共享的规则、语言及表达方法。目标趋同和文化的共享，有助于发展组织的社会资本认知维度，有益于合作行为的协调。

（三）社会资本的关系维度

社会资本关系维度是人们在网络互动过程中建立起来的一种具体关系，包括信任与可信度、规范与惩罚、义务与期望以及可辨认的身份。结构维度强调的是社会关系网络的非人格化的一面，而关系维度强调的则是社会关系网络人格化的一面。关系维度关注的是个体或企业之间形成的特殊的关系，如尊重、信任、友情和亲情等，反映了网络成员从他们和其他人的关系中能够获得的潜在利益和各种资源，例如，通过他人的社会地位或通过他人提供的信息来获取自己所需要的资源（包括信息、知识或其他有形资源等）。网络关系中的信任程度是关系维度的重要组成部分。

纳哈佩特（Nahapiet）和高沙尔（Ghoshal）对社会资本的三个维度的划分，几乎涵盖了其他学者主张的构成要素，而且，这一划分方法目前被许多关于社会资木的相关研究所采用。因此，本研究也采用纳哈佩特（Nahapiet）和高沙尔（Ghoshal）的社会资本分析框架，从结构维度、认知维度和关系维度三个维度进行研究，具体研究框架如图6.2所示。

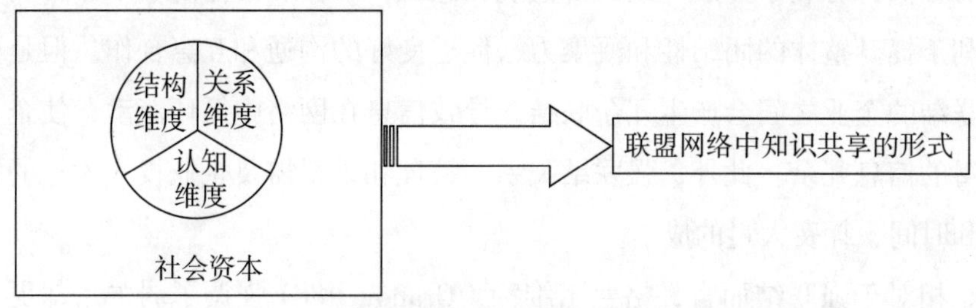

图6.2　社会资本视角下的联盟网络中知识共享分析框架

三、联盟网络的社会资本分析

第三、四部分将深入分析社会资本三个维度的分析框架，以及结构、认知和关系三个维度与联盟网络知识共享的关系。本部分主要是深入分析联盟网络中社会资本的结构维度、认知维度和关系维度三个维度的具体内涵。

（一）联盟网络的社会资本结构维度

联盟伙伴之间建立的合作关系就形成了“联结”（tie），伙伴间的多重联结就形成了关系网络。联盟伙伴间所形成的不同的网络关系和网络结构，是一种资源，有助于企业获得有价值信息和优势的提升。本书关注网络关系强度、联盟网络的密度、中心性及网络稳定性四个网络结构特性。

1.关系强度

（1）联结的强度：强联结与弱联结

联结强度是格兰诺维特（Granovetter）在《美国社会学杂志》上发表的《弱关系的力量》一文最先提出的。他将联结分为强弱联结两种，从互动的频率、感情力量、亲密程度和互惠交换四个维度来进行区分。强联结指那些彼此之间进行的互动的次数和时间越多、感情越紧密、相互亲密和信任程度越深、互惠交换的范围越广的关系；弱联结则相反。

（2）强联结与弱联结的优、劣势

强联结的优势在于企业之间频繁的沟通和互动会使企业间建立起稳定的信任关系，有利于促进资源和信息的流动。企业之间关系密切，背景、经历相似，有利于形成一致的价值观和意识；合作和信任的水平非常高，有利于提升整体的团结性和凝聚力，促进良好的沟通和互惠合作。但是，强联结的企业之间会产生冗余联结，导致信息在网络中循环流动，使企业获得的信息冗余。此外，强联结关系的管理和维系需要企业投入大量的资源和时间，耗费大量的成本。

相对于强联结而言，格兰诺维特（Granovetter）强调了弱关系却更有力度。弱联结在联盟网络中代表着一种偶然的、疏远的企业联系。弱联结所联系的企业特征不同，并嵌入在不同的关系网络中，各自拥有异质的信息源。弱联结跨越了不同的信息源，能够充当信息桥，可以促进不同企业群体间的信息和资源的交流，所以说弱联结是获得非冗余的资源和信息的重要通道。而且，弱联结的维系不需要投入大量的成本和精力。但是，弱联结也具有自身的劣势。由于弱联结的企业之间沟通不频繁、联系不密切、相互信任水平不高，因而难以形成稳定的合作关系和共享价值观，容易导致机会主义行为和合作关系的破裂。

2.网络密度、结构洞和“桥”

（1）网络密度的含义

网络密度是衡量网络整体特征的关键指标。网络密度是指网络中一组行为者之间关系的实际数量和其最大可能数量之间的比率，当实际的关系数最越接近于网络中的所有可能关系的总量，网络的整体密度就越大，反之则越小。网络密度的计算公式为：

$$Dn=\frac{2\sum Z_{ij}}{n(n-1)}$$

（n=网络成员个数；Z_{ij}表示i和j之间所有的联结总数；n（n-1）表示网络中所有可能的联结总数；i≠j）

对于联盟网络来讲，联盟网络的密度就是联盟网络中企业相互联结的程度。由此，联盟网络可按密度分为密集网络和稀疏网络。

（2）结构洞和“桥”的含义

稀疏联盟网络富含结构洞。结构洞是美国学者Burt（伯特）在1992年在借鉴社会资本概念的基础上提出的。无论是个人还是组织，其社会网络均表现为两种形式：一是网络中的任何主体与其他主体都发生联系，不存在关系间断现象，从整个网络来看就是“无洞”结构。这种形式只有在小群体中才会存在。一是社会网络中的某个或某些个体与有些个体发生直接联系，但与其他个体不发生直接联系，无直接联系或关系中断的现象，从网络整体来看好像网络结构中出现了洞穴，因而称作“结构洞”。例如在ABC网络中，如果AB之间有关系，BC之间有关系，而AC之间没关系，则AC是一个结构洞。AC如果要发生联系，必须通过B。

当一个企业能够在联盟网络的结构洞上扮演“桥梁”的角色，如上述的B，将结构洞两端彼此断开的企业连接起来，便称其为“桥”。由于在结构洞的区域建立了联结，充当“桥”的企业就处于战略地位，并能够获取由结构位置所带来的优势。

3.网络中心性

网络中心性是用来测量行为主体的权力与影响力的重要指标。所谓网络中心性，即衡量行为个体在社会网络中所处的位置居于核心地位的程度。当个体在网络中的中心性越高，则意味着其掌握较多的资源，享有相应的控制利益，拥有较高的影响力，在整个社会网络中属于核心、关键的节点。所以说，网络中心性越高的行为主体拥有越多的社会资本。

网络中心性有三种形式：程度中心性（degree centrality）是指一个行动者在某一网络中所拥有的直接联结的数目。行为主体的程度中心性越高，则表示其在网络中与较多的成员有所联系，其拥有的权利和影响也较大。接近中心性（closeness centrality）是指一个行动者可以通过直接（比如通过自己的朋友）或者间接（比如通过朋友的朋友）的方式接触到网络中其他人的程度。高接近中心性，意味着一个行动者可以接触到网络中的许多其他行动者，并因此相对不受其他行动者的控制。中介中心性（betweenness centrality）是指一个行动者通过在其他行动者之间相连的最短路径上占据中间人的位置，从而为网络中其他行动者充当潜在的“中介”角色的程度。中介中心性越高，表示行为主体引导信息流通的机会越多，占据了掌握信息流动的关键位置。

以上三种网络中心性的含义和衡量虽略有差别，但在本书中均视为企业在联盟网络中占有中心位置。在联盟网络中，具有较高中心性的企业，接触的企业范围广，可以获得更多的资源和信息。与其他成员具有较多的直接或间接的联结关系，能够在网络中最快捷的获取自身所需要的信息和资源，并较少受到他人的控制。而且核心企业可以决定信息和资源流动的方向和数量，还可以影响成员之间资源的间接转移，拥有“中介人”的特殊权利。

4.网络稳定性

联盟不是一成不变的，随着环境的变化与时间的推移，不论是网络的规模、结构还是网络成员都在不断地发生变化。相关研究表明，联盟不稳定的比例达50%到70%。导致战略联盟网络不稳定性的因素有：选错了伙伴被认为是联盟失败的首要原因；联盟目标不一致、伙伴之间文化、组织和战略不相容；联盟的管理不当；联盟成员之间缺乏沟通且信任度低。另外，知识的获取和谈判实力的变迁也是造成联盟不稳定的一个原因。从组织学习的角度看，联盟成员可以获得合作者的技能、知识和能力，减少了对合作伙伴的依赖，从而提高了讨价还价能力和竞争地位，联盟的协作基础就会遭到破坏，也就加速了联盟的解体。

网络的稳定性是从动态的角度考察联盟网络成员的变化情况。一般地讲，在高稳定性的联盟网络中，成员变化频率比较低，长期的合作会增进企业间的信任和默契，减少交易费用和管理费用；低稳定性的网络成员缺乏安全感，安全感的缺失会使他们主动减少同其他网络成员的合作，最终导致网络解体。

（二）联盟网络的社会资本认知维度

认知维度是嵌入社会网络中的一个共同范式，指的是网络成员之间提供共同意愿和相互理解的资源。这种共同的理解是供集体使用的资源，这体现了社会资本的公共物品的本质。它可以简化个体对群体目标的理解，能够推动符合网络合作要求的行为方式，增进合作沟通和分享知识意愿。本研究的社会资本认知维度主要包括共享目标和共享文化两个方面。

1.共享的目标

共享的目标指的是网络成员为完成网络组织的任务和成果而达成的共同的意愿和方法。学者们研究中用共同愿景（shared vision）来表示这种共同目标，认为“共同愿景”能使集体目标和网络成员的期望具体化。对于联盟网络来说，网络成员的目标共享，意味着联盟伙伴对于结盟目标、合作价值拥有一致的理解和期望。共享的愿景和目标能够减少成员之间的沟通误解，可以有更多的机会交换他们的想法和资源。而且当网络成员拥有共同的目标和兴趣时，他们就会更深刻地理解资源交换和合作的潜在价值，促进彼此团结，有利于发展良好的、稳定的合作关系。

2.共享的文化

对于联盟网络来讲，共享的文化就是联盟伙伴在长期的合作互动中形成的共同的价值观念和行为准则。如同组织文化一样，联盟文化同样也影响整个联盟网络的运行，引导并约束着合作伙伴的行动倾向。共享的文化意味着成员们拥有共同的价值观、思维方式和对网络的认同，可以促进伙伴之间的沟通和融合，减少由文化差异导致的冲突。而且，这有助于形成网络合作的潜规范和准则，减少机会主义行为的可能性，有利于发展分享知识的合作行为。

（三）联盟网络的社会资本关系维度

信任是社会资本关系维度的关键要素。对于联盟网络来说，信任关系是联盟运行的重要保障，对联盟扩展和延续起着重要的促进作用，也是组织间知识转移和知识创造的一个关键影响因素。因此，社会资本关系维度主要关注对信任的研究。

1.信任的含义

目前对信任的定义有所不同，如信任就是合作各方相信任何一方都不会去利用另一方的弱点去获得利益。梅耶尔、戴维斯和司考曼（Mayer，Davis & Schoorman）认为“相互信任就是尽管一方有能力监控和控制另一方，但它却愿意放弃这种能力而相信另一方会自觉地做出对己方有利的事情”。

联盟网络中的相互信任应包括以下几层含义：第一，相互信任是合作各方在面对不确定的未来时所表现出的彼此间信赖，正是不确定的大量存在，使成员间的相互信任显得可贵；第二，建立在相互信任基础上的联盟网络也意味着联盟是相当脆弱的，一旦出现不诚实行为，所带来的损失超过彼此信赖带来的收益：第三，相互信任也意味着放弃对他方的控制，将自己暴露在危险中，从而成员对联盟网络整体利益的影响甚微。

2.联盟网络中信任的演化过程

莱维科（Lewicki）和邦克（Bunkerk）提出了一个交往双方信任发展的模型，创立将信任划分为三种类型：以计算为基础的信任、以认知为基础的信任和以认同为基础的信任。

（1）以计算为基础的信任

这种水平的信任是基于经济人理性角度而言，信任行为如同经济行为，成员企业在衡量其机会主义行为的收益与遵守合约的未来收益之间做出权衡，然后决定要不要信任对方。这种信任关系存在于联盟企业关系确立的初期，是战略联盟存在的基础，但比较容易消失。因为双方在相互猜疑，只要某一方感觉到自身的权益受到侵害，会马上退出合约关系，而造成原来信任的消失。

（2）以认知为基础的信任

这种信任建立在对对方行为表现的预测能力之上。随着双方互动的增加，彼此之间持续性沟通有助于行为人了解对方的需求、偏好、能力以及态度等相关知识，因而其预测能力得到加强，并能通过关系的持续逐渐扩大双方共同活动的范围。

（3）以认同为基础的信任

这种信任是建立在双方长期互惠合作的基础之上，谋求长期利益，而非机会主义的短视行为。在这个阶段，联盟企业已经有效地了解对方，联盟企业将对方的需求和意图纳入自身的行为准则之中，双方能够坦诚地进行交流，充分考虑对方的利益。因而，彼此也相信对方能有良好的行为表现。双方一旦建立这样的信任关系，则彼此不必费尽心机保护自己的权力。

事实上，信任是随着相互交往的频率和交往的时间增加而逐渐发展的，如图6.3所示。莱维科（Lewicki）和邦克（Bunkerk）认为随着交往频度和强度的增加，人们之间的信任会逐渐地从以计算为基础的信任过渡到以认知为基础的信任，再演变到以认同为基础的信任。从动态角度来看，联盟企业之间信任水平的演化需要经历一个由低到高的发展过程，随着交往的增加，逐步从以计算信任为基础的弱联结逐渐过渡到以认同信任为基础的强联结。

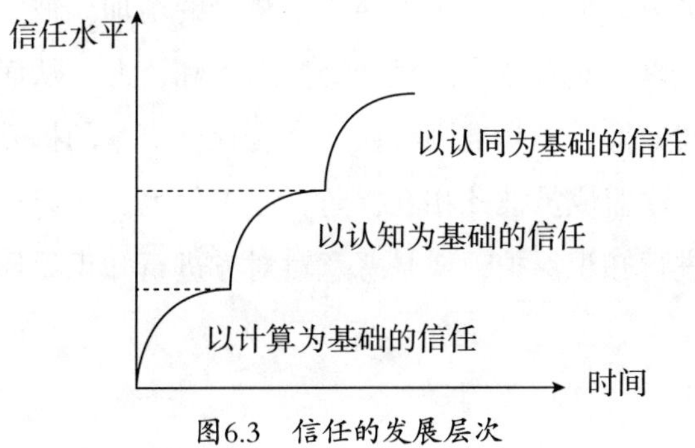

图6.3　信任的发展层次

3.信任在联盟网络中的作用

战略联盟常常会面对两种类型的不确定性：一是未来未知事件的不确

定性；二是成员伙伴对这些未来事件可能做出的反应的不确定性。在双重不确定的环境下，相互信任就成为战略联盟成功的关键。联盟成员之间的相互信任、理解和期望对于联盟的健康发展起着非常重要的作用。

（1）信任可以降低交易成本

当联盟网络中的信任程度较高，联盟伙伴都相信合作方会自觉采用不伤害对方而使己方获利的行为，就会积极进行合作和资源交换。如果缺乏信任，在合作过程中就必须为事前的谈判、讨价还价和过程中的机会主义行为付出很高的防卫成本和监督成本。信任可以使合作者对合作有积极的预期，减少机会主义行为，从而降低成员之间的交易成本。

（2）信任有助于沟通

联盟的运行离不开个人之间的沟通，团队之间的沟通和企业整体与另一个企业的沟通。要达成有效的沟通，彼此之间就必须有信任作为基础。无论是正式的沟通还是非正式的沟通，信任起着润滑剂的作用。信任可以降低对他人的防卫心理和抵触情绪，减少误解和冲突，从而促成良好的沟通，提高互惠合作和资源共享的程度。

（3）信任可以提升联盟网络的社会资本

彼此高度的信任意味着知识转移双方具有良好的社会资本。人员之间信任的传递和扩散，可以带来了社会资本总量的增加。彼此之间频繁的沟通和高度信任可以使其有更多的机会交换思想和资源，从而促进联盟网络的共同价值观和信仰、行为准则等认知维度社会资本的提升。反之，如果信任程度较低，联盟成员彼此相互提防，互不信赖，难以形成密切的交流和合作，或是进行知识保护，或是恶意对对方进行知识误导，将损耗网络的社会资本。

第三节　基于社会资本的联盟网络中知识共享分析

社会资本蕴含在企业联盟网络之中，无论是联结关系与结构特征，伙伴之间所形成的共享价值观、文化等认知资源，还是伙伴之间的信任关系都影响着联盟网络知识共享的效果。

一、结构维度下的联盟网络中知识共享分析

联盟网络中的知识共享可以看作是知识提供者和知识接受者之间的互动过程。知识提供者和知识接受者可以看作是网络的节点，节点间的知识共享活动，依赖于网路中的“联结”来完成。联盟网络成员伙伴之间的联结关系与结构特征影响着组织间的知识共享的效率。

（一）关系强度与联盟网络中的知识共享

网络中的关系强度对知识共享的作用往往受到知识特性的限制，从而影响不同知识共享形式实现的效率。

1.知识共享实现形式与知识的特性

知识分为显性知识和隐性知识。所谓显性知识，是指那些能以正式的语言明确表达的知识，表达方式可以是书面陈述、数字表达、图表、手册以及报告等。显性知识易于表达、外显和编码，能被复制和传递，易于学习。隐性知识往往是个人或组织经过长期积累而拥有的知识，通常不易用文字表达，传播起来非常困难，但是隐性知识却是企业竞争优势的重要来源。隐性知识是蕴藏在人的头脑中，与个人的观念、洞察力和经验联系在一起，难以通过正式的信息渠道传播。未编码的隐性知识难以外显，只能通过亲自参与、近距离观察或实际应用等形式，在“干中学”、“用中学”，共享隐性知识。

联盟网络伙伴间的实物式转移、媒介传播式和人际互动式三种知识转移形式，由于载体的不同，适合传递不同类型的知识。国内学者李仁芳指出隐性知识多以人为转移的载体和媒介，而显性知识则是以文档为主。当知识具有较高的内隐性时，无法以文件资料、数据图表等转移所有内容，人际交流、会议研讨、双方面对面对谈、在职培训等可能是比较有效的转移方式。反之，显性知识则比较容易通过文字来表达，也可以借助具体的文件数据、科学公式、标准化程序进行沟通与分享，但可能有知识溢出效果的发生而无法阻止。可见，前两种共享方式实现的是显性知识转移；而后者实现的是隐性知识转移。

2.关系强度与联盟网络中的知识共享

强、弱联结通过对显性和隐性知识转移和共享产生不同的影响和作用，进而导致其对三种知识共享形式的影响是不同的。

（1）强联结与隐性知识共享

企业间互动频繁的强关系，可以使组织间建立较强的信任关系、共同的价值观和规范，为隐性知识的转移与共享创造有利的共享环境。主要表现在：

第一，强联结的联盟伙伴间的沟通与互动频繁，为知识共享创造了更多的直接接触的机会，彼此空间距离的接近，利于在“干中学”、“用中学”，共享隐性知识。

第二，频繁的互动促进企业彼此了解，有利于建立信任关系，从而减少了知识共享双方的担心，降低了联盟网络中的知识提供者对知识的保护意识和机会主义倾向，促进企业间隐性知识共享。

第三，强联结的企业相互信任和了解，增加了企业互相交换意见的意愿和达成共识的可能。强联结企业间会形成共享态度、主张以及信念。良好的互惠关系能促进企业间知识共享惯例的培育和认知模式的形成。

第四，强联结有利于提高接受方的知识吸收能力。当网络中成员的知识存量重合时，学习和知识传递速度就会加快。强关系企业接触的机会多，有利于形成共同或相近的知识基础，还能够产生共同的术语、编码、经历等，促进合作伙伴间语言交流平台的产生，提高了企业间知识交流和理解的能力。

（2）弱联结与显性知识共享

弱联结企业之间相对疏远、联系不密切，但弱联结可以跨越不同企业，起到沟通和连接网络中不同企业的作用。

首先，联盟企业与其他企业建立广泛的弱联结，可以从联盟网络获得丰富的非冗余知识，并且很容易就能接触到丰富的文字、符号、设备等显性知识。

其次，弱联结有利于简单信息的传递，促进事实知识的分享。对于简单的、外显的知识，可以很容易地借助语言、设备、文字和电子邮件等信息技术完成转移，即使与其他合作伙伴的联系不强，知识重合度不高，但只要建立弱联结就可以实现显性知识的转移。

另外，弱联结的维持成本较低。与强联结不同，弱联结企业之间不必投入过多的时间和精力进行沟通和互动，在企业精力、资源有限的前提下，低维持成本的弱联结可以大幅度地扩展与其他企业的联系，从而接触并获取更多企业的丰富知识。

由此可见，强联结对于联盟企业之间的复杂的隐性知识更为有效，弱联结在获取显性知识时更为有效。

基于上述对三种知识共享实现形式的分析，实物式转移和媒介传播式的知识共享所转移的以显性知识为主，人际互动式的知识共享以隐性知识为主，可以认为，联盟伙伴间的强联结有利于人际互动式的知识共享；联盟伙伴间的弱联结有利于媒介传播式和实物式转移的知识共享。

关于关系强度与知识共享提出的命题是：

联盟伙伴间的强联结有利于人际互动式的知识共享；

联盟伙伴间的弱联结有利于媒介传播式的知识共享；

联盟伙伴间的弱联结有利于实物式转移的知识共享。

（二）网络密度与联盟网络中的知识共享

1.密集网络与联盟网络中的知识共享

联盟网络密度越大，网络成员联系的程度越高，网络成员就越加了解和熟悉其他成员的情况。较高的网络密度通过不同的途径影响着组织间知识共享。

（1）提供了丰富的知识流动渠道

较高的网络密度意味着网络中存在大量的企业间联结，网络内信息和资源可以更快速地大量流动。无论是通过实物和媒介传播知识，还是借助人际沟通转移知识，都可以沿着最短的直接路径从知识提供者转移到知识接受方，所跨越的中介环节少，才能保证知识不失真。

（2）高度的认知扩散促进网络规则和标准的形成

网络密度越大，网络就越接近封闭网络，具有类似封闭网络的功能，认知扩散程度高。高密度网络中企业更易发展出相互信任关系、共享准则，以及共同的行为模式。紧密型网络有利于知识拥有者建立知识声誉。此外，有学者认为高密度网络会放大制裁的效果，企业行为违规时更易受到网络中其他企业的制裁。联结密度较高时，合作伙伴嵌于一个三方联结的网络，如果企业采取败德行为，这种不合作信息就会很快在网络中传播，其他企业将停止或拒绝与其合作。网络中不合作信息的快速传递，会产生更有效的惩罚，有利于形成合作规范，促进隐性知识的传递。

（3）冗余联结的利用价值

密集联盟网络会产生冗余联结，但却有利于它面对变化环境的适应能力。环境的变化可能损失一些联结，一个冗余的网络由于其联结的重合度高，能最大限度保持网络的完整性，同时结构冗余或联结冗余，在某种情况下有助于企业的学习。当企业试图学习其他企业的独特能力或异质知识时，单一的联结往往难以奏效，企业可以发展多重联结。

2.结构洞、“桥”与联盟网络中的知识共享

在稀疏网络中存在较少的直接联系，结构洞会严重阻碍联盟网络间的知识流动。稀疏网络中的企业彼此分隔了一定程度，相互之间生疏，缺少共同的行为准则和有效的制裁机制，很容易造成机会主义和相互不信任。其次，组织间缺乏沟通和了解，会降低知识转移的意愿，难以形成共同的语言、共享难测和共享知识的能力基础，简单知识通过实物、文本媒介、电子媒介为载体是可以实现的，但是总的说来不利于知识共享和转移。

连接结构洞两端的联盟伙伴的“搭桥”行为会使联盟网络的社会资本实现增值。首先，“搭桥”行为增加了联盟网络中的联结数量，拓宽了知识传递的渠道。其次，企业占据桥的位置能使企业保持知识获取的最大效果。处于桥位置的企业，具有信息优势，它联结两个相互没有直接联系的企业，能够及时、准确地获取大量非冗余的异质信息；又能对来自所联结的企业的知识进行筛选和分类，使有价值的知识在不同的企业之间传播。最后，更多企业通过间接联系获取知识，使得跨越者在被联结双方前具有控制优势和发言权。一方面，当所联结群体之间的知识背景和知识属性差距较大时，中介企业可以从中予以协调二者的知识转移行为，促进知识的整合；另一方面，当所联结群体之间的知识背景和知识属性差距不大时，中介企业可以扮演选择的角色，对向谁传递或接受谁的知识做出决策。

但是，结构洞丰富会使处于“桥”位置的企业具有更大的讨价还价能力，并因此控制知识和资源的流动；还可能利用自身的关键位置实施垄断性行为，为了保护自我利益而单项获取结构洞两端的企业的资源和信息，却不将自身的知识予以传递，从而成为联盟网络中组织间知识共享的障碍。

如此看来，“桥”联结为知识共享提供了更多的机会，但它对分享知识起到的是促进作用还是阻碍作用，主要取决于它在联盟网络中筛选、沟通、协调的作用和垄断知识、控制知识外溢、自我保护的作用之间的比较。

关于网络密度与知识共享提出的命题是：

密集的联盟网络有利于伙伴间的人际互动式、媒介传播式、实物式转移的知识共享；

富含结构洞的稀疏的联盟网络不利于伙伴间的各种形式的知识共享；

跨越结构洞的“桥”联结在稀疏的联盟网络中发挥筛选、沟通、协调的作用较大，有利于各种形式的知识共享；跨越结构洞的“桥”联结在稀疏的联盟网络中发挥垄断知识、控制知识外溢、自我保护的作用较大，不利于各种形式的知识共享。

（三）网络中心性与联盟网络中的知识共享

根据网络中心性的衡量，大致可将联盟网络分为无中心企业联盟网络和有中心企业联盟网络。两种类型结构的联盟网络的知识共享是不同的。

1.无中心企业联盟网络中的知识共享

在这种结构的联盟网络中，联盟伙伴企业在地位上是平等的。没有处于中心的企业，任何一个企业都无法支配联盟内的全部资源和左右其他企业的行为方式，一切活动的决策都建立在平等协商的基础上，各方在一定程度上相互依赖，在共享资源，承担风险方面都是平等的。

这样的联盟网络更接近市场的网络组织类型，成员作为网络的节点，在联盟中提供知识和获得知识的机会都是均等的，有助于企业根据自身需要，形成联盟内部的知识库，这种知识库主要来自社会公共知识、政府出版物、杂志、报纸、专利文献等社会公共知识载体。联盟企业可以根据自己的实际情况，将自己特色知识纳入知识库，实现组织间的知识资源的有机共享。但由于无中心联盟网络只依靠协议和自愿性合作，没有对机会主义行为的惩治机制，企业难免对于自己的核心专有知识进行保护，降低知识的透明度。而且，联盟伙伴之间缺乏人与人之间深层次的沟通，对于需要人际沟通互动才能完成的知识转移是很难实现的。

由此看来，无中心企业联盟网络不利于人员互动式的知识共享，但有利于媒介传播式、实物式转移的知识共享。

2.有中心企业联盟网络中的知识共享

这种结构的联盟网络可能存在一个或者多个中心企业。核心企业往往掌握着大量网络成员生存的必要资源，如核心技术、品牌资源、大规模的制造能力，并且难以替代。中心企业与其他企业在名义上是平等的，但是网络中的中心性决定了中心企业对联盟中的其他成员具有较强的控制能力。核心企业由于它的独特位置和自身所处“中心”而具有的权力和影响力，会对联盟网络中的知识流动产生影响。

当一个企业拥有网络成员所需的核心资源时，核心企业就被看作期望的潜在合作者，在网络中建立更多的联结。这种广泛联结关系为知识的传递提供了丰富的渠道。对于产销、技术合作中的产品、设备、生产线的转移方式是较为容易的。不需要复杂的沟通即可通过实物式、文档、电话、E-mail等媒介传播的方式实现企业间的技术、生产技能等知识共享。

其次，企业的中心性往往和权力联系在一起。资源依赖理论认为当一个企业有其他企业所需的资源时，或能减少对其他企业的资源的依赖时，企业拥有相对的权力。中心性较高的企业在联盟伙伴之间充当“中介人”的角色，由于其他成员对中心企业资源和“中介”角色的依赖，中介企业在网络中具有较高的资源流向支配权，可以控制和引导知识的流动。

另外，企业还可以利用这种权力和地位改变联盟成员间的关系。中心企业可以培育自己与非中心企业节点之间的“强”关系，还可以利用自己的中心地位主动创建非中心企业结点之间的“强关系”联结。这种强联结无疑会促进联盟企业间的密切沟通，形成共享价值观和高度的信任，从而可以促进隐性知识在人员互动和实践中进行传递。

可见，无论是中心企业所处的中心权威地位，还是创建的“强联结”，都有利于各种形式的知识共享。

关于中心性与知识共享提出的命题是：

无中心企业的联盟网络不利于人际互动式的知识共享，但有利于媒介传播式、实物式转移的知识共享；有中心企业的联盟网络有利于人际互动式、媒介传播式和实物式转移的知识共享。

（四）网络不稳定性与联盟网络中的知识共享

联盟网络长期稳定的合作关系可以促进合作伙伴之间的知识沟通和流动。联盟网络的不稳定性会给网络知识流动制造障碍。

联盟成员关系破裂是最常见的联盟不稳定的形式。一个高度不稳定的网络可能会限制社会资本的产生。第一，企业间的关系断裂最直接的影响是破坏了的合作关系，破坏了知识流动的通道，阻碍了知识的流动，即使是显性知识。第二，离开网络的企业成员可能带走有价值的知识资源，包括其自身的知识和通过学习从伙伴那里获得的知识，降低了网络的知识存量。第三，关系断裂破坏了长期合作形成的信任、稳定的关系，降低了知识共享的意愿。企业获得知识后退出网络的行为，会引发联盟网络其他伙伴的担心和不安，对合作伙伴提供知识的可信性产生怀疑，从而降低了网络成员分享知识的信心和动力。出于自我保护的目的，联盟成员会增加知识保护的措施，降低各自知识的透明度，增加单方面获得知识而不提供知识的机会主义行为，缺乏信任，最终导致整个网络共享知识失败。

可见，合作关系破裂，无论是简单的设备、生产线转移，文档文件的交换、电话邮件，还是人员互换和专家转移等，都是没有办法实现的。

关于稳定性与知识共享提出的命题是：

联盟网络的不稳定不利于人际互动式、媒介传播式和实物式转移的知识共享。

二、认知维度下的联盟网络中知识共享分析

对于联盟网络而言，联盟伙伴对合作的共同认知和理解，可以简化网络成员的行为，影响他们对知识共享活动的认知和参与行为，进而影响知识共享的效率。

（一）共享目标与联盟网络中的知识共享

企业建立战略联盟往往是为了实现共同的目标，为了应对激烈的市场竞争，或是为了实现共同研发、共同营销、联合生产，或是为了获得资源

优势互补等。构建战略联盟的目标影响着企业的行为倾向，联盟成员的共同目标对网络内的知识共享行为有促进作用。

首先，共同的目标可以减少矛盾冲突的产生和知识保护。当联盟企业的目标不一致时，就会出现冲突。相互冲突的企业协作时，常常导致挫折和不满。在目标不一致的情况下，合作者就会采取措施进行不同程度的知识保护，减少共享的投入，甚至采取不利于他人的机会主义行为，妨碍了知识的共享。

其次，共同的目标有利于联盟伙伴形成对合作共享价值的一致理解。有了共同的目标，联盟伙伴对"合作和知识共享的价值"才能产生一致的理解和认同，这可以克服认知上的障碍，促进知识特别是隐性知识跨组织边界间的传递，使联盟伙伴更加愿意与其他企业分享有价值的知识，并且接受知识向竞争者溢出而引发的风险。

可见，共享的目标可以引导联盟网络成员进行知识共享投入与合作，提高自己企业知识的透明度，自然会提高实物式转移、媒介传播式的知识共享的程度。同时，共同的目标可以促进合作企业人员在互动中建立友好关系和安全感，这样有利于在"干中学"、在互动中学习，有利于联盟网络伙伴之间的人际互动式的知识共享。

关于共享目标与知识共享提出的命题是：

联盟网络伙伴拥有的目标共享程度越高越有利于人际互动式的知识共享；

联盟网络伙伴拥有的目标共享程度越高越有利于媒介传播式的知识共享；

联盟网络伙伴拥有的目标共享程度越高越有利于实物式转移的知识共享。

（二）文化差异与联盟网络中的知识共享

联盟文化是伙伴企业在长期合作关系中形成的共享的价值观、信念、行为准则等，这些虽然是无形的，但是它的作用和影响力量是巨大的。联盟企业的背景和文化的差异性会影响联盟网络伙伴之间的知识共享。

1.文化差异类型

联盟网络中的文化差异主要包括两个方面：一个是处于不同国家背景

下的企业所形成的国家文化差异，另一方面是企业自身组织文化差异。

（1）国家文化差异

文化具有明显的继承性和地域性特征。战略联盟的企业由于来自不同的地区，甚至是不同的国家，其自身文化背景具有很强的异质性，便出现了“文化差异”。比如美国等西方国家推崇个人主义，而日本等东方国家推崇集体主义：东方文化强调一种含蓄表达，西方文化则强调一种坦白直率的表达。由于不同国家文化背景下的员工在语言、思维方式、价值观念和对待学习的态度等方面都存在很大差异，这就需要双方花费更多的时间和精力来进行协调。

（2）企业自身组织文化差异

组织文化是由组织精神、价值取向、经营理念、行为定位等反映出来的组织内在表现和广泛共享与认同的价值观。每个企业都有各自的历史、经历、观点与信仰，有其独特的人力资源管理传统和实践，独特的经营管理风格，因此也就形成了各自独特的企业文化。有学者认为联盟内不同的企业由于工作流程与企业文化的不同，其知识管理的模式也会有所差别。这些都会使得员工的思想意识和行为方面，以及对知识共享的认识上产生差异。

2.共享文化与联盟网络中的知识共享

联盟伙伴的接触是从文化的接触开始的，文化的差异促进学习，会引起合作伙伴的学习兴趣。但是，联盟网络运作中的分歧却主要源自文化的差异。不同文化背景下的合作伙伴在合作中难免发生管理方式甚至价值观的碰撞，致使联盟效率低下。联盟伙伴间的文化差异是知识转移的主要障碍，它所带来的障碍在许多方面都可能产生破坏性的后果。

第一，成员间文化的差异会导致文化冲突，阻碍知识在联盟内部的流动与转换。如跨国联盟的文化差异、语言差异和民族差异，或者是企业价值观、思维方式、道德准则、管理风格等方面的差异，会导致企业的文化冲突。源于文化差异的冲突和误解常常会导致知识转移的不畅和学习效率的下降。雷诺与沃尔沃在汽车研发上的合作并没有取得成功，其主要原因是文化上的冲突导致合作进程非常缓慢，知识转移不通畅。

第二，成员间文化的差异必然导致联盟企业员工之间的沟通障碍。不同企业文化背景下的合作研发人员在行为规范上存在差异，这种差异性会导致对待同一事物的观点会产生分歧，从而影响知识共享的效率。如果网络成员具有共享的价值观，则能降低沟通障碍与投机主义。

第三，成员间文化的差异影响知识发送企业对知识的开放程度、知识接收企业的学习意愿等。由于联盟各方的认识差距，对于知识共享价值的认同程度不同，就会出现对知识的过度保护、对转移的知识产生怀疑以及机会主义行为。再加上语言上的障碍和理解上的差距会降低知识的关联性和相关性，从而影响组织间知识转移的效率。

可见，无论是对文化差异敏感的人际互动式的知识共享，还是对文化的敏感性较弱的媒介传播和实物式转移的知识共享，总的说来，网络成员间如果有共同的认知、规范、信念以及拥有共同的愿景和经历时，则有助于成员间知识的交换。共享的联盟网络文化有助于消除成员间沟通和合作的障碍，可以培育合作伙伴的学习欲望和对网络的认同，促进知识共享。

关于共享文化与知识共享提出的命题是：

联盟网络伙伴拥有的文化共享程度越高越有利于人际互动式的知识共享；

联盟网络伙伴拥有的文化共享程度越高越有利于媒介传播式的知识共享；

联盟网络伙伴拥有的文化共享程度越高越有利于实物式转移的知识共享。

三、关系维度下的联盟网络中知识共享分析

信任是联盟内实现有效知识共享的基础，合作伙伴彼此信任的程度对知识转移活动和转移效果产生正面影响。联盟企业之间的彼此信任可以通过改变联盟网络结构、增进沟通和加深关系以提升联盟网络的社会资本，促进知识共享。

（一）网络结构化促进

网络结构化促进，就是指信任通过改变联盟网络的网络结构来间接影响知识共享。信任可以增加成员间的了解和沟通，可以影响网络的结构特征进而影响知识的共享。

1.信任能够增加联盟网络的整体密度

由于信任的传递性，联盟网络中已有的信任关系会促进新的信任的产生。在联盟伙伴中，如果A信任B，B信任C，则A与C之间很容易产生信任关系，一般被称作第三方信任。第三方信任会给网络整体带来更多的信任关系，促进新合作关系的建立，从而迅速增加了网络的密度，丰富了知识流动的通道，促进知识共享。

2.信任可以提升个别企业在联盟网络中的中心性

联盟网络中具有良好声誉和良好合作历史的企业，通过与其他企业建立的信任关系，能够得到其他成员的高度信任和优待，进而提升为联盟网络的中心企业。该企业在网络中占据着中心位置，能够对网络中的资源和知识的流动进行控制和协调，发挥促进知识转移的作用。

3.信任可以提高网络稳定性

成员伙伴之间的高度信任，充当了联盟日常运行的主要协调机制，显著降低了交易成本和机会主义行为。信任的扩散和机会主义“违规行为”信息的迅速扩散，使得做出贡献的成员得到信赖而追求私欲的成员受到制裁，有利于网络规范和惩罚机制的形成，促进了合作关系的巩固和发展，从而增加了组织知识的透明度和开放度，促进知识流动。

（二）网络关系化促进

网络关系化促进，就是指信任通过增进联盟网络的成员关系来间接影响知识共享意愿、能力和渠道等以促进知识共享。

1.信任可以提高联盟企业知识共享的意愿

信任对网络成员分享知识的意愿具有关键影响。联盟伙伴面临的风险降低了知识共享的意愿。比如，提供方担心知识共享后自己进行知识垄断和讨价还价的能力就会减弱；因为接受方错误运用所获得的知识，并造成了不良后果，而使自身的知识水平和道德水平就会受到质疑；暴露自己的弱点而遭人利用。同样，接受方向提供方寻求知识，不仅表明了自己某方面的能力不足，而且也等于承认了自己对提供方的依赖性。其次，接受方怀疑提供方知识的正确性和价值，在运用这些知识之前对其可靠性进行验证，需要付出额外的资金、时间和精力。当双方感到共享知识的风险很大时，他们就会通过拒绝提供或运用知识等防御性措施来减小或避免这种风险。

但是，如果双方的信任水平比较高，他们就会对对方的行为做出积极的预期。比如，知识的提供者相信接受方会回报自己，不会成为竞争对手；接受方相信对方提供的知识是有价值的并且可靠，对方也不会利用自己所暴露的弱点。

这都会减少自己对接受方的防御性行为，提高知识共享愿意。可见，高度的信任会增加知识转让方的转移知识的动力，减少企业自身知识外流风险的防范；让知识接受方可以确认知识的可信度和价值性，积极接受并加以吸收和利用。

2.信任可以提高联盟企业知识共享的传递能力和吸收能力

有学者认为，合作伙伴之间的有效学习取决于建立相互信任的组织氛围。知识共享双方彼此高度信任，沟通频繁，对彼此的思维方式和知识背景比较熟悉。共同的知识背景使双方具有一定的知识重合度，缩小了知识距离，对于知识的传递和吸收都有促进作用。

由于双方彼此了解，知识需求方很容易知晓自己所需要的知识在哪里，简化了复杂的知识搜寻过程，也更熟悉知识提供者传递知识的方式和方法；同样，知识提供方更加了解知识需求方需要什么样的知识、容易以哪种方式接受新知识，并能够以其愿意并容易接受的方式将知识传递给它；信任促进了共享双方的共同语言和共同知识的形成，奠定了知识传递和吸收的基础，有利于将知识准确、无误地表达出来，避免错误理解，提高共享知识的效果。

3.信任可以扩大联盟企业知识共享范围和渠道

知识共享双方之间的信任程度越高，彼此之间的沟通和交流就越频繁，交流的内容就越多，范围就越广。当合作双方信任关系持续增长时，信息流量也会持续增加。联盟网络伙伴间的关系网络越密切，所建立的知识共享渠道和所采用的知识传播媒介就越丰富，不仅促进联盟内的正式沟通，更促进组织之间的非正式沟通。

许多公司之间的信息交换和知识流动都是通过非正式渠道和关系进行的。基于感情和信任等关系建立的非正式的沟通和交流渠道，更有利于企业员工倾听、吸纳和采用对方知识和技能，牢靠的信任关系加速了知识的传导，特别是隐性知识的传导。

总之，在联盟网络内部营造理解和相互信任的氛围，可以在一定程度上规避成员的不合作行为。随着信任程度的增加，无论是实物式转移、媒介传播式的知识共享，还是人际互动式的知识共享，都会因社会资本的提升、联盟伙伴的知识共享意愿、传递能力、吸收能力的提高，以及知识共享范围和渠道的扩大，得以实现。

关于信任与知识共享提出的命题是：

联盟网络伙伴拥有的信任程度越高越有利于人际互动式的知识共享；

联盟网络伙伴拥有的信任程度越高越有利于媒介传播式的知识共享；

联盟网络伙伴拥有的信任程度越高越有利于实物式转移的知识共享。

四、结构维度、认知维度、关系维度的关系分析

在联盟网络中，社会资本的三个维度是互动的。高互动强度和高网络密度能够产生共同的术语、编码和经历等，促进网络成员之间共同语言、规则的形成及理解能力的提高。随着资源交换的频度、深度与广度的加深，企业之间重复不断的交流与互动能够创造一种共同的认同和网络文化。因此，结构维度促进认知维度的提升。

随着伙伴间互动的频繁和强度的增加，有助于网络成员之间的了解，

增进彼此的信赖度，使其更愿意为合作做出贡献，并愿意承担知识溢出的风险，提升了网络成员之间的信任度。因此，结构维度促进关系维度的提升。

信任会促进网络成员之间交流与合作的意愿，能够提高企业互动的可能性。网络成员之间交流与合作的增加，有助于形成一致性的目标、价值观和网络规则，从而提高企业的认知维度资本。因此，关系维度促进认知维度的提升。

关于结构维度、认知维度、关系维度的关系提出的命题是：

在联盟网络中，结构维度促进认知维度的提升；

在联盟网络中，结构维度促进关系维度的提升；

在联盟网络中，关系维度促进认知维度的提升。

五、基于社会资本的联盟网络中知识共享分析模型

社会资本是嵌于联盟网络中的现实和潜在的资源，企业间的知识共享受到网络中的社会资本的影响。企业所嵌于联盟网络的结构、认知和关系特征的不同，决定了企业在网络中获得不同的资源和位置利益，进而也决定了网络中的知识共享效果的差异。

本书将联盟网络中的知识共享的实现形式归纳为人际互动式、媒介传播式和实物式转移三种知识共享。基于以上论述，本书提出以下分析模型，如图6.4所示：社会资本对知识共享起到了重要的促进作用，具体可以借助社会资本的结构特性、认知理解和关系资本三个维度的关系强度、网络密度、网络中心性、稳定性、共享目标、共享文化以及信任关系七种网络要素，来衡量社会资本对网络中的人际互动式、媒介传播式和实物式转移三种共享形式产生影响和作用机理。同时三个维度的相互促进，提升了整个联盟网络的社会资本。紧密的网络关系促进共同网络认知的形成和信任的提高，而相互信任又有利于一致性的网络文化的培育，进一步促进网络知识的流动。

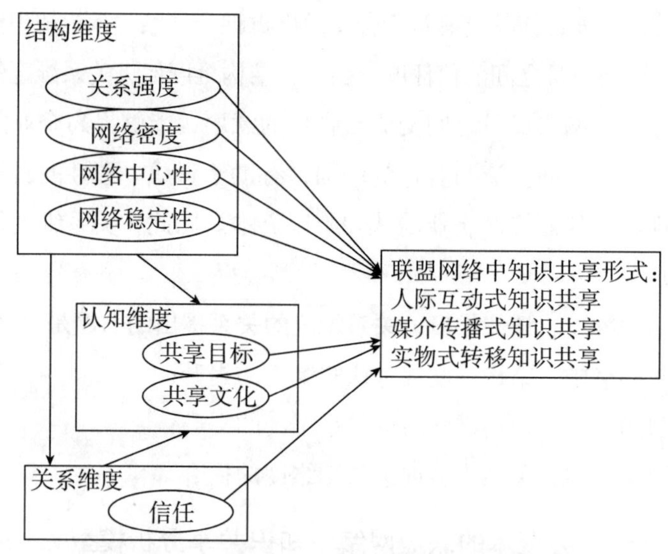

图6.4 基于社会资本的联盟网络中知识共享分析模型

第四节 社会资本对网络知识共享的综合影响

随着经济全球化发展和知识经济时代的到来，知识已经成为企业最重要的战略资源，企业之间的合作也呈现出了网络化的发展趋势。企业的知识管理活动嵌入于特定的关系网络中，社会资本是蕴含在关系网络中的一种重要资源，影响着企业的行为和绩效。本书正是在这样的背景下，研究了战略联盟网络中的知识共享问题。本书介绍了联盟网络和知识共享的含义、过程、实现形式和影响因素，以及社会资本的定义、与社会网络的关系和社会资本的结构、认知和关系三个维度的划分。在李浩和刘秀芝对联盟中知识共享研究的基础上，深入分析联盟网络中的社会资本三个维度的具体内涵，并以社会资本三个维度为框架，对两个维度下的关系强度、网络密度、中心性、稳定性、共享目标、共享文化以及信任七个要素与知识共享的关系进行了较为详细的阐述，并尝试从社会资本的角度构建一个理论分析模型。

本书的主要结论有：联盟网络中伙伴间紧密且稳定的合作关系，以及企业在联盟网络中所处的结构位置所带来的优势，会使企业更接近知识源企业，加速知识在网络中的流动；伙伴企业之间所形成的一致的目标、价值观、文化以及对网络的认知理解可以简化企业对联盟网络的合作目标和价值的理解，有助于消除成员间沟通和合作的障碍，促进伙伴之间的融合和知识的交换：长期的合作所形成的信任关系可以增进企业间的信任和默契，在一定程度上规避成员的不合作行为，促进正式和非正式的沟通与交流，有利于提高企业知识共享意愿和能力，促进知识共享互惠合作。可见，无论是实物式转移、媒介传播式的知识共享，还是人际互动式的知识共享，都会因企业社会资本的提升，促进联盟网络中的知识共享的实现。所以，联盟企业要想通过战略联盟实现有效的知识共享，必须在联盟合作中加强对社会资本的投资和积累，积极培育和管理企业的社会资本。

本书的创新点在于：第一，研究对象是联盟网络中的知识共享。联盟合作的网络化趋势越来越受到学者们的关注，它赋予了组织间知识共享新的含义和特征，使其有别于两个企业联盟中的共享行为，以联盟网络为研究背景可以从更宏观层次上认识联盟中的知识共享问题。第二，本研究基于社会资本视角，探索联盟网络中的知识共享问题。社会资本是一个具有较强解释力的概念，也是嵌于关系网络中的一种资源，并且能为研究提供一个系统的分析框架，有利于对联盟网络中的知识共享开展系统的研究。

由于个人能力有限和一些客观原因，本研究仍然存在不足之处，限于篇幅，还有一些问题需要进一步深入的研究。

（1）本书主要是基于社会资本的理论层面的分析，对提出的命题缺乏实证研究的支持。有必要将社会资本的各个维度设计为自变量，对社会资本和联盟网络中各种知识共享的实现形式之间的关系进行实证研究，进一步分析和检验相关的结论。

（2）联盟网络中知识共享是一个复杂的问题，影响因素较多。本书尚未论及社会资本以外的影响因素对战略联盟网络中的知识共享的影响，以及社会资本与组织自身因素、知识特性之间的互动对战略联盟中知识共享实现效率的影响。

（3）由于战略联盟的多样化，不同类型的战略联盟网络的知识共享存在细微差别。本书只论及一般情况下社会资本与知识共享的关系，可以对不同的类型、结构的联盟网络进行分类研究，探索联盟网络中知识共享的促进策略，以及对我国企业联盟网络中知识共享的实践等问题进行分析。这些问题将有待于更进一步的探讨，也是我今后关注和继续研究的方向。

第七章　集群的知识共享有效性

自全球经济步入知识经济时代以来，世界环境愈加复杂和多变，企业之间的竞争也愈加激烈，在此大背景下，企业的生存和发展变得更加困难。显然，企业的单打独斗已经不适合企业的发展模式。因此，越来越多的产业集群应运而生。浙江大学许庆瑞教授认为，产品或服务必须具有较长的价值链，全球化的市场，知识导向的区域这三项核心条件以及完善的辅助性机构，良好的社会资本这两项辅助条件都为产业集群的产生提供了背景条件。从地域范围上来看，无论是美国、英国、德国等发达国家，还是中国、印度等发展中国家的产业集群都得到了蓬勃发展。从产业性质上看，可以把现有的产业集群划分成传统产业集群，高新技术产业集群以及资本与技术结合型产业集群这三类。显然，各地蓬勃发展的产业集群已经成为当地经济腾飞的重要助推力。

在复杂多变的大环境下，产业集群该如何保持持续的竞争力并不断地挖掘自身潜力，取得创新？进行有效的知识管理无疑是很有必要的。除了要管理好企业自身的知识之外，集群企业之间进行知识的共享也是获取知识的良好渠道。通过知识共享，企业首先可以汲取到本身不具备的知识，作为自身知识的补充，也可以通过共享活动，以其他企业为参照物，找出自身不足，加以改之。然而在共享的过程中，并不是所有的知识共享都是有效的，从知识共享涉及的主体来看，知识共享的发出方可能会担心核心知识一旦被共享，竞争优势会随之消退，会对核心知识的保护，影响知识共享的最终效果。从知识共享的接收方来看，接收方对共享的知识的吸收能力也是知识共享效果的影响因素之一。因此，从知识共享有效性来看，对有效性的维度的研究是很有必要的。

知识管理作为集群产业保持蓬勃发展态势的动力源泉，早已得到了学术界的重视。在不少领域已经取得了相应的研究成果。尤其是国外的研究理论异常丰富，在深度、广度上都得到了延伸。相比较而言，国内的研究则相对零散，缺乏系统性。鉴于国情的特殊性，国外的研究成果并不一定适合中国。因此，从实际国情出发，研究知识共享的有效性是非常具有理论意义和实践意义的。笔者在查阅了相关文献之后，发现了现有研究主要有以下几个方面的不足。

第一，从研究方法上看，主要偏重于实证研究，案例研究则相对较少。

第二，从研究行业上来看，研究行业相对杂碎，而且偏重于个案研究，对集群的研究则相对较少，使研究成果缺乏一定的说服力。

第三，从研究内容上来看，对知识共享的研究主要集中在知识共享必要性，知识共享影响因素，知识共享的阻碍因素等方面，对知识共享的有效性还是仍旧停留在做出相应建议的层次上，而对于怎样去衡量有效性即有效性的维度的研究基本空白。

以上研究上的不足，也给本书所作研究提供了研究空间。因此，笔者试图以案例研究方法，将笔者得到的第一手访谈资料与软件园内企业之间的知识共享的途径进行了分析，得到集群产业知识共享有效性的四个维度，希望能对现有理论进行补充。

本书所作研究是对产业集群同知识共享在理论和实践上的一种结合。在论文开始之前，笔者进行了相关文献的阅读，发现了知识共享理论的空乏之处，并以此为切入点，同产业集群理论相结合，力求创新，对现有理论进行了丰富和补充。在文献整理和访谈工作的基础上，进行了资料整理和分析，最终总结出了知识共享有效性的四个维度，为未来的研究做了理论铺垫。依据本书所得集群产业知识共享有效性的维度，将知识共享理论和知识转移理论，交易成本理论等相结合，较深入地了解对知识共享有效性的评判因素，为集群企业的知识共享活动做出理论指导。

在知识经济时代，企业能否取得成功和维持良好的发展，主要取决于对知识的管理。倡导沟通和合作的知识共享已成为企业不断取得创新的关键因素。因此，对企业知识共享的研究具有深刻的实践意义。本书以软件园为例，试图通过访谈的方式深层次地了解园区内集群企业知识共享的现状，了解园区内现有的知识共享的途径，以及各个途径所取得的效果，对园区内的知识共享现状做出合理评估。大连软件园内产业属于高新技术产业，工作人员包括系统工程师、程序员、网络工程师等，这些人员的工作带有创新性。如果单方面靠自己目前拥有的知识进行创新活动，往往会受到制约，合作与沟通显得尤为重要。本书通过对知识共享有效性的研究可以给他们带来实际的指导意义。

第一节　产业集群中的知识共享

一、产业集群

对产业集群的研究最早可以追溯到经济学家马歇尔。马歇尔对外部经济和产业集群之间的关系进行了阐述。他将产业集群看成是经济外性的必然结果。马歇尔将外部经济概括为三种类型：市场规模扩大带来中间投入品增多的规模效应，劳动力市场规模不断扩增以及信息技术的交换和扩散。其中，前两种是金钱外部性，即规模效应带来外部经济，后一种是技术外部性，由信息技术带动外部经济发展。他将产业集群形成的原因归结为基于外部经济中获得最大效益而形成的相关企业的自然耦合，也正是因为这种自然的耦合，基于企业集群而形成的经济外部性又进一步加速了集群规模的扩大。这种经济增长和经济活动空间集聚的自我强化模型是产业集群形成的理论基础。

阿尔弗雷德·韦伯（Alfred Weber）创立了工业区位理论，并且详细地论述了工业区位的概念，韦伯认为，从微观企业本身来看，企业是否靠近某个区位取决于两个因素：集聚带来的利益和付出的成本。20世纪90年代以来，区位经济理论又以新熊彼特主义观点为依据，将技术变更、创新、贸易分析、经济增长相结合，对产业集聚创新体系进行研究。

克罗格曼是继马歇尔之后第一位将区域问题同规模经济、均衡、竞争等经济学常见研究问题结合在一起的主流经济学家。他也高度关注了产业集聚，他认为规模经济和经济活动的聚集是紧密相连的，并最终带来递增收益。克罗格曼对马歇尔的三要素分析框架表示赞成，但是他并不认为技术外溢是集群形成的最重要的原因。他认为，只有高技术聚集的区位才容易产生技术外溢，但就美国当时的情形来看，集群产业的主流是制造业而非高技术产业，而且，一旦形成技术外溢，其作用不仅局限于某个地区，而是向外扩散至全国，甚至是全世界都会受到技术外溢的影响。

巴卡提尼（Becattini）将社会学知识渗透到经济学研究领域，他认为“马歇尔产业区”是“一个社会地域的经济实体”。格兰诺维特（Granovetter）提出了根植性（Embeddedness）的概念，认为经济主体之间的交易“根植”（Embeddedness）于社会关系当中。哈里森（Harrison）认为，产业区模型实际上展示了经济关系实际上是根植于更深层次的社会结构之中，由此形成的强大力量使得在当地不断地促成一种自相矛盾的竞争与合作的关系，这种自相矛盾并非实质上的矛盾，只是一种表面现象。

林·米特卡（Lynn Mytelka）根据集群产业的发展水平和内在社会经济关系将集群分为创新型集群、有组织的集群和非正式集群。彼特·克劳瑞格（Peter Knorringa）以马库森（Markusen）对产业区的分类方法为鉴，将产业集群归类为集群轮轴式产业集群、集群卫星式产业集群和意大利式产业集群。

比利时鲁坟天主教大学教授雅克·弗朗科斯·蒂斯（Jacques Francois Thisse）和日本京都大学经济研究所（KIER）藤田昌久（Masahisa Fujita）教授共同著作了《集聚经济学》（*Economics of Agglomeration: City, Industrial Locationand Regional Growth*），首次为家庭和企业集聚提供了统一的经济学框架依据。

近年来，经济学家迈克尔·波特为产业集群的进一步研究做出了很大贡献，改变了对产业集群理论的研究一直处于经济学界边缘的研究状态。波特在1990年和1997年分别发表了《国家竞争优势》和《哈佛商业评论》。其中，在《国家竞争优势》中正式提出“产业集群”这一概念。波特在文章中提出了一些具有开创性的判断和命题。“波特的钻石体系理论系统的论述生产要素条件，需求条件，支援产业与相关产业，企业战略、结构与竞争状态等因素是如何影响产业集群的演进，为产业集群理论的发展作出巨大贡献。”

以欧洲创新环境研究小组（GREMI）为代表的区域经济研究学派，将创新活动同产业的空间集聚紧密相连，并提出了“创新环境”（Innovation Milieu）的概念，强调产业区内的集体效率（Collective Efficiency）和创新主体，以及创新行为所产生的协同作用。

联合国经济发展与合作组织（OECD）对产业集群的研究与欧洲创新环境研究小组（GREMI）的研究相似，也是从国家创新系统的角度出发，将国家创新系统的研究分为两个阶段：第一阶段是对国家创新系统中知识分配能力评价体系的研究；第二阶段则进一步深化了对国家创新系统的研究，研究主题更加详细。其中，产业集群作为研究主题，研究范围包括对集群概念的界定、集群的创新方法、创新类型等的研究。

北京大学的王缉慈教授将产业集群描述为“新产业区”现象，强调创新、网络协同、专业化分工、社会文化环境根植，以及柔性生产地域系统（Flexible Production Territorial System）。她在专著《创新的空间——企业集群与区域发展》中，兼容了波特的社会学理论和集群结构分析。

南京大学梁琦教授顺延了克鲁格曼的研究方法，对产业集群进行了三个层次的解析。仇保兴博士在《小企业集群研究》中，从历史、概念、一般理论分析等角度对小企业集群进行了详细分析。

本书既从历史的角度也从观点的角度对产业集群进行了理论总结，以马歇尔产业集群理论研究的创始人，不断地将产业集群将各个领域进行拓展和总结，不断地丰富了产业集群理论，本书试图将产业集群知识共享作为研究内容，从知识共享的角度进一步丰富产业集群理论。

二、知识共享

作为知识管理的一部分，知识共享越来越受到国内外学者的关注，已经成为国内外学者研究的热门话题。各国学者对知识共享的概念还没有达成统一，而是从不同的角度进行了界定。

蒂斯（Teece）最早提出知识共享的思想，他将知识共享的本质概括为个人与个人之间、个人与组织之间、组织与组织之间隐性知识和显性知识的发送与接收过程。这种发送和接收的过程通过媒介而连接，并由此而形成一条知识共享链。野中郁次郎（Nonaka）和竹内弘高（Takeuchi）在对知识的研究中将知识分为隐性知识和显性知识，并认为知识共享就是显性知识和隐性知识相互转化的过程，不同的互动方法、不同的结果形成了知识的创新。圣吉（Senge）从组织学习的角度出发，认为知识共享带有一定的主观意愿，知识的发出方愿意将知识转移给知识接收方，为知识的接收方提供相应的帮助，帮助知识接收方将获取的知识进行学习，并转换成自己的行动力。达文波特（Davenport）和普赛克（Prusak）将知识共享概括为如下公式：知识共享=知识转移+知识接收。认为知识共享受到两个因素的影响：知识转移过程和知识接受者吸收能力，先是由知识拥有者进行知识传递，然后由知识接受者加以吸收，同时具备传递和吸收过程的知识共享才是完整的知识共享。迪克森（Dixon）提出知识转移的目的在于共享共同知识，而且在共享的过程中会因为杠杆效应的存在持续创造出新的共同知识。康明斯（Commings）认为，知识共享是人的共享，是在人际关系的互动过程中完成的，组织成员选择的共享对象不同，其共享的知识和取得的效果也会不同。

国内学者对知识共享的研究中，谢康等人将知识共享看作是企业知识管理的核心，将企业的知识优势同国家知识优势相结合。知识共享构造企业的知识优势，进一步形成国家的知识优势，是知识在企业内不断扩散、吸收和应用的过程。林慧岳和李林芳认为知识是从知识拥有者到知识接收者的扩散过程，这一概念是从社会学角度来解释的。谭亚丽从人力资源的角度来分析，赞同达文波特（Davenport）和普赛克（Prusak）的研究观点，认为知识共享是知识的传递和吸收的过程。台湾学者林征攀等人主要从企业内部出发，将知识共享定义为员工自愿将自己拥有的隐性知识或是显性知识通过不同的方式与他人共享，并帮助同事将共享知识转化为自己的知识并能重复使用的过程。陈力从企业文化角度出发，认为企业应该营造知识共享的文化，让员工在适当的情况下自愿的将从企业中获得的知识贡献出来与人分享。杨溢认为知识共享是知识从个体转向群体的过程。

国内外不同学者对知识共享的研究是从不同的角度进行的，但是都是围绕知识共享的本质来定义的。本书认为，知识共享是个人与个人之间、个人与组织之间、组织与组织之间，为了达到共享目的，通过各种共享途径和方法所进行的显性知识和隐性知识的转移和吸收，并最终实现知识创造和成果创新的过程。

从20世纪90年代开始，越来越多的学者开始了对知识共享过程的研究，其中，日本学者野中郁次郎（Nonaka）的研究最为深入，他于1995年提出了著名的SECI模型，此模型的主体包括两种知识类型：显性知识和隐性知识，三个共享层面：个体、群体和情景；将知识传播分为四个过程：内在化、外在化、社会化、结合化。Weiss（魏斯）将知识共享的过程分为知识收集过程和知识连接过程两个阶段。Hendriks（亨德里克斯）认为，知识共享接收者接收知识学习知识的过程是知识重构的过程，对于知识提供方提供的知识，知识接收方需通过阅读、模仿、理解等方式加以转换，这种连续的沟通过程则是知识的共享过程。Davenport（达文波特）和Prusak（普赛克）认为知识也有市场，知识共享的过程就是知识参与市场的过程，在知识市场上，买方、卖方、市场参与者，都可以通过市场参与活动获得收益。Lin（林）等认为知识共享涉及知识共享和知识贡献两个过程，是个体和组织交换知识并创造新知识的过程。

国内学者对知识共享过程的研究相对较晚，从2000年以后才出现一些研究成果。孟鲁洋等人简化了知识共享的过程，简单地将知识共享过程分为知识拥有者的知识外化过程和知识获取者的知识内化过程。周九常提出了问题解决型的知识共享，认为知识共享是在遇见问题时为了解决问题而寻求的知识共享。刘丽萍认为，知识传递有三种方式：单向传递、双向传递和多项传递，其中，多项传递成本最小、效率最高。杨溢认为多个知识共享过程同时进行，并且相互交织，形成复杂的循环回路，在这个过程中实现知识共享。左美云将知识共享原则概括为信任、公开交流、学习和共享四个原则。有效的知识共享需遵循这四个原则。徐勇认为，知识共享是在三中情况下推动进行的：命令带动式、个人行动推动式和利益诱导式。

目前，对知识共享过程的研究比较具体，也是非常有必要的。只有对知识共享的过程进行充分的了解之后，才能在知识共享过程中做到有的放矢，使知识共享更加有效。

野中郁次郎（Nonaka）和竹内弘高（Takeuchi）将知识划分为显性知识和隐性知识。其中，显性知识可以进行编码，通过符号、文件等方式来表示，容易交流和沟通；隐性知识则不能通过语言、符号等来表示，很难明确的进行表述和说明。在知识共享的过程中，显性知识容易进行共享，隐性知识的共享则要复杂和困难的多。达文波特（Davenport）和普赛克（Prusak）认为，知识在不同的员工和不同的部门之间呈不均匀分布状态，个别人和个别部门掌握着远多于他人的知识，这就加大了知识共享的难度和成本，对组织内部的知识共享是极为不利的。胡婉丽与汤树昆认为知识的性质、文化的差异对知识共享是否有效有重要作用。宋建元和陈劲认为，隐性知识对企业的核心竞争力有着基础作用，知识共享是否有效主要取决于隐性知识的特征、知识拥有者的传授能力、知识接受者的吸收能力、互惠程度和信任程度等影响。

从个体角度来说，知识共享的动机很重要，但是国内外关于知识共享的动机的研究非常有限。赫茨伯格（Herzberg）认为，成就感、责任心、对工作的认可度、被重用的机会以及工作的挑战性共同构成了知识共享的动机。达文波特（DavenPort）和普赛克（Prusak）从互惠的角度分析，双赢的结果以及对名望的追求影响了知识共享的行动。罗伯特（Robert）认为信任是影响组织员工内知识共享的影响因素。巴拉萨布拉曼兰（Balasubramanian）和劳斯（Roth）通过实证分析研究了心理安全感对知识共享的影响。研究发现，知识共享是在高度的心理安全感的情形下发生的，心理安全感对知识共享的促进作用与信任程度也有关系，通常，员工对所共享的知识的信任程度越高，心理安全感对共享起到的促进作用越低。林（Lin）在对理性行为理论的研究中融入动机观点，将内部动机（知识自我效能感和帮助他人带来的快乐）和外部动机（期待组织的报酬和互惠的益处）对知识共享意愿的影响进行了实证分析。胡佳雯、陈智高指出对合作者的信任以及知识共享后的满足感对知识共享的效果会产生显著的影响。

林（Lin）通过对知识共享文献的综述得出了知识共享的四个影响因素：员工、领导、企业文化和信息技术。沙因（Schein）认为，积极地共享文化对知识共享有着强大的精神力量，这种力量使员工乐于主动与他人分享自己的知识。康奈利（Connelly）和 凯拉韦（Kelloway）认为组织当中，管理层的对知识共享的支持对知识共享起到促进作用，因为在组织当中，员工更倾向于与管理层保持一致的行动，如果在共享过程中，共享者感觉到了管理者的支持，共享意愿会更加主动和强烈。因此，扁平化的组织结构似乎更利于知识的共享。斯塔瓦（Srivastava），巴托尔（Bartol）和洛克（Locke）与以上研究保持一致，认为越是分权的组织结构对知识共享越能够起到促进作用。菲林（Ferrin）和 德克（Dirks）的研究当中指出激励结构会影响到个体的知识共享。斯潘塞（Spencer）发现，具有竞争关系的企业间的知识共享也会对组织绩效产生重要影响，甚至是与竞争对手共享知识比不共享知识的企业能取得更好的绩效。我国学者曾萍、蓝海林、谢洪明认为组织因素、人际因素、主体因素、客体因素、共享平台等共同构成知识共享的影响因素。赵星通过实证研究发现，领导机制也是知识共享的重要影响因素。

作者简单的将知识共享的影响因素归纳为知识因素、个体因素和组织环境因素这三个部分，与本书研究的知识共享的有效性有着密切的联系。知识的显隐性、个体对共享知识的理解能力以及组织是否创造了有利于知识共享的环境直接关系到知识共享是否有效。因此，这三个角度也成为了学者们研究知识共享影响因素的重点。

在20世纪90年代中期以前，产业集群知识活动管理的研究尚未完善，学者们大都侧重于对集群生产活动的研究。从90年代中期以后，对知识管理活动的研究才渐渐完善起来。

目前，对于产业集群的研究更偏重于企业关系的研究，对知识联系的研究相对较少，因此，对企业间知识共享的研究是很有必要的。欧文·史密斯（Owen Smith）和鲍威尔（Powell）认为，集群企业共享知识的来源可以是企业内部，也可以来自企业的战略伙伴甚至是具有竞争关系的对手。劳森（Lawson）和洛伦兹（Lorenz）认为，基于信任的关系，在企业间在开始合作的时候知识共享可能并不充分，可以先进行小规模的合作，随着信任度的增加，也逐步增加合作的规模和等级。

一些学者通过实证分析对企业集群间的知识活动进行了研究。萨克森（Saxnenia）对美国硅谷和128号公路进行了比较研究，认为导致两个集群形成不同竞争力的原因在于制度环境和文化背景的差异。硅谷提倡创新性文化，这种文化塑造了激烈的竞争环境，而128公路则提倡集权，造成了竞争力的疲软。可见，塑造积极地文化环境对集群竞争力的影响是很重要的。出石（Izushi）对英国威尔士地区的考察发现，地方政府或者是专门的组织协调对集群企业间建立合作关系，进行知识共享有着积极地促进作用。邱兆民、许孟祥等从网络的视角进行了实证分析，指出了集群间社会互动关系、资格认同、信任、共同的知识背景等因素与知识共享的效果正相关，企业间的共同愿景则与知识共享的次数显著负相关。安德里森（Andriessen）等对组织联盟的知识共享进行了相关研究，得出它们关系的紧密程度、合作的需要、相互信任、合作动机和知识吸收能力等因素会影响知识共享的效果。布雷特（Brett）从知识溢出的角度进行研究，由于地理优势，能够优先获得更多溢出的知识，对于企业的成长和创新业绩的提高非常有利。

我国学者对集群间知识管理的研究也取得了相应成果。叶建亮通过对浙江省企业集群现象进行研究，从新经济增长理论的角度来解释知识溢出的理论。他认为，知识溢出导致企业集群，溢出程度决定集群规模。因为知识溢出会导致企业间的恶性竞争，他认为依靠对知识的保护并不能阻止这种恶性竞争。随着企业对专业性知识的要求越来越高，集群组织逐渐分化，极有可能被企业的一体化所替代。高闯认为知识溢出对企业有利，可以降低创新成本和投资风险，提高企业知识累积水平，激发企业内部创新活动，从而提高集群的竞争优势。黄志启和张光辉认为，对于知识溢出者来说，溢出是有风险的，可能会导致竞争优势丧失，投资难以收回，但是对集群和社会的发展还是起到了积极的带动作用。原长弘和姚缘谊认为，知识共享所处的环境会影响知识共享的效果。也有不少学者从实证角度进行分析，葛昌跃认为企业集群的知识共享效果与企业集群人文环境、文化、外部竞争力、知识特征等因素有关。国内的部分学者从集群学习的角度对集群中的知识共享进行了研究。企业集群学习是指集群中的组织在共享的文化氛围和制度环境下，在解决共同问题时协调行动而产生的知识的社会化累积过程。仇保兴认为，文化因素和文化背景从某种程度上影响了企业集群学习，表现为集群企业对根植文化的认同。魏江、魏勇对企业内部学习流程和学习环境等方面进行了研究，认为集群学习是培养集群竞争力的基础，并提出了集群创新系统结构模型。宁烨、樊治平等人从知识共享效益和成本的角度来分析，认为知识共享的每一方都在试图寻找共享成本和收益的平衡点。姜文从知识共享主题、对象、环境和方法四个方面的研究入手，对网络组织间影响知识共享的因素进行了研究。陈夏生、李朝明在前人的研究基础上，总结出了影响集群企业知识共享的主要因素：1.既得利益的保护心理；2.知识共享的能力；3.企业文化差异；4.集群间知识共享程度的选择。李永峰、司春林是从信任的角度来研究，认为信任感会影响集群企业间的协作。

基于以上研究成果的总结可以看出，集群企业间的知识管理活动越来越成为学术界的研究的热点。目前，国内的研究尚不成熟，伴随着集群企业的不断壮大，知识管理开始呈现出新的特征，知识共享作为知识管理的重要部分，对企业的发展愈加重要，所以，对集群企业知识共享的研究是非常有价值的。

第二节　研究设计

一、研究方法介绍

本书研究的内容是集群产业知识共享有效性的维度，目前对知识共享有效性维度的研究主要集中在理论层面的推导或是理论模型的构建，大多数都停留在用问卷调查法和实验法进行研究，缺乏一定的实践基础，很难真正地总结出集群产业知识共享有效性的维度，并且，本书属于探索性的研究，故本书采用进行实地深度访谈的资料收集方法，对大连软件园这一集群产业进行相关案例研究，试图得到产业集群知识共享有效性的维度，对集群产业的知识共享进行理论指导。案例研究方法在国内开始较晚，但是已经引起了研究者们的重视，目前发展态势良好，并已经取得了不菲的成绩。

本书属于对大连软件园产业集群的个案研究，虽然个案研究在数量上不占据优势，但是本书的研究更具针对性，笔者也从其他的方面加以补充，以求保证研究的信度和效度。林（Lin）提出了案例研究的6个证据来源：文件、访谈、档案记录、直接观察、参与性观察和实物证据即物证。并且，不同的证据资料最好在进行验证过后能够得到相互吻合的结论。这样研究者对问题的研究会更加全面而且有说服力，研究结果会更加准确。有学者提出了4种类型的证据三角形（triangulation）：不同证据来源（资料三角形）、不同的评估人员（研究者三角形）、同一资料的不同维度（理论三角形）以及不同方法（方法论的三角形）。资料来源广泛是研究结论具有高效度的必要条件[①]。后期的研究分析也综合了管理学、社会学知名专业人士的观点和意见，这些工作都为本书取得科学的研究成果做出了贡献。

---

① 为了增加本书的信度和效度，笔者在搜集资料时扩大范围，企业内部期刊、内部网站、宣传手册、不涉及机密的公司文件甚至是外界报纸、电视等媒体对企业的报道都成为我们收集资料的有效渠道。

二、案例研究对象

本书选择的案例研究对象是大连软件园——在大连市政府扶持下以“官助民办”模式运营的高新技术产业园区。之所以选择大连软件园为研究对象有以下原因。

（1）为了解决相关的IT问题，欧洲和美国的一些公司选择了印度的班加罗尔为投资区域，因为在班加罗尔英语是高等教育的语种。日本以此作为参考，许多的日本企业选择来到了中国大连，塑造了大连软件园今日的崛起，并且成为“大连软件产业国际化示范城市”的核心项目。截至2010年底，大连软件园入驻企业已经超过500家，实现销售收入280亿之多。遵循“专业化、规模化、国际化”的原则，软件及信息服务业在全球范围内得以迅速发展，并且保持了良好的增长势头，成为大连乃至全国软件外包行业的佼佼者。因此，选择大连软件园作为研究对象符合先进性。

（2）产业集群被划分成传统产业集群，高新技术产业集群以及资本与技术结合型产业集群这三类，大连软件园属于其中发展趋势最为蓬勃的高新技术产业集群，具有代表性。作者对其进行研究，希望能对全国各地高科技产业园区的发展带来理论指导。

（3）本书进行产业集群知识共享有效性的研究，要求研究对象拥有相对规范的运行体制，浓厚的知识共享氛围，丰富的知识共享途径，这样采集到的数据和资料才具有可信度。大连软件园成立于1998年，迄今已有二十多年的历史，经过笔者的初步访谈和深入访谈，认为大连软件园内运行体制很规范，企业之间合作广泛，无论办公条件等硬设施还是文化氛围等软环境都比较符合本书的研究目的。

（4）大连软件园区周圈高校云集，毗邻东北财经大学与大连理工大学等高等学府，园区周围渲染着浓厚的学术氛围，对园区内进行知识的创造、共享和交流起到了带动作用。同时，由于地理优势，便于调研和进行动态的跟踪。笔者利用地缘和学缘的优势，几度出入软件园进行初步和深入的访谈，同软件园内部的工作人员保持着正式和非正式的联系。取得了第一手资料，对软件园的发展历程和性质做了全面的了解。这些都增加了本书研究成果的信度和效度，提升了研究成果的说服力。

综上所述，选择大连软件园作为产业集群知识共享有效性的案例进行研究具有理论价值和现实意义。对于大连软件园的研究，我们采用以下步骤进行：确立研究问题、理论依据总结、初步实地调研、深度访谈资料收集、资料整理与分析、完善理论框架与研究结论。

三、案例资料采集

林（Lin）提出了案例研究的6个证据来源：文件、访谈、档案记录、直接观察、参与性观察和实物证据即物证。并且，不同的证据资料最好在进行验证过后能够得到相互吻合的结论。这样研究者对问题的研究会更加全面而且有说服力，研究结果会更加准确。笔者本着全面性的原则，通过了多种途径进行了相关资料的采集工作。

本书对案例资料的采集主要是通过公司年报、新闻媒体、企业网站等方式进行现有二手资料的采集，其次，通过电话访谈、深入访谈、实地考察、实习等方式进行第一手资料的采集工作，力求信息采集的过程符合三角测量法，提高论文研究的信度和效度。其中，对第一手资料的采集工作又分为正式和非正式两种。正式的资料采集工作主要是通过学校与导师介绍的方式对软件园内的高层及中层管理者们按提前设计好的详细的提纲进行访谈，并进行了动态的跟踪。而非正式的资料采集主要是通过朋友、同学等与软件园区内的工作人员取得联系，并且，笔者曾于软件园区内一家世界500强外企实习，对园区内的情况作了较为深入的了解。非正式资料采集是希望从宏观上对软件园区的现状加以了解，进行宏观把握。

以上资料采集的过程中，深入访谈是本书资料采集的重要方法。有学者提出："访谈"是我们了解我们生存的社会最普遍也是最有力量的方式之一。它包括多种形式，在研究上使得研究目的、对象与研究规模具有多元效用。而深度访谈则是对访谈方式的进一步深化，挖掘到更加实质的内容。从访谈对象上来看，深度访谈的对象一般是立意抽样的来的，一般是具有代表性的企业高管等专业人士，目的是得到专业人士的观点，访谈前根据主题，进行详细的问卷设计，在整个访谈过程中，最理想的状态是访问者进行引导，使得受访者的谈话内容不偏离主体，整个受访较大权重的时间都交由受访者，访问者只负责提问和引导。本书力求访谈结果与研究主题紧密相连，采用的就是这种深入访谈的方式进行第一手资料的采集。平均对每个受访者进行大约一个小时的访谈，为了确保访谈数据的准确性，同时考虑了研究动机和限制之后，征得受访者的同意，我们对每个受访者的谈话进行了录音，并在事后由受访者对录音文本进行了签字核实。

经过一系列全面规范的论文采集资料过程，笔者已经得到了有价值的研究资料。笔者对已经得到的资料进行归类整理，在论文的下一部分可以看到资料的归类成果。笔者将这些资料进行了保存，并试图形成论文写作的智囊库。

四、资料整理方案

本书根据研究主题将访谈记录整理并分类，从资料中总结、归纳并提炼出反复出现的关键词以及相关概念，并归类到相关研究主题内，如表7.1所示。

表7.1　典型资料整理与归类

主题词	关键词	典型资料
集群知识共享有效性的维度	成本	①对于一个集群来讲，有效性关注于目标，但同时不能忽略的是知识共享过程中所消耗的资源和花费的成本。 ②如果知识共享只关注于目标，在实现共享目标的过程中，耗费了大量的人力、物力、资金，证明此知识共享活动也是低效甚至是无效的。 ③有效的知识共享应该是在达到共享目的的前提下，尽可能地控制成本。 ④我们谋求以最低的成本投入尽可能地完成集群企业知识共享的目标。 ⑤在知识共享过程中所涉及的成本主要是两类资源的消耗：一类是资源类消耗，另一类是人力资本类消耗。 ⑥可以通过知识共享过程中资源的损耗程度来衡量知识共享的有效性。

续表

主题词	关键词	典型资料
集群知识共享有效性的维度	速度	①信息对于集群中的企业来说是非常重要的，及时有效的信息可以让企业掌握第一手资料。 ②如果企业进行知识共享的速度太慢，得来的知识未能及时填补企业知识的空白，导致企业做出错误的判断，那么知识共享则变得毫无意义。 ③可以将速度作为衡量知识共享有效性的维度，企业间有效的知识共享应该是快速的知识共享。 ④时效性对知识共享来说是很重要的，因此可以将时效作为衡量知识共享是否有效的维度。 ⑤通过进行知识共享，我们可以对他人已有的研究成果进行学习，并作为进一步研究的基石，这样就加快了知识流通的速度。 ⑥资源的重复利用，大大节约了企业的各种成本，有效地避免了资源的浪费，加快了知识共享的速度。 ⑦进行快速的知识共享对企业在竞争激烈的市场上做出快速反应是非常关键的。
	共享知识利用率	①不同的员工鉴于吸收能力的不同，对共享知识利用的程度也是不同的。 ②集群企业在进行知识共享时应该提升对知识的利用率，而不是单方面增加共享知识的供给数量。 ③企业间对共享的知识进行充分的吸收，既是衡量知识共享是否有效的维度，也是知识共享有效的前提。 ④基于集群内部企业文化的差异，知识拥有者的表达能力、知识接受者的对知识的吸收能力以及双方的知识经验背景上的差异，知识的共享也是有差异的。 ⑤由于吸收能力不同，知识接收者对共享的知识能否充分理解并运用到企业当中，也会直接影响知识共享的效果。 ⑥提高吸收能力主要是提高对隐性知识理解吸收的能力。 ⑦实践社区内部的人对共享知识领域都有一定的了解，因此加强了共享知识的领悟能力，由此提高了共享知识的利用率。

续表

主题词	关键词	典型资料
集群知识共享有效性的维度	共享满意度	①大多数情况下，如果共享主体对共享结果不满意的话是不会进行下次知识共享的。 ②满意度也并非越高越好。满意度的提升是有代价的，需要巨大的资源投入。 ③为了追求知识共享的满意度，一味地加大资源的投入，会给企业带来沉重的负担。 ④如果知识共享给企业带来的损失远大于知识共享带来的利益，会降低企业对知识共享的满意度。 ⑤有效性不仅从客观的角度来衡量，也可以从主观的角度来判断。 ⑥在软件园内，无论是各级管理人员，还是技术开发人员等在内的各类人员之间都会进行一定频率的私下交流。 ⑦私下交流作为一种非正式的知识共享途径就有着较高的满意度。 ⑧知识共享的双方在开放的环境下进行互动，在这种情形下，知识拥有者卸下了知识独占心理，能够在无利益的条件下与知识共享者分享一些更有价值的知识。

资料来源：访谈记录整理而成

第三节 案例分析

近年来，软件及信息服务业在全球范围内得到迅猛发展，而且，全球范围内已形成几个较为集中的软件及信息服务外包中心，大连软件园以其独特的营运模式、蓬勃的发展态势位列其中。

大连软件园奠基于1998年，由DLSP（大连软件园股份有限公司）进行投资运营，是国内领先的从事商务园区综合开发、管理和运营的专业服务商。其“官助民办”的园区开发体制开创了国内园区经营管理模式的先河。一期占地面积3平方公里左右，位于大连市西南部星海湾畔的高教科研文化区和高新技术产业区。DLSP始终秉承集聚与协作的理念，以融通、灵活的价值观服务于政府和客户，构建良好产业氛围，打造优美的生态环境，并配套商业、酒店、学校、社交等服务设施，致力于打造集产业、教育、居住、休闲配套于一体的国际化科技新城，推动中国现代服务业的发展。园区周围高校资源充沛，东北财经大学的管理型人才，大连理工大学的专业性人才，大连外国语学院的语言型人才都为软件园的发展起到了关键性作用。大连软件园成立至今，吸引了大批优秀的国内外企业入园，截至2012年底，已经有800多家企业入驻软件园，既有HP、SONY、花旗、简伯特、埃森哲、微软、DELL、思科、甲骨文等世界五百强企业，也有东软、海辉、华信、中软等国内软件行业巨头。软件园为其提供具有国际标准的专业化服务，努力开创具有中国特色的专业化商务园区的运营模式，帮助客户实现可持续的和谐发展。

大连软件园以优惠的政策、充足的人才、多渠道的资金、活跃的市场为国内外软件企业提供了良好的发展空间，初步形成了软件开发、业务流程外包、网络通信、IT教育、信息服务、软件技术研发等专业化的产业格局。十多年来大连的软件产业发展迅速，2012年预计实现销售收入920亿元，增长30%，出口28亿美元，增长22%以上，从业人员超过13万人。在产业快速发展的同时，也呈现出新的发展趋势，越来越多的外国企业不仅把大连看作是软件外包的承接地，更看作是其开拓中国信息化市场的重要着力点。

综上所述，不论是从硬环境还是从软环境的角度，大连软件园已经形成了自己的集群模式，园区内文化活动众多，交流也十分流畅，这对有效的知识共享都起到了良好的促进作用。因此，笔者认为以大连软件园为例研究知识共享有效性的维度是非常有价值的。

不加管理的知识共享只能是无序的，最终也不会给企业带来优势。知识共享活动不仅仅是个别公司面临的知识共享困境，而是整个集群产业内部，都有类似问题。因此，应该加强企业间知识共享的有效性，让企业间进行的知识共享活动给企业带来更大的收益。通过对软件园内部工作人员进行访谈，笔者最终总结出了成本、速度、共享知识利用率、共享满意度作为衡量知识共享有效性的四个维度，理由如下。

成本，是集群企业间进行知识共享的基础，任何知识共享过程都伴随着一定的成本投入。但是，应该在保证知识共享效果的前提下将知识共享的成本控制在一定的范围内，正如大连圣达信息工程有限公司曾小姐所说：如果知识共享只关注于目标，在实现共享目标的过程中，耗费了大量的人力、物力、资金，证明此知识共享活动也是低效甚至是无效的。因此，笔者将成本作为衡量集群企业间知识共享的维度，认为有效的知识共享应该是低成本的。

速度，是集群企业间进行知识共享活动过程中所涉及的关键要素。在知识共享的过程中，会涉及不同的部门和工作人员，因此会造成不同程度的信息滞留现象；又因为共享信息的时效性，要求共享知识不能滞留过多的时间，如果滞留太久，共享知识失去时效，则此次共享活动也就毫无价值，造成了此次共享资源的浪费。因此，笔者结合访谈资料，将速度作为集群企业知识共享有效性的第二个维度，认为企业间有效的知识共享应该是快速的知识共享。

共享知识利用率，是集群企业间知识共享活动是否有效的影响因素。这其中涉及知识接收者的吸收能力问题。从表面现象上看，应该努力提升共享知识的数量，实质上，应该提升知识共享者的吸收能力。正如花旗银行中国有限公司相关人士所说：集群企业在进行知识共享时应该提升对知识的利用率，而不是单方面增加共享知识的供给数量。因此，笔者将共享知识利用率作为衡量集群企业间知识共享有效性的第三个维度，认为：有效的知识共享应该是对共享知识有着较高的利用能力。

共享满意度，是集群企业间知识共享是否达到预期效果的主观体验。如果前三个维度是从客观上对知识共享是否有效的客观评价，则共享满意度则是从主观上对知识共享是否有效进行主观的评价。因为知识共享是否满意直接影响着下次是否还会进行知识共享。并且，满意度与知识共享有效性的其他维度是紧密结合在一起的，共享过程的速度，涉及的成本，对共享知识的利用都会不同程度的影响共享的满意度，进而间接的影响知识共享的有效性。因此，笔者将共享满意度作为知识共享有效性的第四个维度。

在下文当中，作者将对知识共享有效性的这四个维度加以详述。

1.成本

对于一个集群来讲，有效性关注于目标，但同时不能忽略的是知识共享过程中所消耗的资源和花费的成本。特别是知识共享过程是一个动态的过程，在这个工程中需要对成本进行动态的跟踪。集群企业进行知识共享的目的是提高企业知识储备，进而增强核心竞争力。但是，如果知识共享只关注于目标，在实现共享目标的过程中，耗费了大量的人力、物力、资金，证明此知识共享活动也是低效甚至是无效的。因此，我们谋求以最低的成本投入尽可能地完成集群企业知识共享的目标。因此，可以通过知识共享过程中资源的损耗程度来衡量知识共享的有效性。

在知识共享过程中所涉及的成本主要是两类资源的消耗：一类是资源类消耗，另一类是人力资本类消耗。其中，资源类消耗主要是指在知识共享之前所进行的知识共享平台、信息网络等硬件设施的构建和集群企业间的协调成本费用两个方面。人力资本类消耗主要是指劳动者投入到企业中的知识、技术、创新概念和管理方法的一种资源总称。在集群产业的共享活动中，人力资本比货币资本对企业的重要性要大得多，所以，对集群企业人力资本的损耗的衡量显得尤为重要。

在软件园内部，集群企业知识共享的成本具体包含以下方面：

第一，企业对教育培训所进行的投资，具体包括培训设施的摊销费用、培训讲师的薪水、带职培训人员的薪水、未入职人员培训后离职的机会成本以及减产或停产的机会成本。

第二，企业对知识共享的激励性支出，包括对知识共享做出贡献的人员的现金奖励或是可折金的物质支出、对知识共享做出贡献人员的职位晋升，这其中也包括升职前后公司支付工资的差价。

第三，园区内部各种知识共享的途径所产生的费用，例如，知识共享平台的搭建以及维护费用、为员工进行私下交流所开设的活动室的摊销费用、公司举办各种活动所产生的聚餐费、摊位费等成本费用、参与内部信息网、局域网建设以及维护人员的工资费用等。

以知识共享平台为例，知识共享平台的搭建和维护费用是知识共享所涉及的权重比例较大的成本。软件园为园区中的企业搭建了良好的知识共享平台，通过这个平台，企业中的成员可以方便、快捷地实现知识的存储、检索、传递和交流，使每一位员工获得所需要的知识，是企业员工进行知识共享的基础设施。软件园内部有着强大的信息平台系统，为企业之间、员工之间的知识共享提供了最便捷的途径。包括群件、联机讨论数据库等信息平台。信息平台之间关系密切，技术上互相支撑，对软件园内的知识共享活动起到关键作用。

在软件园内建立知识共享平台是非常有必要的，属于园区内基础设施的构建。这种信息平台的建立加快了园区内企业的工作效率和知识共享的速度，但是建立信息平台的成本费用也不可小觑，软件园在信息平台上的资金投入很大，这也降低了对其他企业的借鉴作用，因为庞大的资金投入让很多小企业望而却步。因此，虽然知识共享平台能够大大提高知识共享的有效性，也必须将知识共享平台的成本投入控制在合理的范围内。如果集群企业能够以较低的资源损耗达到企业资源共享的目标，则认为知识共享是有效的，如果不能实现企业知识共享的目标或是在知识共享过程中消耗了过量的成本资源，则认为知识共享活动是无效的。

2.速度

在集群企业间进行知识共享的最终目的是通过共享他人已有的知识，可以减少自己去探索类似问题所花费的时间和成本，避免不必要的重复劳动。因此，时效性对知识共享来说是很重要的，所以，本书中将速度作为衡量知识共享有效性的第二个维度。因为，在对某一个问题进行研究或是需要某种知识来解决时间问题的时候，都要花费很多的时间和精力去进行研究，了解问题发生的背景，并且在研究过程中可能会发生许多的困难，最终的结果可能也会不尽如人意。通过进行知识共享，我们可以将他人已有的研究成果进行学习，并作为进一步研究的基石，这样就加快了知识流通的速度，使问题得到更加快速有效的解决，而且还可以借鉴别人的经验教训，避免犯同样的错误。这种资源的重复利用，大大节约了企业的各种成本，有效地避免了资源的浪费，加快了知识共享的速度。

之所以将速度作为衡量有效性的指标是因为知识共享是有一定的时限的。信息对于集群中的企业来说是非常重要的，及时有效的信息可以让企业掌握第一手资料。因此，进行快速的知识共享对企业在竞争激烈的市场上做出快速反应是非常关键的。如果企业进行知识共享的速度太慢，得来的知识未能及时填补企业知识的空白，导致企业作出错误的判断，那么知识共享则变得毫无意义。所以，笔者认为，将速度作为知识共享有效性的维度之一，有效的知识共享应该是快速的知识共享。

在企业知识共享的过程中，关于知识共享的速度方面的因素主要表现为知识流转时间和知识流转率。所谓知识流转时间是指知识单元（Knowledge component）处在知识通道（Knowledge Access）中的时间。由于会受到一些因素（知识共享平台等硬件因素、人为等软件因素等）的影响，某些知识单元可能会快速有效地穿过时间通道，而有些知识单元则可能会长时间滞留在知识通道里，最终失去时效。知识流转率是指在某种特定的知识单位时间内流过知识通道的数量。通常，在知识共享的过程中，知识流转率越高，知识共享越有效。

以员工流动这一知识共享途径为例，可以详细地分析速度对知识共享的有效性的影响作用。大连软件园产业集群是一个完整的统一体，人才的流动并带动其所掌握的知识进行流动也是集群内部知识共享的一个重要途径。园区内的人才流动主要包括企业间的人才流动和大学向企业的人才流动。2000年，软件园与东软集团共同出资成立了“东软信息学院”，目前已有在校学生12000名，每年都会有大批的从东软信息学院毕业的专业人才流向软件园，成为软件园内技术型人才的中流砥柱。

集群内部进行人才流动的速度要远快于集群外部的企业。这主要是集群缩小了人才信息的传播范围，降低了企业对目标人才的搜寻成本；并且，集群内部企业文化相似，引进人才之后，可以以更快的速度适应企业文化，人才得以以更快的速度成长，降低了适应性成本。从软件园的一个企业跳槽到另外一个企业不需要太长时间的磨合期，可以很快融入工作。

总体上，人才流动作为一种正式的知识共享途径，被看作是集群企业知识共享的重要形式。人才的流动给企业注入了新的元素，带来了新思想、新诀窍、新技能，加快了企业内部知识更新的速度。从知识内容上来看，人才流动带来的主要是个人知识的流动，包含个人掌握的显性知识和隐性知识，驱动了集群企业各种能力的提升。人才流动为企业尽快适应外部技术和市场的不确定性带来的促进作用。这种人才流动基本上属于自主的人才流动，因此，主观性较强，人才的流入直接带来了相关知识，知识的流入伴随着员工的入职，速度上得到了保障。

3.共享知识利用率

有效的知识共享并不是无条件的，从知识共享的主体的角度来看，即使员工愿意将个人的专业知识拿出来与他人分享，知识分享也不一定达到最佳状态，一方面，如前文所述，知识共享是需要花费时间、物质和人力等成本的；另一方面，基于集群内部企业文化的差异，知识拥有者的表达能力、知识接受者对知识的吸收能力以及双方的知识经验背景上的差异，知识的共享也是有差异的。在知识传递的过程中，知识提供方可能有着积极地共享意愿，无保留地将已有的知识共享给了知识接收方，但是由于吸收能力不同，知识接收者对共享的知识能否充分理解并运用到企业当中，也会直接影响知识共享的效果。所以，笔者将共享知识利用率作为判断集群产业知识共享过程是否有效的第三个维度。不同的员工由于吸收能力的不同，对共享知识利用的程度也是不同的。所以，在探讨知识利用率这一有效性的维度的过程中，对知识吸收能力进行分析。

知识的吸收能力是指知识接受方认识外部信息的价值、吸收该信息并加以应用的能力，它依赖于知识提供方（知识源）和知识接收方之间共有知识的存量，随着时间的推进，知识提供方和知识接收方在互动过程中获取和转移知识，从而生成了更多的共有知识，提高了知识的共有程度，从而提高知识接收主体对共享知识的吸收能力。

通常，显性的知识主要通过知识共享平台、文件资料等方式来共享，编码程度高，容易识别，相对也更加容易吸收和理解；然而，隐性知识由于其编码和表达困难，在相关书籍中也难以找到，所以，对知识接收者来说，隐形的知识更加难以理解和接受，成为知识共享的难点，所以提高吸收能力主要是提高对隐性知识理解吸收的能力。所以，笔者认为，能够将知识提供方所共享的知识充分吸收利用，最终形成员工直至集群企业的核心竞争力，这样的知识共享才是有效的知识共享。集群企业在进行知识共享时应该提升对知识的利用率，而不是单方面增加共享知识的供给数量。

在软件园中，存在着多种知识共享途径，每种共享途径对共享知识的利用程度都是不同的，其中，实践社区作为一种非正式的知识共享途径具有较高的共享知识利用率。所谓实践社区是指基于某一特定领域感兴趣的人联系在一起的网络。软件园内部，借由软件园的号召力，会定期进行员工核心专长调查，组织读书会、定期讲座、专业评鉴等活动，找出跨公司、跨部门但在知识领域有专业背景者。实践社区是一个非正式的组织，为企业创造了大量的非正式沟通渠道。组织实践社区的目的是为了发展成员的能力，转移和共享知识。实践社区会自己选择自己的会员，并且只要有维持社区的兴趣存在，社区的生命就可以维持下去。

实践社区具有灵活性的特点，社区可大可小，随时可能出现新的社区和消失旧的社区，软件园走的是服务外包之路，一个项目的开始到结束不会持续很长时间，在项目成立的时候，可能会催生实践社区的形成，项目工作人员在实践社区内进行交流，共享知识，在它的运作过程当中，对不同类的知识不断地进行汇聚，以求得实现最大范围内的共享和储存，再经过个人的集体的努力，对共享的知识进行加工，创造出新的知识，实现知识的最大范围的共享；另一种运作方式也可能是工作人员不断地汇聚瓶颈问题，然后工作人员在社区内进行知识共享，寻求解决方法，如此循环往复，螺旋上升，实现知识的共享和创造过程。

花旗银行相关人士认为，软件园内一直比较注重新的通讯技术的使用，但是，园区内的员工们只与他们认识的人进行知识的共享和经验的交流，这大大缩小了知识共享的范围，具有局限性；自从在软件园内建立了实践社区以后，即使互不相识，也不会阻碍知识共享，因为只要成为实践社区的会员，这种共享就是自由的。在实践社区内进行的知识共享，让员工共享的满意度得到了提升。实践社区交流比较随意，互动性较强；但与私下交流不同的是实践社区是基于某个项目或是共同爱好而存在的，目的性更强。专门为了某一种共享目的而存在，并且实践社区内部的人对共享知识领域都有一定的了解，因此加强了共享知识的领悟能力，由此提高了共享知识的利用率。

4. **共享满意度**

笔者前文从客观的角度对集群企业知识共享的有效性进行了分析，有效性不仅可以从客观的角度来衡量，也可以从主观的角度来判断。通过知识共享，可以为知识提供方带来经济回报、社会地位和名望以及合作关系的加强等好处，如果得到了有效的知识共享，知识接收方对知识共享的付出也物有所值，双方对知识共享的结果都很满意，这样就使下一次的知识共享和转移成为可能。如果知识共享的双方都对知识共享的结果不满意，那么很可能因此而阻断了接下来的知识共享和企业合作。大多数情况下，如果共享主体对共享结果不满意的话是不会进行下次知识共享的。因此，本书当中，笔者将知识共享满意度作为知识共享有效性的第四个维度。

所谓满意实际上是一种心理状态。是人的需求得到满足之后产生的愉悦感，是人们对所要进行的事情或是所需的产品服务等的事前期望与实际完成或是得到后的实际感受的相对关系。如果这种心理状态用数字来衡量，那个这个数字就可以称作是满意度了。满意是忠诚的基本条件。在关注知识共享满意度的同时，也要关注一下知识共享的不满意，只有这样，才能更加清楚地了解究竟是知识共享的哪个环节出现了问题，降低了知识共享的效果，了解了知识共享主体不满意的原因之后，才能采取相应措施，改善知识共享。当然，满意度也并非越高越好。满意度的提升是有代价的，需要巨大的资源投入。所以，在知识共享的过程中，共享主体应该明白，将知识共享的重点放在什么地方，优势因素应该保持的哪种水平，各个因素应该采取怎样的组合策略。在持续的知识共享过程中，管理者要思考几个问题：有些方面，一直在增加资源的投入，要增加到什么程度才算可以？在进行知识共享满意度调查之后，共享主体对知识共享的结果已经很满意，是否可以缩减投入？这其实就是对知识共享与资源投入之间的关系进行管理，寻求一个平衡点，使知识共享保持在相对满意的过程中，又能够尽量的节省资源。

通过分析，笔者认为有效的知识共享必须具备较高的满意度，只有这样，才使连续的知识共享成为可能，但是不能耗费过多的资源，为了追求知识共享的满意度，一味地加大资源的投入，会给企业带来沉重的负担。如果知识共享给企业带来的损失远大于知识共享带来的利益，会让企业对知识共享望而生畏。这与前文总结的知识共享有效性的第一个维度——成本，也是紧密相连的。

在软件园内，不同的共享途径共享知识的满意度也是不同的。例如，私下交流作为一种非正式的知识共享途径就有着较高的满意度。对企业而言，掌握了核心知识则可能意味着对市场的领先甚至独占，这种竞争性的知识会给知识拥有者带来巨大的利益，因此，独占心理会让知识拥有者对自己掌握的核心知识采取保护。此时，正式的知识共享渠道已经不能满足知识共享的要求，建立在员工人际关系基础上的私下交流则可以发挥补充作用。

私下交流不通过正式的图书、文件、文献系统进行知识传递，而是表现为知识拥有者个人的行为特征，知识共享的双方在开放的环境下进行互动，在这种情形下，知识拥有者卸下了知识独占心理，能够在无利益的条件下与知识共享者分享一些更有价值的知识。在软件园内，无论是各级管理人员，还是技术开发人员等在内的各类人员之间都会进行一定频率的私下交流。

从共享满意度角度上来看，这种共享知识的途径好处就是知识共享双方交流直接、交流速度较快，对探讨的问题可以进行连续的反馈，大大提升了共享满意度。私下交流受员工私人关系的影响较大，主观性很强，进行交流的双方一般都互相认识，一般都是同事关系或是朋友关系，在进行知识共享活动之前就已经建立了私人感情关系，以这种感情关系为前提进行知识共享，提高了知识共享双方对共享知识的认可度和满意感。

总而言之，通过对软件园内工作人员的访谈，笔者获得了关于园区内知识共享活动有效性的第一手资料，通过详细的分析总结，并结合软件园内部知识共享途径的举例说明，得出了知识共享有效性的维度——成本、速度、共享知识利用率、共享满意度。

第四节　集群知识共享有效性的界定和维度

不加管理的知识共享只能是无序的，最终也不会给企业带来优势。知识共享活动不仅仅是个别公司面临的知识共享困境，而是整个集群产业内部，都有类似问题。因此笔者对集群企业知识共享有效性的研究具有很大的实用价值。

笔者经过对软件园不同职业、不同职位等级的工作人员的实地访谈，总结出了知识共享有效性的四个维度：成本、速度、共享知识利用率和共享满意度。这四个维度之间也是有着密切的联系的。总的来说，在保证知识共享的效果的前提下，知识共享的成本越低、速度越快、共享知识利用率越充分、共享满意度越高的知识共享可以称之为有效地知识共享。当然，这些因素有时并不能同时拥有，关键是要找寻一个平衡点，保持知识共享有效性各个维度之间的平衡，在平衡的状态下寻求知识共享效果最大化。

（1）本书在开始部分对国内外学者在知识共享研究领域取得的成果进行了理论综述，纵观国内外学者的研究成果，大多是在研究知识共享的概念、过程以及影响因素，对于是哪些因素构成了企业间知识共享的有效性的衡量标准，还没有形成明朗的理论体系。本书因此选取知识共享的有效性为研究重点，试图在理论上和实践上取得进一步的突破，为大连软件园乃至全国企业间进行有效的知识共享进行理论启示。

（2）本书是建立在对大连软件园为案例分析的基础上，提出的研究问题。将更符合我国企业集群企业的实际状况，根据企业集群知识共享的本质特征，对软件园内知识共享途径的详细分析，有的放矢地提出企业集群知识共享有效性的维度。

总之，本书通过案例研究的方法，总结出了集群企业知识共享有效性的四大维度——成本、速度、共享知识利用率和共享满意度。为集群企业知识共享有效性的衡量提供了理论参考，不失为具有创新性的一个观点。为在实践过程中提高知识共享有效性提供了指导意义，也为后续关于知识共享的研究奠定了基础。

本书通过对大连软件园的单案例研究，对软件园内集群企业之间的知识共享的途径进行了总结，并对每一种途径的特点进行了概述，由此得出集群企业知识共享有效性的四个维度——成本、速度、共享知识利用率和共享满意度。在本书的研究过程中，由于笔者的时间和精力有限，访谈的数量不够大，可能会对研究结论造成一定程度的影响。如果今后有条件的话，可以考虑进行更广泛的数据收集，得出更具代表性的结论。本书的局限性主要有以下几个方面。

（1）本书所论述的知识共享有效性的维度只是提出一个对集群企业知识共享的最基本的衡量标准，但对集群企业知识共享有效性的研究尚处于初级阶段，本书也未能提出具体的评价措施。

（2）从本书的研究对象来说，属于单案例研究，可能会因为案例对象的单一性而影响到结论的全面性。本书以软件园为例，一方面利用了大连软件园地缘、人缘的优势，但软件园内的企业大多数属于IT行业，因此，要想让研究结果对实践进行相关的理论指导，还需要对各行各业进行更加全面的研究。

总之，本书最大的创新点是得出了集群企业知识共享有效性的维度，但是基于研究条件和能力的有限，也造成了结论一定的局限性，为以后的研究留下了很大的空间。

第八章 社会资本视角下的集群创新

市场竞争的焦点在全球竞争日益激烈的环境下，已然发生了剧烈变化。由原先以成本节约为主的企业之间竞争，转变成以创新为主的企业竞争。创新能力的是否具备成为决定企业能否在激烈的市场竞争中获得优势的关键因素。故此，越来越多的企业以契约协议、社会关系等方式，通过与其他企业、大学、研究机构、政府等机构展开合作，将企业内、外部资源充分利用起来，从而达到创新的目的。创新已成为全球范围内企业组织发展的新趋势。

产业集群作为一种网络组织形式，是由众多相关联企业和机构结合其他要素而成的经济系统。这种地理上的接近性与产业上的关联性，不仅有助于集群中的企业便利地获取资源，而且也促进了企业创新的实现。在产业集群中，企业创新主要是通过互动而实现的，而这种互动需要建立在一定的规则、网络和信任的基础之上，而信任、规范等概念恰恰是社会资本所包含的主要内容。因此，在我们试图探讨产业集群中企业创新的相关问题时，借助于社会资本这一概念能够让我们从一个崭新的视角切入到研究的问题之中[①]。故此，以社会资本为切入点探讨集群企业中企业的创新问题，具有一定的创新价值和研究意义。

社会资本作为物质资本和人力资本的重要延伸，对经济发展发挥着重要作用。学者们经过研究发现，当企业或组织能够以一种相互信任的合作态度把双方所特有的人力、财力和物质资源结合起来时，不仅能够大大降低

① 例如，信任作为产业集群内部行为主体发生互动行为的关键要素，在促进企业互动以及创新活动中发挥着重要作用，而信任恰恰是社会资本所包含的一个重要内容。又如，为集群成员所普遍接受的认知与行为规则，能够降低集群内成员正式与非正式交往的风险，加强创新活动的持续性，而这种规则也是内化于社会资本概念的重要组成部分。

组织间的交易费用，从而提高生产效率，而且能够加快企业或组织间信息、知识与技术的传播与交流，从而鼓励创新行为，获取更多创新成果。现如今，创新的含义已经不仅仅包括事物的从无到有，对旧事物的改良与改造或者以全新的方式组织利用资源从而提高效率效益也是创新的重要体现。对于企业组织而言，企业创新不仅体现在企业内部新技术、新产品的诞生，以一种全新的方式将企业或组织的内、外部资源加以整合也是企业创新的重要部分。企业组织自身能力的局限性以及创新活动的跨多领域特征，决定了企业组织间必须广泛开展交流与合作，以一种共赢的态度进行优势互补，从而不断提升企业的竞争力。社会资本对于企业组织利用自己的身份以及社会关系网络，获得创新所需的各种稀缺资源具有重要价值和意义。

直至目前，学术界对于社会资本与企业创新之间的关系已经进行了大量研究，并证实了社会资本对于企业创新确实具有积极的贡献，具体表现为对创新活动、程度、交易成本等方面存在正向影响。然而，多数研究要么是从社会资本概念的整体出发，要么仅涉及社会资本的一个或两个维度，未能从社会资本的三个维度分别出发。另外，现有的实证研究多是以建立概念模型的方式探讨集群企业社会资本对其创新行为的作用和影响，而借助于访谈和案例来研究这一问题的并不多。因此，本书试图在已有研究的基础上，以社会资本为研究起点，通过梳理国内外现有的理论研究、整合相关的观点结论，进而通过访谈和案例来深入分析社会资本对企业创新的影响作用，试图为集群企业利用企业所具有的社会资本提高创新能力提供一定的理论借鉴。

回顾以往文献，学者们对集群社会资本、企业社会资本和集群企业创新等方面做了很多有价值的研究与探讨。基于现有的理论研究，本书通过单案例的研究方法，探索集群企业社会资本的有机构称以及三个子维度对企业创新的影响。

本研究试图探索出集群环境下，集群企业社会资本的有机构成，并按照社会资本的三个维度分别梳理社会资本与集群企业创新的作用关系，得出每一维度对企业创新的不同影响程度以及作用方式。

总而言之，本书创造性得总结出了集群企业社会资本三重维度及其各个维度下的子维度，为后续深入研究集群企业社会资本对企业创新的影响提供了理论基础以及参考，为提高产业集群企业竞争优势提供了理论性指导。

目前许多学者已经开始引入社会资本理论和方法来分析产业集群及其创新问题，这些现有的研究成果为我们进一步研究奠定了理论基础。但大多数研究还只是局限于将社会资本作为一个整体概念研究其对企业创新、企业知识创造的影响等，从社会资本的三个维度分别考察社会资本对企业创新作用的并不多，并且仅有的这些文献对于三个维度的作用与界定也并不明确。因此，本书试图在已有研究的基础上，以社会资本为研究起点，从社会资本的三个维度出发，试图发现社会资本是如何对集群企业创新施加影响的，通过访谈方式与具体案例梳理并分析社会资本以及社会资本的三个维度对集群企业创新的影响。笔者希望能够通过本研究对集群企业利用其社会资本推动企业创新贡献出一定的参考价值。

第一节　社会资本与集群创新

国内外学者对社会资本在企业创新过程中的作用进行了广泛研究，认为社会资本对企业创新有积极的贡献。学者们认为，社会资本有利于提高企业的创新绩效，它通过改善信息与知识等的交流条件，有效地促进了企业间信息与知识的交流。研究发现，社会资本能促进信息与知识在企业间的传播，有助于企业知识的积累，能够促使企业合作与创新行为的发生。

纳哈佩特（Nahapiet）和高沙尔（Ghoshal）从知识转移的角度论述了社会资本对企业创新的促进作用。他们认为，社会资本嵌入于社会关系网络之中，涵盖了现实的与潜在的两部分资源。当组织之间的社会联系比较强、信任程度比较大或者组织之间享有共同的价值规范时，组织间的知识转移效率会大大提高，而知识转移效率的提高对于企业创新具有一定的诱发作用。基于组织制度和组织文化的差异性，知识在企业内部和企业之间传播时会受到一定的限制，而丰富的社会资本恰恰可以克服这一障碍，使知识的获取和转移更有效率。充足的社会资本不仅有利于知识的生产和转移，还有助于激发产业集群知识创造的动机。社会资本所涉及的社会联系、共同认知、信任等不仅为集群企业知识创造带来机会，而且也使集群企业产生了知识创造的动机。

截至目前，学术界从社会资本总体概念上研究其对企业创新的研究比较多，但具体到社会资本的三个维度，真正从结构资本、认知资本、关系资本的层面上研究社会资本对企业创新影响的并不多，且仅有的这些研究所进行的划分与界定也并不明确，因此，本研究以社会资本的三个维度为脉络，在阅读了大量相关文献的基础上，逐步梳理出社会资本与企业创新的作用关系，综述如下。

一、社会资本之结构维度对集群企业创新的影响

学者认为，外部联系是企业获得外部信息和创新思想的主要渠道。当集群中的企业与其供应商、客户、集群内的教育培训机构等开展了广泛接触和频繁交流时，企业就能够获得更多的外部知识，尤其是隐性知识，从而促进产品和工艺活动的创新。学者研究表明，与其他企业建立并保持密切的关系，能够增强企业的技术吸收能力，使企业获取更多的信息和知识资源，并且联系越紧密，企业之间信息与知识资源传播与共享的速度越快，企业创新发生的可能性越大。有学者通过实证研究进一步验证了企业与其他组织的联系，尤其是较强的联系，有助于企业的发展与创新。

国内学者毛文静认为，企业进行创新首先要有获取知识和信息的机会，频繁而持久的强联系能为集群企业提供接近经验与技能的机会，而偶尔、间断的弱联系则能为集群企业带来获得异质性知识的机会，而无论是何种机会都为企业间的创新提供了基础保障。还有学者认为，保持强联系的企业之间会形成共同的信念、规范等，而这些共同的信念与规范又会促进集群企业间知识与信息的深度沟通与交流，帮助企业更好地分析外部机会与威胁，快速识别市场变化。较强的关系能促进企业与合作伙伴的信

任，从而节省交易费用，降低信息、知识的获取成本，促进知识、信息的传播，这都将有利于企业创新绩效的提高。强联结有助于组织间的深度互动，对组织技术创新的能力产生影响。

企业与其他组织之间所建立的联系在企业创新过程中发挥了重要作用。下游客户和上游供应商帮助企业实现了信息与知识的汇总与融合，从而推动了企业创新活动的进行。与地方政府、科研机构以及行业协会之间的联系也为企业提供了获取新知识的机会，在企业的技术改造和创新活动中发挥着重要作用。

二、社会资本之认知维度对集群企业创新的影响

纳哈佩特（Nahapiet）和高沙尔（Ghoshal）认为，认知资本可以用集群中企业之间的共同愿景、共同语言及组织相似性来表示。共同愿景体现了集群成员的共同目标，能够激发企业之间互动的积极性，促进企业之间信息的交流与知识的共享，增强企业行动的方向性和目的性，推动企业创新活动的实施与进行。而当企业之间具有相似的语言时，才能更多地实现知识的转移。企业获取信息的能力与分享共同语言的程度具有正相关关系。还有学者认为，只要组织机构之间存在技术、制度、文化及行为方面的相似性，信息及技术诀窍的共享程度就会提高，这将一方面促进新知识在企业组织之间的传播，而在另一方面降低了企业互动中的摩擦与障碍，使企业创新更容易进行。

窦红宾、王正斌经过研究发现，共同愿景推动了企业之间的相互联系和有效沟通，降低了企业合作过程中的协调成本。拥有共同愿景的企业之间能形成良好的创新氛围，有利于提升合作企业的创新绩效。共同价值观所产生的精神激励，能促进企业组织积极主动地进行社会资源的交换以及知识、信息的共享，在保证了企业之间有效沟通的同时，又在资源和信息的交换组合中产生了新知识，从而促进了企业创新。

刘中会、刘力臻认为，优越的集群文化能够促进产业集群成员的学习精神，促使他们追寻关于此产业的最先进的技术和知识，并且想方设法采

取措施引进先进的技术和知识，以保证他们的竞争优势。

三、社会资本之关系维度对集群企业创新的影响

国外学者经过大量研究后确认，信任是最为常用的企业社会资本的关系维度。有学者认为，信任对企业组织之间正确、及时、有效的沟通具有积极的促进作用，有助于排除合作关系中的不确定性，对合作具有显著影响。还有学者经过研究发现，那些信守承诺、值得信赖的企业，在其与其他组织所形成的社会网络中所享有的声誉很高，因此，也就更有可能成为受欢迎的合作伙伴，因此，良好的企业声誉及高水平的可信赖度对企业组织之间进行信息等资源的交换具有积极影响。

集群特殊的地缘关系和产缘关系，导致了各成员之间的信息交流、人员交往都十分频繁，也加快了信息的传播和扩散。在充满信任的氛围下，企业之间可以更加容易地交换知识。信任能够促进智力资本的共享。信任程度越高，企业越愿意利用各种方式来促进彼此之间的学习，获取知识资源。学者认为，关系资本有利于主体之间显性知识和隐性知识的传播。

企业间信任反映了企业间关系嵌入的水平和黏着性，促进了信息的流动，进而提升了企业间联合行动安排的效率。如果交易伙伴彼此相信对方提供的建议和意见是以对方利益最大化为考虑的，就更可能有效地分享资源和信息。另外，信任使企业对交易伙伴更加公开和透明。当企业在运营过程中出现问题或者市场发生变化时，这种信任能够促使合作企业互相通告对方所面临的机遇和存在的问题，这对于解决问题、寻求新的解决方案具有重要作用。

国内学者陈柳钦指出，社会资本能使产业集群内经济主体形成基于制度的信任。在信任的作用下，企业之间失信行为的发生率大大降低，从而推动企业开展合作。组织信任能够有效地降低监督成本，促进成员之间的协作行为，支持成员的创新，为组织带来不可模仿的竞争优势，进而使组织受益。信任是组织间知识共享过程的核心要素之一，长远来看，如果伙伴企业间缺乏信任，就可能无法实现预期的技术创新绩效目标。此外，企

业间社会依赖的特性也会影响企业间的合作研发。

上述分析可以看出，学者们普遍认为，社会资本的三个维度对于企业创新均具有其特殊而重要的影响。从结构维度上，与其他组织机构的联系不仅使企业获取了实现创新的知识和信息，而且也促进了知识与信息的传播与共享，并且这种联系越紧密，企业实现创新的可能性越大；从认知维度上，学者们主要探讨了企业之间共同的愿景、共享的语言以及组织相似性在企业创新中的作用意义，认为这些因素激发了企业创新的积极性，降低了企业互动中的障碍与摩擦，促进了企业间的良好沟通，使企业创新更容易进行；从关系维度上，学者们主要探讨了信任在企业互动与创新中的重要意义，认为企业间的信任促进了信息与知识交流的速度，提升了企业联合行动的效率，从而推动企业创新行为的发生。

第二节 研究设计

一、研究方法

本书采用单案例研究法。通过多个渠道收集数据资料，从而提高研究的构念效度；借助相关理论的分析解释，从而提高研究的内部效度；通过选取理论样本，提高研究的外部效度；通过构建案例数据资料的数据库，从而提高研究的信度水平。

目前，从笔者收集到的文献资料来看，理论界对于集群企业社会资本与企业创新关系的研究比较少，尚未形成理论研究的框架体系。因此，采用典型性案例来分析该问题是目前较为科学的研究方法，具有科学性与可操作性，对于理论的探索与验证应当会具有一定的贡献。

二、案例研究对象

本书以“官助民办”模式运营的高新技术产业园区——大连软件园为案例研究对象，是在综合考虑了典型性与代表性以及可操作性的要求之下决定的，具体分析如下。

（1）符合典型性与代表性要求。

大连软件园是典型的以软件和服务外包为产业导向的高新技术产业集群。大连软件园以“服务”为目标、“创新”为宗旨，而创新往往需要多个组织共同努力才能完成。有着13年发展历程的大连软件园，产业创新氛围以及学术氛围浓厚，园区企业与政府机构、集群运营商、大学及培训教育机构、客户及同行企业之间交流互动频繁，形成了具有一定系统性的合作与创新体系。可见软件园企业具备了丰富的社会资本，并且形成了独特的企业创新体系。因此，大连软件园非常适合集群企业社会资本与企业创新之间关系的研究，具备典型性特征。

截至2011年底，大连软件园入园企业数量近600家，外资企业所占比例为41%，包括IBM、HP、埃森哲、松下、索尼、日立、NTT、Oracle、AVAYA、NEC、Fidelity、BT等在内的世界500强企业已达43家，已经成为大型跨国公司在中国设立亚太区共享服务中心的首选目的地。2011年大连软件园实现销售收入338亿元，软件和信息服务出口达到12.5亿美元，均占到大连市半壁江山。因此，大连软件园的集群经验具有可借鉴价值，具备研究代表性特征。

（2）符合可操作性与可研究性要求

选用大连软件园为案例研究对象是在综合考虑了地缘、学缘以及人缘等因素下确定的。地理性的接近性便于对其保持跟踪调查与直接观察，从而提高资料收集的效率与质量水平。其次，软件园与周边高校互动频繁，产学研关系密切，是开展深入分析不可多得的研究对象。最后，通过与软件园内部人员之间的正式与非正式的交流所获得的软件园相关的第一、二手资料，能够增强资料的真实性，确保研究的可信度，从而提高研究结论的说服力。

综上所述，大连软件园是研究产业集群相关问题的典型性案例，不仅符合代表性与典型性，同时也具有可操作性，符合研究的需要和要求。

在对大连软件园进行具体研究中，笔者采用了以下几个步骤：（1）确立研究问题；（2）理论分析与总结；（3）初步实地调研；（4）深度访谈与资料收集；（5）资料整理与分析；（6）理论框架的完善与研究结论的总结。

三、案例资料收集

林（Lin）认为，通过多个渠道搜集数据资料能够增强研究的可信度，使研究结论更具有说服力。本书在遵循“证据三角验证”的基础上，采用了深度访谈、观察以及文献资料收集三种方法，收集的信息数据见表8.1。

表8.1　案例研究资料来源

收集方法	数据类型	数据来源	数据优势
文献资料收集	文献	（1）共享文献：报纸、期刊、论文 （2）共享网站：大连高新技术产业区网站；DLSP商务园区运营管理网站；中国知网以及政府数据资料 （3）内部资料：第十届中国国际软件和信息服务交易会展览日报（特报，第2期，第3期）；软件园内部宣传手册与期刊；大连软件园项目可行性分析报告	（1）文献资料可验证访谈信息 （2）可作为推导依据，为进一步研究提供线索 （3）易存储，可作书面证据
访谈	访谈记录	面对面沟通	（1）针对性强，紧扣论文主题 （2）调研较深入，可获得比文献更为详尽的信息 （3）真实性强
观察法	（1）直接观察 （2）参与观察	（1）视听信息：通过对软件园内部建设、环境等观察，深入理解其产业氛围与集群文化 （2）实习	（1）理论联系实践，理解更为深入 （2）获取第一手资料，真实性强

资料来源：笔者整理。

案例资料的收集主要分为三个阶段：

（1）调研准备阶段：在收集资料之前，笔者与研究生导师就案例研究方法与案例研究对象进行了专题研讨，撰写了毕业论文的开题报告。

（2）深度访谈阶段：笔者在初拟了访谈问题后，与软件园内部埃森哲、大连软件园股份有限公司、中国华录集团、大连现代公司、IBM等多家企业的三十余位工作人员、部门经理等进行了探讨。访谈之后，又通过电话和邮件的方式与受访者进行了资料核实与增补。

（3）资料整理阶段：收集完相关资料后，笔者将访谈记录进行了整理，并与笔者从文献资料、实习感悟、理论研究中所获取的信息一起加以分类，保存在电脑中，形成案例研究数据库。

综上所述，本书严格按照案例研究所规定的资料收集原则搜集并整理信息，形成有效的数据链，提高了案例研究的信度与效度。

四、资料整理方案

笔者在进行了初步的调研与访谈，实施了文献的搜集与整理的基础之上，形成了一些初步的研究主题，例如“集群社会资本与企业创新”、“集群企业社会资本与企业自主创新”、“高新技术产业集群企业社会资本分析”等。经过一系列师生讨论，最终决定将研究主题确定为“集群企业社会资本与企业创新”，从探索集群企业的社会资本出发研究集群企业创新的影响因素，为产业集群及集群企业创新领域的研究做出一些理论贡献。

在研究主题确立之后，笔者将实地访谈所获得的访谈资料以及从各种途径搜集的二手资料进行了整理、归纳与总结。如表8.2，表8.3，表8.4所示。

表8.2 访谈资料整理1

社会资本维度	分类	联系频繁度[①]（1~5）	访谈观点归纳整理
结构维度	下游客户	4~5	企业与下游客户之间联系密切，尤其是与那些长期开展业务往来的大客户及开展订单式生产的客户。 与下游客户之间的联系是企业交往对象中最密切、最频繁的。每天都联系，随时沟通。

续表

社会资本维度	分类	联系频繁度[①]（1~5）	访谈观点归纳整理
结构维度	上游供应商	4~5	既包括软件制造企业，也包括方案提供商。 我们与上游供应商保持着密切而频繁的联系。 企业之间随时随地地联系。
	企业同行	4~5	与同行企业既有合作，又有竞争。 有时候我们企业不能独立完成某一项目，这时候就会与同行企业合作，共同完成，所以企业之间并不仅仅是竞争关系。 出于地理上的接近性，有时候集群企业之间也会互相介绍客户，共同分享客户资源。
	政府及相关机构	3~4	政府主要是起一个政策引导、政策及资金支持的作用。 企业在经营过程中，与政府肯定是有联系的。 企业与政府之间开展联系是企业经营过程中必然存在的。 企业与政府之间既有合作关系，又有业务往来。 人才引进，招商引资。 组织园区企业到国内外参观考察、交流学习。
	高校及科研机构	1~2	企业一般就是与高校一起进行一些员工的培训。 与高校之间的往来不是经常性的，一般就是定期地进行。 企业员工的培养是企业内部培训与高校教育相结合的。 我们会为员工出资，把他们送到高校去充电，读个在职研究生或者MBA之类的。
	企业经理人俱乐部	1~2	通过企业家联合会可以实现信息资源的交流与沟通。 企业管理层可以通过俱乐部结识更多的企业同行，这对企业发展也是有好处的。 这种联系虽然不怎么频繁，但也是有的。 通过俱乐部活动增加一点与外部同仁的联系对企业来说一定是有好处的。

①联系频繁度：按照有强到弱分为5个档次，5代表最频繁，4代表频繁，3代表比较频繁，2代表不太频繁，1代表不频繁。1~2表示企业或组织之间只是偶尔有联系；3~4表示企业或组织之间的联系会定期进行，例如半年一次或一年一次；4~5表示企业或组织之间保持着密切的联系，频繁度较高，甚至是天天都会发生。

资料来源：笔者整理。

表8.3　访谈资料整理2

社会资本维度	分类	访谈观点归纳整理
认知维度	共同愿景	我们与日资客户企业的共同愿景都是在不远的未来将市场转移到中国。 企业在发展目标以及战略上存在一定的相似性。 实现市场的创新是我们共同渴望的。 我们与伙伴企业都希望能够保持企业持续增长，立于市场不败之地。
	共同行为与认知模式	外企分工明确、职责清晰、讲求实效的行为模式让企业在长期的交往中受到潜移默化的影响。 我们会将作息时间调整到一致，从而保证在第一时间解决问题。 我们在做任何一项确认之前，必须要落实到书面文档，这是我们从客户那里学到的。
	共享价值观	与我们的客户和伙伴实现共赢。 只有坚持与利益相关者（包括政府、企业客户、合作伙伴、股东及员工等）共赢，才能保证企业运营的高效性。 共赢的理念很笼统，它更多地体现在增加双方的利润和效率上。
关系维度	企业间信任	信任是建立在能力的基础之上的。 信任对企业来说很重要。 就像人与人之间需要信任一样，企业之间也需要信任。 信任是一个需要长期磨合才能逐渐建立起来的东西。 信任一旦建立起来，企业之间的各项沟通都会更为便捷而高效。 行为模式一致之后，企业间的信任度就会提高。

资料来源：笔者整理。

表8.4　访谈资料整理3

社会资本维度	分类	对企业创新的影响
结构维度	下游客户	客户处于市场最前端，触角灵敏，信息最新，客户为企业提供市场信息，指引企业创新方向。 市场调研与分析主要由下游客户来完成，他们告诉我们企业需要设计出什么功能的软件产品或者提供什么类型的服务。 最终消费者不会告诉我们他们需要什么软件产品，但是我们的下游客户却能。 可以说，客户是我们企业与消费者沟通的桥梁。

续表

社会资本维度	分类	对企业创新的影响
结构维度	上游供应商	创新不一定就是创造，改良也是创新。 软件制造商通过改良现有技术，降低软件开发成本，提高企业效率与效益，也是企业创新的一种体现。 由于供应商也会同时为多家企业服务，所以若能与其保持良好关系，也能获取有关产品设计、企业管理、客户服务等多方面的资源与信息，为企业创新开辟渠道。 方案供应商以提供更优的方案及技术，让企业能够更好地实现产品功能与服务效率。
	企业同行	通过对手与同行了解市场现状，了解未来发展趋势，了解对手的优势劣势，分析自己的优点缺点，从而确定企业的创新方向与实施路径。
	政府及相关机构	政府为企业创新保驾护航，主要起支持、引导的作用。 政府对企业创新有一定作用，但这种作用不是决定性的。 企业创新主要来自企业自身的愿望，政府只是起辅助、支持和推动的作用。
	高校及科研机构	通过高校进行员工培训，再学习，从而提高员工的素质与技能，属于人才创新。 员工素质提高了，企业开展创新活动也就有了基础保障与支撑。 以技术为核心的企业，高素质、高技术的人才是企业生存与发展的关键所在。 我们与大连理工大学、大连海事大学、清华大学职业培训中心保持着良好的合作关系。
	企业经理人俱乐部	企业高管们通过面对面的沟通交流，通过有意或无意的互动激发思维火花，从而产生新思想。
认知维度	共同愿景	共同的战略目标让企业可以朝着一个方向共同努力，一同前进。 我们的日资客户希望在未来的十几年将市场转移到中国，我们希望在同他们一起实现市场转移的同时，学会他们的先进技术和思想，增强企业的创新能力。 客户有生意，我们有利润。企业始终保持赢利，这也算是一种创新吧。

续表

社会资本维度	分类	对企业创新的影响
认知维度	共同行为与认知模式	共同的认知模式可以在企业互动交流中减少不必要的摩擦。 我们会按照客户企业的作息时间调整我们的作息时间，尽量保持工作与休息的一致性，从而能够在第一时间解决问题，减时增效也是创新。 企业从日资客户企业那里学习到“细致、全面、周到、人性化”的理念，让企业逐渐摒弃了以往“粗糙”、“只求速度，不求质量”的工作理念，这对于提高软件产品的质量起到了推波助澜的作用，而提高质量本身也是创新的一种体现。
	共享价值观	当我们的成本都降低了，而利润都提高了，我们就实现了共赢。在降低成本的同时，我们又提高了产品的质量，这就是创新。 共赢的价值观所产生的精神激励，不仅促进了企业之间积极主动地进行资源的交换以及知识、信息的共享，保证了企业之间的有效沟通，另一方面又在资源和信息的交换组合中产生了新知识，从而促进了企业之间的创新。
关系维	企业间信任	合作建立在信任的基础上，信任建立在能力的基础上。 创新能力是企业能力的一部分。 管理创新也是创新。 在充分满足客户需求的同时，提供领先的差异化服务，与客户、合作伙伴一起，为创造领先的技术和产品而一起不断奋斗！

资料来源：笔者整理。

第三节　案例分析

大连软件园位于大连高新技术产业园区，1998年由DLSP（大连软件园股份有限公司）建设运营，现已发展为国内最具国际化特色的、产学研一体的专业化软件园区和最具规模的ITO/BPO/KPO产业基地。随着产业范围的不断扩大及产业价值的不断提升，大连软件园已经成为东北亚地区面向亚太市场最大的服务外包离岸交付中心。

DLSP在大连软件园首创的“官助民办”的园区开发模式开创了国内园区经营管理模式的先河。园区先后被国家有关部委认定为“国家火炬计划软件产业基地”、“国家软件出口基地”、“国家软件产业基地”。2003年，大连市被国家科技部正式批准成为中国唯一的“软件产业国际化示范城市”，大连软件园是其核心项目。2006年，大连被国家商务部等五部委联合认定为“中国服务外包基地城市”，大连软件园被授予国内首个“中国服务外包基地城市示范区”称号。2009年，大连软件园荣获被誉为“城市奥斯卡”的联合国“国际花园社区金奖”，是国内唯一获此殊荣的产业园区。

大连软件园具有完善的基础设施，先进的硬件设备，园内建立的各个楼宇及其配备设施均已达到世界标准。就园区软环境而言，各类俱乐部及文艺活动为软件园营造出自由轻松的工作、生活环境，园区周边聚集的各大高校及教育培训机构为软件园创造出优越的科研创新氛围。截至2011年底，大连软件园入园企业数量近600家，外资企业所占比例为41%，包括IBM、HP、埃森哲、松下、索尼、日立、NTT、Oracle、AVAYA、NEC、Fidelity、BT等在内的世界500强企业已达43家，已经成为大型跨国公司在中国设立亚太区共享服务中心的首选目的地。2011年大连软件园实现销售收入338亿元，软件和信息服务出口达到12.5亿美元。作为大连软件产业发展的领头羊，大连软件园是大连单位GDP贡献度最高的区域，每万平方米的土地每年的产值约3亿，是传统工业和制造业的五倍以上。

目前，大连软件园已经成为汇聚世界500强跨国公司、国内大公司和众多本土企业的现代产业集群，是被国家命名的首批“国家创新型软件产业集群”，逐步发展为离岸远程技术全球支持中心、全球后台处理中心以及亚太区的客户支持中心。集结千余家软件企业及十余万从业人员的大连软件园，在其发展的十年间，始终保持50%以上的年均产业增长，为促进IT领域的国际合作、推动大连乃至整个亚洲软件产业的发展，发挥了突出的作用。

从上述资料的分析中可以看出，大连软件园无论是从硬件设施的建设还是软环境的打造均已相对完善，已经成为具备自主创新能力的高新技术产业集群。因此，以大连软件园为例，研究园区企业的社会资本与企业创新之间的关系是具有一定的理论与现实意义的。

一、园区企业社会资本分析

（一）园区企业结构资本

1.与下游客户之间的联系

企业与其下游企业之间联系密切，沟通频繁。尤其是与那些长期开展业务往来的大客户以及开展订单式生产的客户之间，企业互动就更为紧密。与其他客体比较而言，园区企业与其下游客户之间的联系是最为密切，也是最为频繁的。对于软件行业来说，由于技术与产品的更新速度非常快，市场与顾客需求瞬息万变，企业若想跟上市场的步伐，就必须与市场接轨，随时掌握市场的第一手资料，而下游企业恰恰能够帮助企业获取这些信息，实现企业与市场需求的一致性，保持企业与市场信息的通畅性。因此，企业与下游客户之间始终保持着密切而频繁的联系。

2.与上游供应商之间的联系

企业与其上游供应商之间的联系也是密切的、频繁的。这种联系同企业与其下游客户之间的联系一样，也是随时随地进行的。企业的上游供应商既包括软件生产制造企业，也包括方案提供商。在下游客户进行了市场调研与分析，形成产品需求并以计算机语言的形式表现出之后，企业按照需求设计产品，之后再交给上游企业进行具体的软件产品的制造。在产品制造过程中，当上游企业遇到任何问题，都会与企业进行沟通，从而保证产品生产的正确性与持续性。因此，这种联系也是比较频繁的。除此之外，上游供应商也包括方案的提供商，他们虽然不提供具体的产品生产与制造，但却能为企业提供更优的生产与服务方案，让企业能够始终保持良性经营，持续发展，因此，与上游企业之间所建立起来的联系也是长期、有效而紧密的。

3.与企业同行之间的联系

凭借空间上的集聚效应，园区内的同类企业形成了广泛的协作关系，实现了资源的高效配置。同类企业之间所建立的非正式关系，不仅共享软件园所提供的基础设施，而且可以彼此共享创业经验、教训以及资源，形成学习网络。

同行企业是企业获取市场讯息的第三通道。企业与其同行之间既有竞争，也有合作。同行是企业参照的对象，通过了解企业同行，熟知其产品与市场策略，才能使企业更好地了解市场，了解顾客需求，进而调整企业的生产与研发方向及策略，紧随行业发展的脚步，实现企业与软件产业同发展，与软件技术同进步。

不仅如此，当企业凭借自身力量不能完成或圆满某一项目时，也会寻找同行企业进行合作，共同实施完成该项目，因此企业之间的关系不仅仅是竞争性的，也有合作性的。出于地理上的接近性，有时候集群企业之间也会互相介绍客户，共同分享客户资源。总体而言，企业与同行之间的联系较为频繁，比较密切。

4.与政府及相关机构的联系

企业与政府机构之间的往来可以分为三种类型，首先是企业受政府的领导和管理，需要与政府进行一些必要的交往，如与人社局、公积金、税务机关的日常往来，这是企业经营必不可缺少的。其次，作为软件行业，无论是国家政府还是地方政府，都有一些优惠政策，因为软件行业是当前政府鼓励发展的行业，所以企业会享受到一定的政策与资金支持。政府拨给企业资金，让企业开展软件产品与服务的研发，或者通过项目支持，通过企业申请、政府批准，并配合一定的优惠政策，鼓励创新的企业生产产品或者支持企业开展创新活动。另外，由于政府也有一定的软件产品的需求，例如政府要升级当前的人力资源系统，就会有与软件企业合作的需求，通过政府采购或者招投标的方式，由政府出资，软件企业具体操作，政企共同完成软件产品的升级改造。

不仅如此，政府也会定期组织园区企业到国内外进行参观考察、交流学习。对于人才的引进以及招商引资，也需要政府出面开展进行。因此，企业与政府及相关机构之间也始终保持着中等密切、比较频繁的联系。

5.与高校及科研机构的联系

园区企业与周边高校之间也是存在沟通与交流的，这种往来一般是定期进行的。企业主要借助于高校的教育资源进行员工的培训与开发。针对企业中不同级别不同类型的员工有针对性地进行培训，例如将企业中级以上的管理人员送到大学攻读在职研究生或者MBA项目，从而提高其领导能力与综合素质，而对于那些一线员工，则与一些技术院校进行联合培养，以实现其操作技术的提高。对于企业来说，由于企业内部培养与外部教育机构培养是同时存在的，因此，企业与高校及外部培训机构之间的联系并不十分频繁，只在企业确实存在该类需求时才会实施，并不像通常认为的那样频繁发生。企业与高校及科研机构保持着一般性的联系。

6.与企业经理人俱乐部之间的联系

面向园区乃至软件及信息服务业的企业经理人俱乐部，自2004年成立至今，以轻松休闲的方式为企业经理们增添了一个相聚交流、结识业内同仁的良好机会与平台，截至目前，该俱乐部所涵盖的职能已经相当丰富，不仅以讲座、体育、论坛等开展会员活动的形式为园区内的企业经理人开辟了信息与资源交流、技术与资源共享的渠道，也承担起为会员企业提供综合信息服务（如产业政策、行业动态、趋势预测……）、促进企业合作（互通需求信息、探讨合作可能）、增进政企融合（搭建沟通平台，创造交流氛围）以及开拓协议机构（整合社会资源，争取特惠价格）等多项职能。从园区企业的角度，通过现有的企业经理人俱乐部，结识更多的企业同行，从另一个渠道获取市场与行业信息，对于企业发展而言一定是有好处的。虽然这种联络并不频繁，但企业的主管们也会时不时地参与到俱乐部的活动中。

（二）园区企业认知资本

1.共同愿景

首先，从园区整体的角度，园区企业认同大连软件园所制定的“做世界一流的软件技术与服务”、打造国际化软件与服务外包的“中国绿色硅谷”的战略目标。在这种国际化战略的引导下，园区企业努力提升自己的技术水平和服务能力，放眼于全球软件市场，不断提高自主创新能力，为进一步迈向产业链高端打造坚实的基础。

其次，从企业个体的角度，在认同软件园整体发展战略的前提下，园区企业也有企业自身的发展规划。当企业在发展目标以及战略上存在一定程度的相似性时，企业互动及合作往往更容易发生。基于软件园当前以服务于日本市场为主的现状，多数企业都寄希望于在未来的十几年内，将市场转移到中国，从而实现市场的创新。这是当前园区内的日资企业及与其相关联的企业的共同愿望。针对不断更新与发展中的软件行业，能够始终保持企业增长，紧跟市场与时代的步伐，立于不败之地则是园区多数企业的共同愿望。

2.共同的行为与认知模式

园区企业在日常交往中，除了需要遵循国家相关的法律法规以及园区制定的公共政策制度外，还要受到园区一些无形约束的影响。这些不成文的规定或规则是园区内的企业在长期运营过程中自发形成的相似的认知与行为模式。

大连软件园所提供的软件服务外包业务很大一部分是针对国外的，因此，软件园企业无形中会受到国外企业的影响。外企分工明确、职责清晰、讲求实效的行为模式让企业在长期的交往中受到潜移默化的影响。园区企业在充分感受到这些良好认知与行为模式所带来的益处后，也将其列为企业自身的行为标准，并在企业经营与发展中默默遵循。例如，日资企业细致入微，一丝不苟的做事态度，要求企业在做任何一项确认之前必须要落实到书面文档，从而避免不必要的麻烦。

此外，为了更好地实现企业互动，始终保持工作的一致性，园区企业在作息时间上也做了调整，不仅软件园内部的企业保持着一致的作息时间，而且也尽量满足与其他客户企业之间工作与休息的同步性。

3.共同的价值观

园区企业普遍公认的“共赢”理念，也是企业处理事务的公认原则和价值观。园区企业普遍认为，只有坚持与利益相关者（包括政府、企业客户、合作伙伴、股东及员工等）共赢，才能保证企业运营的高效性，真正实现优质、可持续发展。共赢的理念很笼统，在实际生活中，共赢的价值观更多地体现在增加双方的利润与效益上。当我们的成本都降低了，而利润都提高了，我们就实现了共赢。

（三）园区企业关系资本

凭借地理邻近的优势，集群企业之间的交流与沟通不仅更为方便快捷，而且机会也大大增加，这就在无形中缩短了企业之间的认知距离，容易形成共同语言并建立信任与互惠合作关系。正如人与人之间需要信任一样，企业之间也需要信任。信任对于企业合作的顺利进行起着十分重要的作用，它是在企业长期的交往与磨合中逐渐建立起来的。大连软件园内的企业之间多合作关系，内部企业贸易往来较为频繁，企业之间的信任程度比较高。

信任并非凭空产生，信任是建立在能力的基础之上的。当企业对其客户或者合作伙伴的各种能力，诸如专业技术能力、研发创新能力、企业管理能力等，都有了真实而客观的了解之后，经过一段时间的企业互动及业务往来，就会在彼此之间产生信任，因此，信任的产生是需要一定条件的，并且也是需要一定时间作为保障的。信任一旦建立起来，企业之间的各项沟通都会更为便捷而高效。当企业双方的行为与认知模式也达到基本一致之后，企业间的信任就会进一步提高。

二、园区企业社会资本对企业创新的影响

（一）园区结构资本对企业创新的影响

1.与客户、供应商的联系对企业创新的影响

园区企业在与下游客户及上游供应商的交往中，不断学习新知识、接

触新技术，不断提升自身的技术和管理水平，从而实现企业成长。

具体而言，下游客户处于市场最前端，触角灵敏，信息最新，下游客户能够为企业提供市场信息，指引企业的创新方向。最终消费者不会告诉企业，他们需要什么软件产品，但是企业的下游客户却能。当下游客户完成市场调研与分析之后，就会告诉企业需要设计出什么功能的软件产品或者提供什么类型的服务，从而帮助企业确定软件产品的创新与研发方向。可以说，下游客户是企业与消费者沟通的桥梁，是企业创新思路的来源。

相比之下，上游供应商虽然不能以提供市场与产品信息的方式帮助企业开展创新活动，但却能以其特有的方式为企业创新添砖添瓦。创新不一定就是创造，改良也是创新。软件制造商通过改良现有技术，降低软件开发成本，提高企业效率与效益，也是企业创新的一种体现。另外，由于供应商也会同时为多家企业服务，所以若能与其保持良好关系，也能获取有关产品设计、企业管理、客户服务等多方面的资源与信息，为企业创新开辟渠道。而作为上游供应商的另一种存在形式，方案供应商以提供更优的方案，让企业能够更好地实现产品功能与服务效率。

综上分析不难看出，企业的下游客户与上游供应商对企业创新均有影响，并且影响显著。具体而言，下游客户主要为企业的创新提供良好的信息资源，引导企业的创新方向；上游供应商则是通过不断改进现有技术、提供更优方案等方式为企业降低成本、提高效益，以其独特的方式帮助企业创新。

2.与企业同行及企业经理人俱乐部之间的联系对企业创新的影响

对于软件行业来说，由于技术与产品的更新速度非常快，如果企业不进行产品与服务创新，企业就失去了生存之本。产品没有附加值，企业产品卖不出去，企业就没有利润，因此，创新是企业，尤其是软件企业生存与发展的原动力。而企业同行犹如一面镜子，能够帮助企业在对比与竞争中不断保持创新的态势，维持创新的活力。另外，企业也能够通过同行企业了解市场现状，了解未来发展趋势，了解对手的优势劣势，分析自己的优点缺点，从而确定企业的创新方向与实施路径。

而企业经理人俱乐部则为企业的管理层提供了一个面对面沟通与交流的机会，经理人通过有意或无意的互动激发思维火花，从而产生新思想。

由此可知，企业同行对企业创新影响显著，而企业经理人俱乐部对企业创新有一定影响但影响不大。同行企业不仅影响到企业创新的思路和方向，而且成为促进、鼓舞企业始终保持创新精神及创新动力的力量。相比之下，企业经理人俱乐部只是对企业管理阶层提供一些创新的新思路，但由于管理层与俱乐部的沟通不密切、不频繁，因此，该种联系对企业创新的影响意义不大。

3.与政府及相关机构的联系对企业创新的影响

虽然企业创新主要来自企业自身的愿望，政府只是为企业创新保驾护航，起辅助、支持、引导和推动的作用。但是，企业与政府及相关机构之间的联系对于企业开展创新行为也是具有一定作用及影响的。

以大连软件园为例，园区企业与大连市政府、大连软件园之间的联系让企业更加有效地获取信息和资金支持，不仅激发了企业的创新热情，也保证了企业有更为充分的精力专注于企业创新。

信息获取方面，随着园区企业与大连市政府及大连软件园关系程度的不断提高，企业能更有效地获取技术创新所需的市场供求信息、技术发展信息以及国家和省市的宏观政策信息。企业既可以通过政府网站，也可以通过大连软件园这个信息中介获取上述信息。信息获取有助于提高企业的创新能力，及时获取信息不仅是企业实施技术创新的“导火索”，而且也有利于企业降低创新的风险。只有及时地掌握与技术创新相关的市场供求信息、技术发展信息和宏观政策信息，才能保证创新活动的顺利开展。此外，园区企业借助于政府搭建的“软交会”这个平台，一方面了解了最新科技前沿技术以及政府在信息领域的引导方向和优惠政策，同时也结识了更多的客户、供应商，获得了更多的与行业相关人士交流的机会，有助于企业把握行业动态，进一步打开与国际企业交流合作的窗口。可以说，软交会在大连的举办为园区企业提供了一个便捷而优质的交流与合作平台。

资金获取方面，实际调研和问卷调查表明，相对于园区外部的企业，园区企业能更有效地获取技术创新所需的资金。大连市政府和大连软件园为支持园区企业的发展设立了各种专项资金，并且每年定期对企业提出的立项申请进行筛选，尤其是那些技术含量高、具有实现产业化前景的项目，大连市政府更是专款专用。

不仅如此，对于大连软件园内的中小型软件企业，大连软件园股份有限公司孵化器通过完善的技术支撑平台、公共服务平台，为企业提供项目对接、物业配备与管理、人才推荐及培训、投融资等全方位、专业化的孵化服务，不仅大大降低了初创企业的创业风险和创业成本，提高了创业成功率，而且提升了企业的技术创新能力和竞争力，有效促进了科技成果的转化，推动了园区内这些中小软件企业的快速发展。

上述分析可以得出，政府及相关机构对企业创新有一定影响，但这种影响不是决定性的。政府对企业创新主要起着政策引导、资金支持、人才引进、招商引资等作用，为企业创新保驾护航、提供各种便利设施及条件，从而推动企业的创新行为。

4.与大学、教育及研发机构之间的联系对企业创新的影响

以技术为核心的企业，高素质、高技术的人才是企业生存与发展的关键所在。通过高校进行员工培训，再学习，从而提高员工的素质与技能，员工素质提高了，企业开展创新活动也就有了基础保障与支撑。大连软件园内的企业通过借助本土优势，可以便捷地与软件园周边的各大高校及教育培训机构建立长期联系，聘请有关专家作为常年顾问和技术后盾，以保障每个工程项目的顺利实施。企业每年都会为在职员工提供学习与深造的机会，由企业提供经费或部分经费，把员工送到周边的相关院校进行在职培养，从而提高员工素质与能力，提高劳动生产率，为企业更好地创造价值、实现创新。

埃森哲公司董事长兼执行官乔福汉先生说：“大连有很多优势，具有完备的通信基础设施，稳定的商业环境和高素质的技术人才储备，尤其是拥有一大批精通日语的专业人才。”这正是埃森哲选入驻大连、选择大连软件园的重要因素之一。2007年，在英国电信大连科技服务中心成立庆

典上，英国电信前全球CEO本·韦华恩说：“大连有创新的环境，还有丰富可用的人才，非常适合公司的发展。”由此可见，软件园周边丰富的教育与人才资源，不仅为企业不断实现创新提供了技术上的支持，更重要的是，在人力与人才储备上建立了保障。

因此，与大学、教育及研发机构之间的联系对企业创新有一定影响但不显著。具体而言，该种联系主要为企业创新提供人力与人才方面的基础和保障，从而构建更优的企业人才体系、积累更多的企业人力资本，为企业具体创新行为的实施做铺垫。

（二）园区认知资本对企业创新的影响

在全力打造“中国绿色硅谷”、“做世界一流的软件技术与服务”的园区整体战略目标的指引下，园区企业开展了全面而广泛的创新活动。沿纵向产业链方向，园区企业与上下游客户实施互补式合作，在合作中学习，在学习中成长，在成长中不断提升企业的创新能力。大连软件园为园区企业积极营造的集聚与协作环境以及“自由”、“开放”、“竞合”、“创新”的产业氛围更进一步推动了园区企业的创新活动不断持续与发展。共同的战略目标让企业可以朝着一个方向共同努力，一同前进。共同的奋斗目标激发了园区企业的学习精神，促使他们追寻关于软件服务产业最先进的技术和知识，并设法采取措施引进先进的技术、更新现有知识，以保证企业的竞争优势。在最新的国际化战略的影响下，园区企业更是开足了马力，全面提高了创新能力，积极进行战略转型，从而完成向软件产业链高端发展的目标。

共同的认知模式和行为准则让企业在互动的过程中，减少了摩擦，降低了磨合，推动了相互联系和有效的沟通，在企业互动交流中减少不必要的摩擦，降低了企业合作过程中的协调成本，能够更顺利地完成企业的各项贸易往来，形成良好的创新氛围，从而为企业创新打下良好的基础。例如，基于“权责明确”、“效率当先”的行为理念，园区企业不仅能够避免传统企业当中所存在的人浮于事、互相推诿的现象，更重要的是，企业大大提高了运营效率，实现了能力与效益的双丰收。由此，不仅确保了企业开展创新活动所需的资金基础，而且也从企业的软件技术与服务能力上做好了准备。又如，企业从日资客户那里学习到“细致、全面、周到、人性化”的理念，让企业逐渐摒弃了以往“粗糙”、“只求速度，不求质量”的工作理念，这对于提高软件产品的质量起到了推波助澜的作用，而提高质量本身也是创新的一种体现。

不仅如此，“共赢”的价值观更对企业创新起到了推波助澜的作用。为了能够更充分地满足客户的各项需求，园区企业必须不断提升自身的软件服务技能，在满足客户企业不断发展的软件服务需求、提升客户企业综合实力的过程中，不断丰富企业自身，实现与客户的共赢。共赢的理念很笼统，共赢更多的体现在增加双方的利润与效益上。“当我们的成本都降低了，而利润都提高了，我们就实现了共赢。在降低成本的同时，我们又提高了产品的质量，这就是创新。”共赢的价值观所产生的精神激励，不仅促进了企业之间积极主动地进行资源的交换以及知识、信息的共享，保证了企业之间的有效沟通，另一方面又在资源和信息的交换组合中产生了新知识，从而促进了企业之间的创新。

综上分析不难看出，园区企业的认知资本主要借助共同愿景、共同认知与行为模式以及共享价值观三个维度对企业创新施加影响。其中，共同愿景营造出良好的创新氛围，共同认知与行为模式减少了创新过程中的摩擦和协调成本，而共同价值观促进了信息、知识与资源的交换，促进了企业的创新。

（三）园区关系资本对企业创新的影响

随着企业之间“互惠合作”式贸易往来的不断开展，企业之间的信任关系日益加强。长期开展的互动合作提高了企业之间的认可与信任，形成了信任体系与合作机制。园区企业在“互利共生”的理念下，在对彼此能力的认可下，放松大胆地互通有无，积极实施各种能力的提升，无论是专业技术方面，还是企业管理方面，因为创新能力是企业能力的重要部分，而管理创新也是创新。

园区企业之间建立在信任基础上的合作不但降低了企业的交易成本，而且促进了新思想、新观念和新技术的产生与传递。随着企业之间贸易互动的持续进行，企业之间会逐渐产生相互依赖，尤其是对于那些总能保持良好沟通、值得信任及依赖的企业，企业之间的资源与信息交流则更加频繁，这也增加了企业之间的合作研发的效率。在充分满足客户需求的同时，提供领先的差异化服务，与客户、合作伙伴一起，为创造领先的技术和产品而一起不断奋斗！

故此，园区企业关系资本对企业创新的影响主要通过企业间的信任体现，并且影响也较为显著。信任不仅降低了企业的交易成本，而且促进了知识与信息的交换与转移，进而影响到企业的创新。

综上所述，集群企业社会资本对企业创新确有影响，该影响通过社会资本的三个维度，即结构维度、认知维度和关系维度层层展开。具体而言，社会资本之结构维度通过园区企业与不同组织机构之间的联系影响企业创新，社会资本之认知维度借助于企业之间的共同愿景、共同行为与认知模式以及共享价值观作用于企业创新，而社会资本之关系维度则主要以企业间的信任为变量对企业创新构成影响。

三个维度对企业创新都具有一定影响，但具体体现方式不同。结构维主要对企业创新的信息来源、思路方向、人才保障等施加影响，认知维度则是通过企业之间的无形的、意识上的要素推动企业的创新，而关系维度则主要借助于信任程度促进企业之间信息资源及知识等的交换转移影响到企业创新。

在结构维度当中，企业与下游客户、上游供应商以及企业同行之间的联系显著影响企业创新，而与政府机构、大学教育机构及企业经理人俱乐部的联系对企业创新有一定影响，但意义不大；认知维度当中，共同愿景、共同行为与认知模式对企业创新影响较大，而共享价值观对企业创新作用不明显；对于关心维度之信任，本书认为其对企业创新也有显著影响。

第四节 社会资本对集群创新的综合影响

集群企业社会资本由三个维度构成，分别是结构维度、认知维度和关系维度。在结构维度下，企业社会资本主要包括了集群企业与其下游客户间的联系、上游供应商间的联系、企业同行间的联系、政府及其相关机构间的联系、大学教育机构间的联系以及企业经理人俱乐部间的联系。从联系的密切程度与频繁程度上，集群企业与下游客户、上游供应商以及企业同行之间的联系最为密切，频繁度较高；与政府机构、大学教育机构间有一定联系，但并不密切，也不频繁，只在特定时期、特定需要下发生；与园区内的俱乐部之间的联系最不密切，不显著。

在认知维度下，企业社会资本由共同愿景、共同行为与认知模式以及共享价值观三个子内容构成。共同愿景包含基于园区的整体战略目标以及园区企业个体维度的长远发展规划；共同行为与认知模式既包括一些不成文的惯例与规则，也包括了企业互动中所共同具备的行为理念与认知态度；共享价值观是园区企业之间所共同具有的价值观念。

在关系维度下，本书主要涉及企业间的信任关系及其程度。该维度对企业社会资本具有重要贡献。

集群企业社会资本对企业创新确有影响，该影响通过社会资本的三个维度，即结构维度、认知维度和关系维度层层展开。具体而言，社会资本之结构维度通过园区企业与不同组织机构之间的联系影响企业创新，社会资本之认知维度借助于企业之间的共同愿景、共同行为与认知模式以及共享价值观作用于企业创新，而社会资本之关系维度则主要以企业间的信任为变量对企业创新构成影响。

三个维度对企业创新都具有一定影响，但具体体现方式不同。结构维主要对企业创新的信息来源、思路方向、人才保障等施加影响，认知维度则是通过企业之间的无形的、意识上的要素推动企业的创新，而关系维度则主要借助于信任程度促进企业之间信息资源及知识等的交换转移影响到企业创新。

在结构维度当中，企业与下游客户、上游供应商以及企业同行之间的联系显著影响企业创新，而与政府机构、大学教育机构及企业经理人俱乐部的联系对企业创新有一定影响，但意义不大；认知维度当中，共同愿景、共同行为与认知模式对企业创新影响较大，而共享价值观对企业创新作用不明显；对于关心维度之信任，本书认为其对企业创新也有显著影响。

回顾以往文献，学者们在集群社会资本、企业社会资本和集群企业创新等方面做了很多有价值的研究与探讨。在这些现有的理论研究的基础之上，本书又通过单案例的研究方法，探索性地研究了集群企业社会资本的三个子维度对企业创新的影响。

本书经过研究发现，社会资本对企业创新行为的影响主要借助于其三个子维度分别实现，并且每个子维度对企业创新的作用程度不同，影响方式各异。

总而言之，本书通过案例研究创造性地总结出了集群企业社会资本三重维度的具体构成以及每一个子维度对企业创新的不同影响，为后续深入集群企业社会资本对企业创新的影响提供了理论基础以及参考，为提高产业集群企业竞争优势提供了理论性指导。

本书以大连软件园为例研究集群企业社会资本的内容维度及其对企业创新的影响，具有一定的理论创新性，但是，由于个人能力以及有效资源等具有一定约束性，本书的研究仍然存在着一些局限之处，这需要在后续的研究中加以改善。

（1）在案例研究对象的选取方面，本书以大连软件园为单一案例研究对象，研究中所依据的数据资料难免受到地域特征的影响。此外，本书未将集群所属行业、集群发展阶段、集群内企业的所有权性质、企业发展阶段等特征因素考虑在内。未来的研究可以选取不同产业领域或者选取产业集群中不同企业特征的企业作为研究对象。

不仅如此，本书只选取了单一案例进行研究，未来学者可以扩展研究对象的数量，进行多案例的研究，从更大范围上验证结论的适用性。

（2）在理论内容方面，本书主要研究出了集群企业社会资本三重维度下的几个子维度对企业创新的影响，这只是该领域的初步探索，如果能够在此基础之上，研究出集群企业社会资本三重维度下的更多子维度，将对企业利用社会资本进行创新带来更多参考和价值。

总而言之，本书最大的创新点就是做出了集群企业社会资本与企业创新方面的探索，为进一步研究提供了理论依据，该领域的未来研究空间相当广阔。

第九章　集群体系知识演化

产业集群作为一种特殊的产业组织形式，在促进国家和地区经济发展过程中扮演了重要角色，极大地促进了社会财富的增长。近年来，产业集群在世界各地区经济发展中都发挥了重要作用，其中知识和资本密集型的高科技产业集群发展尤其迅猛，如英国的剑桥工业园、法国的索菲亚、美国的硅谷，都成为当地经济发展的动力源泉。发展中国家也将其作为拉动国家经济增长、改善地区发展状况的中坚力量，其中以印度的班加罗尔、以色列的特拉维夫、中国北京的中关村最具代表性。正像波特所说："虽然全球经济一体化使产业集群形成的诱因变少，但是当以知识为导向的经济体越来越复杂，变化越来越快时，它们会更加依赖于产业集群这种组织形式。"因此，为了在激烈的全球化竞争中取得优势，政府机构尝试利用集群发展理论来促进地区经济发展，跨国企业则根据现有的理论研究成果和不同区域的产业发展现状，调整战略布局，为它们的总部、研发机构和生产基地寻找合适的产业集群。至此，产业集群已经成为世界经济发展中不可缺少的一部分。

产业集群强大的经济发展和推动力量，引起了各领域学者的广泛关注。随着知识经济的兴起，作为集群竞争力来源的知识成为理论界关注的焦点。产业集群的研究也逐渐从注重外部因素（规模经济、柔性专精、交易成本、外部经济性）的影响，转向对集群及其内部企业知识资源的研究。产业集群内企业持续不断的知识交换、知识学习、知识外溢和明确的知识分工是决定其效益的关键因素，而集群的体系知识由于其路径依赖性、嵌入性、制度性等特征导致了集群内知识存量的非对称流动和集群外企业的难以复制，进而保证了产业集群长期持续的竞争优势。但是现有的关于体系知识的研究还比较分散，还没有形成相对统一的研究结论。因此，对于体系知识的探索性研究对于完善集群知识理论和促进产业集群功能升级都是非常重要的。

产业集群在世界范围内兴起，成为全球经济发展中重要的经济形式，其强大的区域经济推动力量受到企业管理者、政府机构和众多学者的广泛关注。国内外有很多学者对集群现象进行了大量有效的研究，主要是从社会学、地理学、经济学和管理学的不同学科和不同视角进行阐述的。早期对于集群竞争优势的研究更多地关注了外部因素的作用，如规模经济、柔性专精、外部经济性和交易成本等。随着知识经济时代的到来，学术界将组织看作一个基于知识的系统，组织的核心知识造就了组织的核心竞争力。产业集群是由企业组成的，作为其内生力量的知识创造能力，成为集群竞争力培育的关键因素。而集群体系知识是形成和维持这种竞争优势的重要来源，这成为本书对其进行深入的理论和案例研究的动因。

体系知识在促进集群发展，推进集群知识与技术创新，从而形成并维持集群竞争优势方面的重要作用已经得到了广泛的认可。但是，现有文献要么从基础理论层面界定了集群体系知识的概念、内容和特性，要么从实践应用层面解释了集群中现有体系知识在集群内企业或整个集群的发展、技术创新、形成并维持竞争优势的过程中所起的具体作用。但是体系知识并不是凭空存在的，更不是一成不变的，体系知识发挥作用的前提条件是其独特的形成和更新机制，过往的研究中明显存在着对集群体系知识更新演化过程研究的断层。因此，本书结合产业集群演化的相关理论，以大连软件园发展历程为案例研究对象，试图探讨以下问题：（1）体系知识的影响因素，即软件园在发展过程中所处的内外部环境压力；（2）体系知识演化的特征。本书所探讨的大连软件园体系知识的演化过程对中国产业集群提高体系知识水平并以此获得竞争优势有重要的参考价值。

揭示了集群内不同行为主体促进体系知识演化的过程和机理，有利于指导实践。通过探索集群体系知识的前因变量，即大连软件园在发展过程中所处的内外部的环境压力，促进集群体系知识的提升，推动集群发展，本研究打开了集群体系知识演化过程的“黑箱”。丰富了产业集群知识创造理论，为产业集群的发展提供了理论依据。这一研究更清晰地反映了产业集群持续竞争力的形成和集群体系知识之间的逻辑关系，使我们对集群体系知识的来源、本质有了更加全面、深刻和系统地认识。通过对体系知识演化过程的了解，使人们更深入地理解了产业集群阶段性发展的内在原因。

通过对大连软件园体系知识的案例研究，分析了集群体系知识演化的详细过程，找到了发展及完善我国产业集群的途径，这有助于提高产业集群的知识创造能力，增强集群企业的活力与创新能力。为政府部门制定有利于我国产业集群健康发展的政策，引导集群良性健康地发展，促进其持续竞争优势的形成，并最终实现产业集群的可持续发展提供了理论指导。

第一节　集群体系知识

体系知识源于亨德森（Henderson）和克拉克（Clark）从产品开发的技术角度提出的“组件”与“体系”的概念，他们将知识分为组件知识与体系知识两类，认为“组件”是指产品中具有不同作用的部分，它们体现产品的核心设计观念，以风机的制造为例，组件部分包括驱动电机、叶片、叶片护罩和控制系统等，将所有的组件部分协调成为一个整体就形成了风机的体系结构。对于产品整体和产品组件部分的认识和运用，就形成了该产品的“组件性知识”与“体系性知识”。组件性知识是关于核心设计观念及其在特定组件中实现方式方面的知识，比如在风机的构造中，从许多个为风扇提供动力的设计理念中选择一个，即使用电动机运转风扇便实现了为风扇提供动力的目的。而电动机的设计理念便是整个风机运作原理中的一种组件知识。体系知识是指将组件知识联结到一个协调一致的整体方面的知识。而保持核心概念不变，仅仅改变组件知识联结方式的创新即可称之为“体系创新”，体系创新为企业提供竞争优势。这两个层次的概念为集群体系知识概念的发展提供了基础和借鉴。

马歇尔在1925年最早对集群体系知识进行了描述，强调了体系知识的产业相关和区域嵌入的特性，之后的相关研究都是在其理论基础上进行扩展，进一步指出了体系知识的路径依赖性、集群企业共享及其整合的特点，如表9.1所示。2001年马歇尔再次提出了集群体系知识造就了产业集群的独特性，使集群层面的竞争能力超越了企业层次的能力，最终形成了持续的竞争优势，至此产业集群知识理论初步形成。但是，他这里将其称为“公共知识”，强调了集群内的知识的共享性，以及在促进集群发展进程中的关键性作用，还没有涉及到集群层面知识的系统整体性。巴塞尔特（Bathelt）、莫罗西尼（Morosini）和托尔曼（Tallman）等人的研究开始深入到体系知识的形成机制和内涵，他们提出体系知识是集群内企业经历了共同的发展过程，在共同解决问题和多次的交易实践的经验基础上形成的趋于稳定的定位性知识，它会随着集群、企业和外部环境的变动而不断更新。

表9.1　国外学者体系知识相关研究

作者	观点
马歇尔（Marshall）	为产业区内的生产经营者无偿提供大量的竞争性优势，而区域以外的生产者却不能轻易获得的，是一种弥漫在空气中的产业氛围。
皮奥里（Piore）；波特（Porter）	源自企业间的动态相互作用，形成了与区位密切相关的知识社区，进而促进了区域内集体公共理解的形成。
斯多波（Storper）；劳森（Lawson）	集群企业间在传统交易市场之外的“非交易相互依赖性” 构建本地生产系统提供了有关新产品、市场、生产方式以及资源获取方式等方面的知识。
野中郁次郎（Nonaka）	相同的教育背景，共同的工作经历及邻里关系孕育了一种跨越某一特定企业的“场”的共同文化，它促进集群组织间的知识交换，是产业和区域的共同财富。
斯彭德（Spender）	集群环境下，成员企业能够发展一种目的感知（sense of purpose），并且内化为指导方向的活动，形成一种集体意识和同一性，然后彭罗斯（Penrose）效应开始起作用，出现了如何应对环境的集体知识。
玛斯凯尔（Maskell）	存在于集群中的公共知识是集群优势的来源，通过吸引新的进入者，能够提升集群和扩大它的知识基础。共享的知识基础使集群企业持续整合和重组相似和非相似的资源来生产新的知识和创新。

续表

作者	观点
布朗（Brown）	社区中相互依赖的个体发展了一个社会环境和共享实体，知识更自由地移动，正在进行的实践创造了关于系统如何运作的共享知识和对这些知识意义、内容的理解，更重要的是这种从实践中发展起来的技能（know-how）具有隐性和显性两种特性。
巴塞尔特（Bathelt）玛斯凯尔（Maskell）	共同的制度框架允许专业化使用者和生产者去讨论和解决特殊的问题，然而这样的框架是不会自动存在的，它是在日常交往中通过社会实践建立的。共同解决问题和试验导致在接下来的相互作用中稳固的基本定位，这些定位不断被更新和调整以适应创新过程中的新的目标。集群内部的制度的产生促使生产者和使用者之间的联系稳固并产生信任。
莫罗西尼（Morosini）	集群内共享的知识包括：跨边界的强社会文化关系、主体中共同的行为编码、主体之间的信任程度、主体之间相互合作态度、共同的语言、共同的产业文化、共同的产业氛围、共同的人力资本发展方式、共同的商业理解和倾向、共同的竞争方式和途径等。
托尔曼（Tallman）	通过经常性交流，集群内企业也会共同形成一些整体性知识，从而使其区别于集群外其他企业，这种集群层面上所积累的知识会成为集群的竞争优势的重要来源。这种知识不是扩散到任何单个企业的企业层次的结构性知识，而是代表通过集群内成员企业之间的交互作用网络、相互依赖性与共同利益的惯例化而形成的集群水平的共同理解。包括对集群成员之间的相关性、声誉、相互依赖性和支持集群其他社会系统关系方面的理解。

资料来源：文献整理

野中郁次郎（Nonaka）和竹内弘高（Takeuchi）认为知识沿着认识论、存在论和时间的维度螺旋上升，最终实现了个体、群体、组织再到组织间的创造过程，分为分享隐性知识、创造概念、验证概念、建造原型和转移知识五个步骤。他们又将企业的知识创造理论扩展到了集群研究中，认为知识创造不仅仅发生在企业内部，而且会通过企业之间的各种关系向外弥漫，而在产业集群中相互关联的企业网络成为知识创造的中心地。通过对美国硅谷和日本丰田汽车集团两种不同类型的组织间知识创造模式的对比研究，他们发现有效的组织间知识体系具有一些共同的特征，即具有强大吸引力的“场”或“创造、共享及运用知识的平台”。这种“场”的形式是不确定的，可以是实际的、虚拟的、精神的或者是所有这些形式的某种组合，它为所有的交流参与者提供了共同语言、信任、关爱的氛围、比喻或充分理解的程序，所以为组织间的知识创造建立适合的“场”是很重要的，其中包含的共有文化、共同语言、人际网络以及共享的艰辛历程不是在哪个企业里开发出来的，而是在整个集群中发展起来的，这些因素对集群中的知识创造和扩散起着巨大的支持作用，是产业和区域的共同财富。基于这样的解释，“场”也具有体系知识的特征。

斯蒂芬·托尔曼（Stephen Tallman）等人将亨德森（Henderson）和克拉克（Clark）从产品开发角度提出的组件知识（component knowledge）与体系知识（architectural knowledge）的概念应用到了集群知识研究中，他们认为集群中的组件知识由那些具体可识别的技术和知识资源组成的，通常与当地的产业技术密切相关，具有清晰的因果逻辑关系，是易于吸收和流动的。体系知识则是在集群企业不断的交流互动中，共同开发出来关于区域层面知识交换、竞争、合作及企业间相互依赖方式的理解，它在集群的互惠方式、名声、发展战略等方面得到体现。体系知识产生的背景依赖性和系统相关性，使其不易流动也不能有偿交换，它在一定程度上设置了集群范围的界限，与外部区分开来，促进集群内企业对组件知识吸收的同时限制其向集群外溢出，从而导致了集群内知识的非对称性流动，最终使产业集群获得持续的竞争优势。

国内对集群体系知识的研究主要侧重于：一是集群体系知识的定义，如邓卫华、易明、蔡根女将集群知识体系分为三个层次：个人知识、组织知识和集群知识。其中集群知识包括：行业规范和标准、产业共性技术、产业管理理念、扶植政策法规、人才流动渠道、融资和信用管理办法及其他方面的知识。他们认为集群层知识是集群在其长期成长过程及其特定的情景中，沿着特定的方向产生并演化，依靠知识和经验的积累形成的，与集群的技术、结构、文化、价值观等独特性质有关的，呈现出独特性、衍生性、学习积累性和路径依赖性等特征的互补性、整合性知识体系。二是集群体系知识的重要作用，如杨锐、李伟娜通过对苏州IT产业集群的研究，从当地知识培育的角度强调了当地知识在承接国际转移中的重要作用，这种当地知识是在嵌入性和以人力资源为载体的专业知识积累的基础上形成的。叶金福，李正锋利用帕德默（Padmore）和吉布森（Gibson）提出的企业集群的GEM知识创新系统模型，以西安高新技术产业开发区为例进行了实证研究，他们证实了集群资源设施的高效率和高品质、鼓励知识创新的区域文化和制度、集群内成员的良性互动机制等因素对提高集群内企业知识创新能力的决定性作用。三是集群体系知识的内在构成，如耿帅、顾志刚从共享性资源的角度阐述了集群体系知识，他们认为集群边界内、集群企业外部确实存在与集群企业竞争优势密切相关的知识资源，包括企业间畅通的资源交换与组合渠道、集体声誉、企业间高度的相互信任、集体学习与知识共享网络、企业间紧密的竞合互动氛围、当地机构的积极参与和支持等。张红杰在托尔曼（Tallman）等人对集群体系知识定义的基础上，通过对大连软件园的案例研究，指出了集群体系知识的六大内容维度以及八大知识特性。她指出体系知识的具体内容包括：战略认同、惯例、产业氛围、集体声誉、互惠以及制度。体系知识的特性主要有：根植性、偏隐性、整合性、路径依赖性、低流动性、约束组件知识溢出性、促进组件知识吸收性以及源自主体互动性。

从当前有关集群体系知识的研究中可以看出，学者们都强调体系知识是集群内成员企业间互动交流的结果，通畅、快捷、配合精密的企业互动合作可以不断增加体系知识的存量。同时，集群体系知识的丰裕程度对成员企业的学习能力和创新能力都有显著影响；从马歇尔的“产业氛围”到托尔曼（Tallman）的集群层体系知识，这些概念都认为体系知识是具有共享性的“公共资源”，区域内成员都可以获得；对于体系知识的特性，斯彭德（Spender）认为集群体系知识是一种社会的、隐性的知识，而托尔曼（Tallman）认为集群体系知识同时具有隐性和显性两个维度，组件知识更多地具有显性特点，而体系知识更多地具有隐性特点，同时他们认为任何知识特性不是绝对的二元构成，而是一个谱系。那么产业集群中的体系知识是如何形成的，在集群漫长的发展过程中，体系知识又是以怎样的形式发挥作用并逐步演化的？对于这个问题现有的研究很少关注，缺乏相关的理论与实证研究。本书将借鉴张红杰对于体系知识内容维度的界定，结合产业集群演化的相关理论，来深入剖析集群体系知识的演化机制及其阶段性特征。

产业集群作为一种有效的产业组织形式，在其发展过程中显示了出明显的演化特征，产业集群的演变的过程中会受到市场竞争、政策变动、产业发展和转移、地区环境、技术发展与社会进步、资源禀赋等诸多因素的影响，同时它又具有明显的阶段性特征，这一现象已经得到了国内外众多学者的研究证实。例如，布鲁索（Bruso）通过对意大利产业集群的研究，建立了集群演化的两阶段模型。在第一阶段，产业集群处于自发成长的状态，没有受到政府的干预；到了第二阶段，集群具有了一定的规模，当地政府及行业协会就会对其进行干预。乔凡纳（Giovana）和迪尼（Dini）从投资开发的角度进行分析，认为中小企业集群的网络化发展过程经历了五个阶段，分别为：少数具有较大影响力的企业家推动产业集群形成的起步阶段、形成战略计划联合发展阶段、实施战略性项目开发阶段和自主管理阶段。费尔德曼（Feldman）认为典型的企业集群演化过程包括出现、稳定和成熟三个阶段，他强调了当地企业家创新精神在集群发展中的重要地位以及地方特定因素产生的影响作用。加洛弗里（Garofoli）通过对意大利集群的经验性研究，把产业集群的演化过程划分为区域生产专业化、地区生产系统化和区域系统化三个阶段。我国学者秦夏明在国外研究成果的基础上，结合我国的实际情况建立了产业集群演化过程分析模型，指出产业集群的演化包括基本要素集聚、价值链集聚、社会网络集聚以及创新体系集聚四个阶段，他同时认为制定产业集群政策的关键是要推动产业集群自组织演化到更高级别的阶段。

作为一个有机的产业群落，产业集群的演化不仅具有阶段性，而且与生命体的演化相似，呈现明显的生命周期性。蒂奇（Tichy）根据弗农提出的产品生命周期理论，认为产业集群的生命周期应该包括四个阶段，即诞生期、成长期、成熟期以及衰退期，同时每一个产业集群都会经历以上四个阶段，然而不同的产业集群之间在生命周期的大小方面存在着较大的差别。迈克尔·波特从竞争经济学的角度出发，认为产业集群在其演化进程中一般会经历诞生、成长以及衰亡三个阶段。我国学者魏后凯、池仁勇等人在对我国产业集群进行研究之后，提出了相似的观点，他们认为和其他类型的经济组织类似，产业集群也会经历一个从诞生到发展直至衰落的演化过程，分别为孕育阶段、快速成长阶段、成熟阶段、衰退阶段。方澜认为在产业集群演化过程中企业、社团中介组织、研发机构和政府部门这四大行为主体分别承担了执行、行政、创新和整合四种不同的功能。赵夫增和穆荣平将产业集群的生命周期划分为萌芽、发展、成熟以及衰退或转型四个时期，并以此为基础对各个时期集群发展速度、企业迁入数量、创业强度、空间范围、企业间联系程度、集群品牌、集群文化、外部市场等方面的特征进行了阶段性的分析。

由此可知，学术界已经对产业集群发展过程所具有的阶段性和演化性特征达成了共识。从集群规模、集群发展战略、企业家精神等方面分析了在产业集群发展演化的过程中，集群中的行为主体如政府、企业在不同的时期会发挥怎样的作用，同时集群的不同发展阶段也会在发展速度、集群品牌、文化等方面呈现出不同的特征。那么与集群整体发展密切相关的集群体系知识在产业集群发展过程中，又呈现出怎样的特征？这便是本书要着重探讨的问题。

第二节 研究设计

一、研究方法

本书采用纵向单案例的研究方法，这种方法有利于更为清晰地观察事物发展的过程及其背后的规律，从而保证案例研究的深度。

案例研究是用于探索难于从所处情景中分离出来的现象时采用的研

究方法。对于回答“怎么样”和“为什么”之类的富有解释性的问题，案例研究是首选的研究策略，因为这类问题通常需要按时间顺序追溯相互关联的各种事件，并找出它们之间的联系，而不仅仅是研究他们出现的频率和范围。此外，与其他研究方法相比，案例研究法的资料来源渠道更多、更广泛，尤其是当研究者无法控制研究事件的相关因素时，案例研究更能挖掘事件之间的相互联系，从而使研究更加深入①。此外，单案例适合于纵向案例研究，即对多个不同时间点上的同一案例进行研究，有助于反映出研究对象在各个阶段的变化情况，同时通过有代表性的典型案例，得出有助于加深对同类事件的理解的结论。因此本书采用单案例纵向研究的方法。

二、案例选择

本书选择的案例研究对象是大连软件园——在大连市政府扶持下以“官助民办”模式运营的高新技术产业园区。选择大连软件园为研究对象的原因有三：

第一，纵向数据可获得性。从1998年至今大连软件园已有13年的发展历史，在当地政府和企业的共同努力下持续稳步发展，在同类产业园区中一直处于领先地位。因此，可以保证集群体系知识演化过程中相关因素数据的可获得性。

第二，案例典型性。大连软件园是国内第一个以“官助民办”的模式运营的产业园区，它以“创新”为主要内涵，以软件和服务外包为产业导向，通过13年的不断努力成长为亚太软件与服务创新的中心，它的成长经验对国内产业园区的建设有具有很大的借鉴价值。

第三，案例研究开展便利性。主要基于2个方面：（1）调研活动便利性。与大连软件园的地理接近性有利于经常性地开展实地调研，提高了资料收集效率和数据质量。另外，通过与软件园内部人员访谈交流，获得

① 本部分研究目的在于揭示集群发展过程中内部行为主体、体系知识等相关因素的关联性，若使用定量研究的方法进行研究可能是比较困难的，所以案例研究的“分析性归纳”原理可能更适用于这一主题。

了关于软件园发展进程及知识管理的一手与二手资料，增强了资料的真实性，确保了研究的信度和效度，提高了研究结论的说服力。（2）公开资料获取便利性。公共网站、园区杂志和经常性的新闻媒体报道，为本研究多样化资料的获取和相互印证比较提供了便利。

三、数据收集

为了构建完整的证据链，本书案例主要采用了文献资料、档案记录、人员访谈这三种不同的数据收集方法，确保通过多样化的研究信息和资料来源对研究数据进行相互补充和交叉验证。不同的证据来源构成了“资料三角形”，避免了共同方法偏差，有利于验证同一个事实，提高了案例本身的建构效度。对大连软件园不同发展阶段的信息和数据收集情况说明如下。

（1）文献资料

本书通过中国期刊全文数据库、重要报纸全文数据库、行业统计报告、行业协会刊物、Google等搜索引擎、大连软件园门户网站、政府主管部门网站、大连软件行业协会网站搜集有关大连软件园整个发展历史上的相关信息。

（2）档案记录

对案例研究来说，档案记录的首要作用就是用来证实或者证伪通过其他渠道获取的资料。它有利于验证访谈中所涉及的一些组织名称和拼写是否正确，还能提供某些细节来检验通过其他渠道获取的资料提供的信息。这种证据来源的优点是：稳定，可以反复阅读；自然真实，不是作为案例研究的结果建立的；确切，包含了事件中出现的具体名称、参考资料和细节；覆盖面广，时间跨度长、涵盖多个事件、多个场景。档案记录在案例研究的资料收集中起着至关重要的作用。

本书收集了大连市统计年鉴、大连软件园的内部报刊如《大连软件》和《中国服务》、各种产品介绍、不同版本的书面宣传手册、高层讲话记录、软件园项目可行性分析报告等资料。

（3）人员访谈

访谈是最重要的直接接触到案例研究对象，收集第一手资料的一种手段。访谈这种证据来源的优点是具有针对性，直接针对于案例研究课题；见解深刻，呈现观察中的因果推断过程。访谈法可以通过和受访人员的直接交流来保证获取资料的真实性和丰富性，可以通过与受访人员的双向沟通把较模糊的问题辨识清楚。

根据研究目的，本研究选择了24名园区企业中工作时间较长的员工作为访谈对象，他们在软件园内的工作年限都在三年以上，跨越了所有成长阶段。访谈提纲均为开放性问题。在访谈中，研究者针对关键事件进行深入挖掘，为后期阶段分析做准备。每次访谈的时间平均为一至二小时，有的受访者的访谈时间要略长一些。每次访谈结束后，都会及时对访谈内容进行整理和分析。通过现场访谈，丰富了研究所需的信息，并且对文件资料中的信息给予了确认，解答了某些公开文件资料中难以确定的问题，使本案例研究得到了更进一步的完善。

四、时期划分

本书的案例研究采用了时序分析法，就是对处于多个不同时点的同一案例展开研究。这种方法适用于对单案例进行纵向深度的研究，有助于反映研究对象在各个不同阶段的变化情况，从而有助于从中提炼规律。编制大事年表作为一种独特的时序模型，在案例研究中较常运用。大事年表所体现的时间序列直接反映出了案例研究方法的一个突出优点，就是案例研究方法允许追溯一段时期内发生的事件。

对于时间维度的构建，本研究确定集群发展阶段的方法和步骤如下：首先，根据受访者对集群发展阶段的经验性划分，结合访谈记录和二手数据中对集群发展环境变化的描述（在大连软件园发展过程中，剧烈的环境变化主要有：1998年硬件制造业利润大幅滑坡，产业结构调整成为重点，2003年左右全球软件产业大转移，以及2008年遭遇全球金融危机）和软件园发展的大事记（见表9.2），研究初步将软件园的发展分为三个阶段，并将2003年和2008年初步确定为软件园发展的两个拐点。

表9.2 大连软件园发展大事记

1998年	在由家村破土动工，拉开了大连发展软件产业的序幕
1999年	被科技部认定为“国家火炬计划软件产业基地” 首个软件企业东软集团入驻园区 第一家外资企业新加坡博涵咨询有限公司入驻
2000年	芬兰诺基亚成为第一家进驻大连软件园的世界500强企业 与东软集团合作创立的国内规模最大的软件专业大学——东北大学东软信息技术学院成立
2001年	第一次在日本举办软件产业招商会并获得成功 大连松下通信软件有限公司成为入园的第一家500强日资企业 首次提出建设“中日软件产业合作战略门户”的园区发展目标 被科技部认定为“软件产业国际化示范城市”项目的核心基地 被国家发展计划委员会与信息产业部授予“国家软件产业基地”
2002年	GE金融国际服务亚洲集团成为第一家入园500强美资企业。 美国德勤咨询公司与信华公司合作在园内建立外包中心 大连软件园股份有限公司在国内软件园第一家通过ISO9001:2000认证
2003年	位于旅顺南路软件产业带的大连软件园二期工程被辽宁省发展计划委员会列入辽宁省振兴老工业基地重点高技术产业化示范工程项目率先开工建设 在日本东京举办“大连软件产业说明会暨首届人才招聘会”，同年举办东北三省巡回招聘会获得成功 大连软件园IT经理人俱乐部成立 埃森哲、IBM、瑞典爱立信、日本CSK、古野电气等跨国公司相继落户大连软件园
2004年	“大连软件园–中国IT外包中心”的品牌发展战略初步确立 首创面向客户的“BOT”（Built–Operate–Transfer，建设–运营–移交）服务模式 被授予“国家软件出口基地”称号，成为科技部火炬中心实施的“中国软件欧美出口工程项目”的首批试点基地。 东北大学独立学院东软信息学院、东北大学研究生分院相继在东软信息技术学院宣告成立，以东软信息学院为基础的集大专、本科、研究生的多层次人才培养体系已初步确立。 松下、惠普大连BPO中心、SAP入驻，马来西亚多媒体走廊进驻大连软件园，成为大连软件园内首个外国政府级办事机构。

续表

2005年	荣获"中国服务外包贡献奖"，受到业内瞩目 由英特尔公司、大连信息产业局和大连软件园股份有限公司合作创办的INTEL创新实验室成为建园以来成立的第一个以自主技术研发为主的研究机构
2006年	荣获"中国软件自主创新特别贡献奖" 配合商务部"千百十工程"首次提出了"中国服务"理念，提出要建设"世界一流的办公室"的发展目标 成为首个中国服务外包基地城市示范区 大连市首家软件知识产权保护服务中心在大连软件园挂牌成立。 Convergys、Oracle、Avaya、NTT、NCR等多家世界500强企业落户大连软件园。
2007年	大连软件园二期腾飞园区首期项目竣工正式投入使用 与地方政府合作，苏州高新软件园、天津滨海服务外包产业园先后开展合作运营和开发 旅顺南路软件产业带大连天地·软件园工程正式启动
2008年	富士通、思科全球高级服务中心、日本财产保险集团、新日铁、东方源等进驻园区
2009年	北京、上海、日本办事处相继成立，全国性品牌彰显
2010年	辉瑞、联想、赛门铁克、野村综研等国内外著名企业入驻 高新区物联网产业基地挂牌运作，哥伦布物联网有限公司进驻 正式提出"引领城市未来"的新发展口号
2011年	简伯特新定制楼3.0顺利竣工并交付使用 罗克韦尔自动化有限公司软件开发中心、日本ATM株式会社"安天信息服务（大连）有限公司"正式入驻园区

资料来源：大连软件园网站资料整理

进一步的，从集群规模来看（见图9.1），软件园2003年和2008年销售产值分别突破20亿元和150亿元，其销售产值增长率2003年高达200%，到2008年销售产值增长率也在50%以上，而2002年和2007年销售产值增长率则都在20%以下。此外，从图中可以看出2002到2007年间，销售产值增长率高且波动较大，而2008年以后增长速度趋于平缓，体现了集群不同阶段发展速度的不同。因此我们将2003年和2008年确认为软件园发展的两个拐点，据此把软件园发展划分为3个阶段：1998—2002年为集群起步阶段，

2003—2007年为集群发展阶段，2008年至今为集群的成熟阶段。

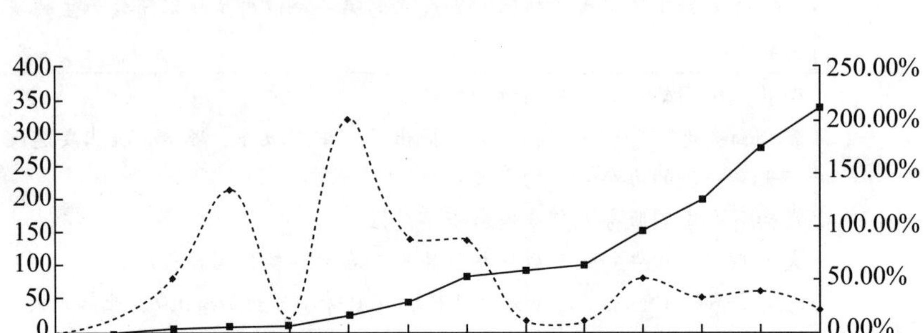

图9.1　大连软件园历年销售产值（1998—2011年）

资料来源：大连市统计年鉴，1999-2004；中国火炬统计年鉴，2005—2011。

第三节　案例分析

一、大连软件园体系知识演化分析

（一）起步阶段（1998—2002年）：政府带动企业发展

1998—2002年是大连软件园的起步阶段，也是大连软件战略在实践层面上的正式启动，由政府、软件企业（东软）和地产开发商（亿达集团）这“三个点”确立和支撑的结果。在这个时期里，为了共享各种资源，吸引更多的相关支持机构，加速园区建设，政府的整合功能发挥了重要作用，软件园的体系知识内容概括如表9.3所示。政府首先为软件园的发展做了整体的规划：以软件园为依托形成产业集群，吸引有影响有实力的软件公司特别是跨国软件公司来此落户，打造国内一流的软件产业生态链。

表9.3　大连软件园起步阶段典型资料整理与归类

体系知识	关键词	典型资料
制度	官助民办	①政府给牌子、给政策，具体项目的投资运营则交给企业来做，使我们既有制度保证又有了专业服务。 ②我们在创业中爆发出来的激情与智慧，都因为有一个官助民办的机制在背后推动和激励。 ③软件与信息服务是以人为本的新兴产业，以知识型员工为主，他们对环境比较挑剔，希望得到专业细致的服务，而旧有的园区管理模式难以满足企业的需求。
战略认同	对日外包	①国内软件市场太小而且不规范，大连软件产业又刚刚起步，研发水平既不如欧美也不如国内很多城市，所以软件园选择了国际化的外包之路。 ②这里丰富的日语人才，为我们在软件开发中与客户沟通，理解需求提供了便利条件。 ③园区企业共同为了实现“中日软件产业合作战略门户”目标而努力。
互惠	合作建园	①政府、企业间的默契配合，为了共同的目标和共同的事业努力奋斗，是大连软件园建设不可复制的那个部分。 ②政府给了我们很大支持，不单是政策性的优惠，对于软件服务产业来说软环境的建设同样重要。 ③软件产业的发展反过来也推动了大连市的产业调整，提升了城市的竞争力。 ④我们之间的合作要坚持的首要原则是对双方发展都要有利，最终推动软件园的发展。

资料来源：根据访谈记录与二手资料整理而成。

在软件园起步的这个阶段里，也是软件园体系知识初始显现的时期，政府扮演了“积极参与者和第一推动者”的角色，直接促进了制度性体系知识的出现。第一，软件园的命名。时任副市长的夏德仁将“由家村产业基地”直接命名为“大连软件园”，将“大连”这个城市的名称，直接冠名在了一个民营软件园身上。这些举措虽然并不是实质性的政策优惠，却是莫大的隐性制度支持，也明确表示了政府对大连软件园所寄予的厚望。第二，软件园的“官助”。大连市政府将“只用于扶持国有企业和公共部门的科技三项基金”用来补贴入园企业，为软件园吸引了第一批客户；政府组团赴日招商，市长亲自带队，用政府的信誉，推动着软件产业的发展。第三，“软环境”建设。由于大连的外包业务走在全国的前列，在很多政策方面都遇到了新情况新问题，对于这些问题市政府都给予了快速反应。2000年，大连市首先提出对软件与信息服务外包企业的出口业务按照增值税征收的方案。2001年，大连海关又在全国第一个出台了《大连海关支持软件出口的若干措施》。在大连软件园创建阶段，政府与企业的合作规划，企业与企业之间的共赢谈判，已经将互惠共生的理念植入了软件园。政府部门、软件企业和房地产企业三者共同致力于软件产业，正是它们的配合和互补，才保证了大连软件园整体设计的科学性和前瞻性，保证了软件园建设与市场的对接。

在这个阶段，大连软件园的体系知识主要体现在：政府根据大连的内外环境和企业发展需求，以互惠共赢为原则，与企业互动规划建设软件园，提出了“官助民办”的运营构想，并确立了以对日市场为主的软件外包发展战略。软件园发展呈现的特征是，以政府为主导，整合政府、软件企业、房地产开发商三者的各种资源和能力，聚集到一处，推动软件园的创建与起步，促使显性制度、战略性和互惠性体系知识的出现。比如创新性“官助民办”体制，国际化发展道路的提出。这个阶段里，政府的作用是进行制度支持和战略性引导，为软件园的设计发展框架，确保软件园发展的科学性与合理性；软件园运营企业的工作重点则是将园区规划建设落到实处；以东软为代表的软件企业利用自身强大的号召力和影响力，吸引企业入园，同时和高校联合孵化创新型的小企业。

（二）发展阶段（2003—2007年）：DLSP创新服务推动

2003年，大连软件园被国家相关部门认定为“国家软件出口基地”的示范区域，从此进入发展的快车道。国家软件出口基地建设项目由大连软件园股份有限公司承担，致力于将大连软件园建设成为软件出口基地中心区，逐步建立参与国际竞争的营销与技术支撑体系，形成以国家软件出口基地为龙头，辐射周边地区以及带动全国软件出口的产业格局。这个时期里，软件园的产业集聚效应开始显现，园区企业之间互动合作频繁，园区服务水平及园区企业的管理水平亟待提高。在这个过程里，软件园运营管理企业DLSP的行政功能扮演了重要角色，软件园体系知识内容概括如表9.4所示。

表9.4　大连软件园发展阶段典型资料整理与归类

体系知识	关键词	典型资料
制度	弱化政府角色发挥民办效力	①市场不同了，产业基础不同了，大连作为一个软件外包新领军城市的地位慢慢确立，政府就没有必要再采取“呵护幼苗”的态度了，现在只要给出土地和政策，靠市场的力量它们就能很快发展起来。 ②政府的主要职责是宏观调控和市场监管，不可能事无巨细地为企业解决一些专业问题，在这个空档上我们找到了自己的位置和生存空间，那就是走向综合服务方案提供商。 ③我们会根据政策性的指导来调整企业的规章、程序，以便更好地与软件园的大环境相适应。
战略认同	亚太软件服务中心	①随着园区规模扩大，企业数量增多，整个软件园的竞争力和外部认可度越来越高，我们也有了更高的发展需求，自觉将战略发展定位由主要的对日外包提升为建立北亚软件服务中心。 ②园区企业对软件园整体发展战略的调整达成了共识。 ③软件产业的发展推动了我们战略目标的改变，对于这种改变我们与其他企业之间有一种默契存在着。
互惠	企业互动合作共同发展	①我们很乐意与园区内其他企业进行合作，这样不仅双方获利，也能促进园区的发展。 ②软件园内的企业有很多是上下游的合作关系，因为A公司来软件园，所以B和C也来了。
产业氛围	开放、合作人才至上	①在惠普领导小组进行的多个地区的考察中，软件园的政府支持和多元化人才是得分最高的。 ②DLSP的服务和所提供的资料让我们觉得他们非常专业，他们知道我们想要什么。 ③企业有开放和学习的心态，无论说什么事情，他们都能听得进去，并把这作为学习的过程，在下次的谈资合作中就会用得到。

续表

体系知识	关键词	典型资料
集体声誉	中国服务	①园内个别企业的不轨行为会给我们的名声带来整体损害，所以一旦出现这样的行为该企业就会受到其他企业不同方式的制裁。 ②大连已经形成了软件与服务外包的产业集群以及规模效应，具有了一定的国际知名度与美誉度。 ③软件园的好名声为我们赢得了更多的客户和合作伙伴，同等条件下客户也更愿意选择我们，所以园区企业都会自觉维护这种整体荣誉。
惯例	程序规则	①在软件园内对于文档、规范、严格的质量等要求，已经没有企业再来讨论这些问题了，双方的质量和标准意识已经在磨合中相互融合，成为了一种默契行为。 ②中外企业在做事风格、行为规范等方面有很大的不同，更多的业务交流与合作能够增进彼此的了解，减少摩擦。 ③在多次的合作磨合后，我们为对方设立了快速通道，提高办事效率。

资料来源：根据访谈记录与二手资料整理而成。

大连市政府继续以“开明、开放”的态度为软件企业营造良好的外包服务大环境，推动了软件园的快速发展。在与外包业务质量和信誉密切相关的CMM评估、知识产权保护、个人信息安全建设方面，大连都走在了中国其他城市的前面，为软件企业创造了独特的优势，提高了产业未来的竞争力。为解决高级人才缺乏的问题，大连制定了对年薪六万元以上的高级软件人才给予奖励的政策，并投入大量资金建设了全国性的人才实训基地，每年可以输出上万的软件人才。这个时期政府的支持更加贴近软件服务产业的特性，从企业的角度考虑问题，为产业的进一步发展创造有利的软性环境。但是对于大连软件园的发展，政府自觉修正定位，弱化了自身角色，改变了“官助”的角度和方式，采取了“政府快速响应企业”的支持策略。例如，到软件园二期工程，即大连旅顺南路的软件产业带的开发阶段，政府取消了“官助民办”的口号，只是给出土地和政策，让它靠市场的力量来发展。

作为大连软件园服务中枢的开发运营企业DLSP在不断反思中颠覆了传

统的单纯物业管理服务的园区经营模式，创造性地提出了既包含星级物业服务，又包含高层次专业增值的综合服务模式。其中包括人力资源解决方案中心、外包解决方案中心、基础设施解决中心等多个服务体系，形成了一个综合服务平台。DLSP还首次提出了BOT服务模式，即从楼宇装修、网络设备安装、招聘培训人才，直到建立起一个可以运行的公司，然后整体转交给客户的建设运营转移模式。这种客户服务理念可以让园区企业专心于自己的业务发展，其他所有问题都由DLSP去解决，因而这种良好的服务模式为软件园吸引了大批跨国企业，极大地推动了园区的国际化发展，促进了园区企业合作氛围的产生，也塑造了软件园“中国服务”的理念。

以跨国公司为主的软件企业在大连软件园慢慢聚集，园区企业互动频繁，共同营造了园区“开放、合作、人才至上”的产业氛围。软件园“高校合围”的地理优势为企业与高校的合作和“产学研互动”提供了便利：大连很多高校在软件园设立博士点和实习点，而软件园企业也争相在高校内建立大学生实训基地，为企业解决人才来源与获取知识支持提供了便利。比如IBM参与了大连理工大学软件人才实训基地建设，惠普也在多所大学里建立了定制班。这种校企合作的方式获得了双赢的结果，跨国公司在进行培训的同时，也在宣传自己，普及自己的技术，这当中最大的受益者还是人才。“这种校企互动式的培训最大的好处就是贴近实践，贴近市场。”软件园人力资源服务中心负责人说。总之，无论是政府树立的企业第一的支持策略，还是园区企业之间、企业与高校之间的各种合作，都是以互惠共生为原则，最终取得了双方共赢的结果。

在这个阶段，大连软件园的体系知识主要体现在：确立了“亚太软件服务中心”的国际化战略，突出软件园的民办特色，提出“中国服务”的品牌化运营之路，着力打造开放、合作、人才至上的产业氛围，最终促进了软件园的快速发展。软件园发展呈现的特征是，运营企业带动，充分利用政府的支持，完善园区内软硬环境，以创新性的服务快速推进软件园发展，比如中国服务理念的推广。这个时期，运营企业的服务水平对集群规模的扩大，园区企业管理水平的提升都具有关键性作用，所以运营企业要将工作的重点转移到完善服务水平，为企业提供创新性的问题解决方案，使企业能够快速便捷地融入到软件园这个大环境中来；在快速扩张的阶段，产业和组织环境都在经历复杂的变化，政府制度的强制性很容易给企业的发展造成阻碍，因此政府的角色有主动支持变为被动服务，将自己放在响应企业的位置上；有了政府的“放手”和运营企业的服务支持，园区企业则要努力通过纵向、横向的业务合作，实现集群和企业的共同发展，增强产业的凝聚力。

（三）成熟阶段（2008年至今）：园区企业合作创新

2008年至今大连软件园的发展趋于成熟，随着各类企业的增多以及企业间互补性的增强，园区企业间有能力展开协同创新。此外，随着金融危机后新一轮全球产业转移浪潮的到来，软件园面对更大的国际市场空间，更多的贸易机会，但是也面对更多的压力，唯有通过合作创新，促使软件园走向产业链的前端才能应对这些压力。这一阶段大连软件园的体系知识内容概括如表9.5所示。

表9.5 大连软件园成熟阶段典型资料整理与归类

体系知识	关键词	典型资料
制度	公司化运作品牌化经营	①我们是常常会以大连软件园内企业身份去进行对外宣传，这样可以充分利用软件园整体的品牌力量，来扩大企业的知名度和影响力。 ②位于园区的企业似乎被一种隐性的力量约束着，大家都会为集体的发展贡献一份力量。 ③以大连软件园为名的品牌发展战略，使我们在国际市场竞争中获利良多。
战略认同	亚太软件和服务创新中心；产业升级	①在软件服务和外包业务方面我们有了足够的经验和知识积累，现阶段我们将重点放在扩展多元化业务和多领域技术的联合创新上。 ②高质量的服务和良好的客户体验给我们积累客户、知识和技术资源，有了这些在新的产业环境下我们有实力向产业价值链的高端迈进。

续表

体系知识	关键词	典型资料
互惠	合作共赢	①我们这个行业竞争越来越激烈，在发展中更要团结起来，在合作中协调双方的利益，尽力达到共赢的结果，才能充分发挥软件园的整体优势，否则只会使大家都遭受损失。 ②一开始是人才驱动产业，但是现在产业对人才的井喷式需求又推动了教育，而两者都取得了很大发展。 ③距离近、过往的合作经验都使我们更加信任对方，增加了以后合作的可能性。
产业氛围	开放、合作创新	①根据客户需要提供专业、独特的定制式服务，需求改变，服务随之变化，这是我们成功的关键。 ②高校合围的地理位置提供了很大的便利，我们通过在大学里建立定制班、与大学合作设立人才实训基地等方式，解决人才来源和知识支持问题。 ③要想实现创新，就得保持开放的心态，与高校合作，研发新的技术，补充新的高层次技术人才，这是企业的活力所在。与其他企业合作，吸取好的经验，提高自身的管理水平。
集体声誉	最佳服务；花园社区	①软件园的生活和工作环境好很多人都知道，光是这一点就吸引了很多高素质人才来此工作，这里完善的生活配套设施加上大家相似的工作、教育背景，有利于人们更好的相处交流，大大提高了幸福指数。 ②软件园成为行业里高质量服务和高水平管理的代名词，每年都会有很多国内外企业和政府部门的人组团来这里参观学习。软件园良好的声誉促进了园内企业的发展，我们都愿意为维护这种好名声尽一份力。
惯例	集体思维	①多年来在同一栋大楼，同一个区域内工作，对彼此的企业文化、行事风格都有了很深的了解，我们也很信任对方，毕竟这不是一次性的交易。在这基础上我们慢慢形成了相似的问题解决方式。 ②我们都意识到管理上的突破是首要解决的问题，必须要向国际规范和先进水平靠拢。 ③我们在制定未来发展战略和培育企业文化都会将周围企业和集群的整体环境考虑进去。

资料来源：根据访谈记录与二手资料整理而成。

大连市政府一方面要保证软件产业的持续增长，另一方面大力促进软件产业的自主创新，推动产业向高端发展。同时着重打造完整的公共服务平台体系，这是软件业发展迫切需要解决的问题。公共服务平台建设对于促进产业发展意义重大，到2011年已建设完成的公共服务平台有：软件交易公共服务平台，为大连软件企业提供了打通全国软件市场的销售渠道；个人信息保护平台，为软件企业解决了承接信息服务外包业务中的个人信息保护门槛问题。国际合作渠道平台，主要服务内容是与国际上有关国家、行业组织、企业等展开交流与合作，为大连企业提供一个了解国际发展动态信息的窗口。

面对新的局势，DLSP致力于不断提升园区软、硬两方面的功能，建设一个更加智能、更加环保、也更加人性化的园区。一方面强化园区功能。实施产业开发带动策略，着力优化功能布局，加大基本建设力度，强化生态涵养，不断增强园区载体功能、服务功能和综合保障功能。2009年大连软件园获得的“国际花园社区”金奖，表明大连软件园冲破单纯的软件社区的概念，而成为一个集工作、生活、教育于一身的适宜人居的“花园社区”；另一方面继续努力打造国际先进的基础设施和办公环境，并以更先进、更专业的服务满足企业进行业务提升、新技术开发和新领域拓展的需求。其次，移植软件园运营模式，扩大品牌效应。大连软件园在2009年提出了新的以商务园区经营管理专家为目标的专业性品牌定位，主要是针对服务外包企业提供辅助业务的外包，进一步突出了软件园区的核心能力。2011年DLSP旗下三园区大连软件园、武汉光谷软件园、苏高新软件园同时获得“最佳服务机构奖”，全面展示了DLSP独具特色的服务体系、创新的多点运营模式，体现了DLSP作为优秀的商务园区运营管理专家的强大资源整合能力和卓越的客户服务能力。

创新是发展的原动力，大连软件园的成功就是开放和创新驱动的结果，企业是创新的主体，要给企业留下创新的充足时间和空间，才能有更好的收益。经过多年培育和发展，园区企业的业务范围已经从产品的需求分析、设计延伸到应用系统的开发、业务链条的管理以及嵌入式软件开发，很多大型跨国公司将他们的技术支持中心、客户服务中心、研发中心都设置在软件园。比如，日本软银集团的共享服务中心，全面承接集团的财务、物流、客户关系管理等服务外包业务，目前还涉足了移动通讯领域；雅保管理（上海）有限公司的共享服务中心，为整个亚太区的内部客户提供客户、财务及其他后台支持；美国最大的共助基金公司富达将其亚太集团在华的唯一技术开发及金融后台服务中心设在大连软件园，承担高端金融管理软件的研发。这些都标志着园区产业正向高端发展，其所创造的价值也越来越大。产业延伸也带来了更多的发展机遇，三网融合的发展，促使产业的技术、管理、模式都不断创新，核心竞争力和国际影响力不断提升；服务范围也有明显的改变，起初服务对象主要是日本，现在已经扩展到欧美及全球，比如IBM、惠普都已经更多地开始拓展欧美市场；从业人员也在不断向高端发展，更多高学历、高素质的人才被集中到这里。园区企业为客户提供高端的信息技术外包服务，自身的研发能力、管理水平和创新能力得到快速提升，促进了各类科技创新与服务创新。到2011年，园区共申报自主创新专利182项。

在这个阶段，大连软件园的体系知识体现在：为实现亚太软件和服务创新中心的发展目标，利用软件园的民办特性，充分发挥园区企业的创新性，走好品牌化经营之路。软件园发展呈现的特征是，园区企业合作创新，推动产业升级转型。政府、运营企业为园区企业的进一步发展创造了良好的软硬条件，各方面的政策、体制、管理模式都趋于成熟，园区企业以此为基础拓展业务、推动产业升级。这个阶段包含两个方面，一方面是集群内不同产业的知识转移，即体系知识内化的过程。另一方面是向集群外的知识转移，比如苏州、武汉、天津软件园运营模式的移植，即知识的溢出效应。但是，这里的知识溢出是主动的知识外溢。因为体系知识具有很强的根植性和路径依赖性，所以很难被集群外的企业模仿与复制，而软件园经营模式的移植由于DLSP的主动参与获得了很大的便利。这一时期，园区企业充分利用前期的积累，加强业务合作，努力进行技术创新，从而加快产业升级的步伐。同时，企业开始大力拓展多元化的业务领域，促使整个软件园在产业价值链上的进步。政府顺应产业发展趋势，打造公共服务平台体系，为软件园全球化的发展战略提供助力；运营企业则致力于软件园品牌知名度的推广，总结提炼大连软件园的发展经验，在全国范围内进行推广。以现阶段广受推崇的绿色低碳的理念，完善园区硬件环境。

二、集群体系知识演化过程分析

（一）阶段1：集群体系知识萌芽阶段

在产业集群的形成初期，集群内外的相关主体由于相互之间缺少共同的联系，仅仅只是在地理上的集中，企业组织各自为政，这样的聚集并不能产生任何经济效益，对于集群的长期发展是非常不利的，甚至会引起恶性竞争，产生不必要的资源浪费，这个时候政府的支持和引导非常重要。因此，在集群发展过程中，显性的制度性体系知识是较早出现的，它主要是只对该集群制定的相关行业规范与标准、法律法规、融资信用管理体系和公共政策等，所有的集群成员都必须严格遵守。这些集群特有的规章制度性知识在塑造集群竞争优势的过程中有着重要的支撑与保障作用，有助于企业间信任关系的建立，从而加强相互交流，促进知识共享。

企业可以根据战略协同的原则将多个不同的业务和部门像纽带一样联系起来，最终使得同样的资源和成本获得更大收益。共同发展战略的制定对集群发展同样重要，它会对集群企业产生隐性的约束作用，使得单个企业进行发展规划时，不单单只考虑自身的利益，而是更积极地从整个集群发展的角度进行规划，以期获得单个企业无法获得收益。正是因为有了这种全局观，企业会自觉地置身于产业集群中成为集群知识网络的一个节点，通过知识交换获得增加与其他企业的联系同时又促进自身发展的双重收益。

互惠共生是产业集群的一个本质性特点，只有当集群成员相互联系并愿意为了共同的目标而努力时产业集群才能获得稳定持续的发展，而这在集群创建初期是尤其重要的。互惠性更加强调组织间在平等的基础上的合作与协调，这样企业就更愿意进行交流和共享信息，有助于合作创新的产生。可以说互惠性是产业集群存在的基础，所以在集群创建的初期就必须注重互惠性体系知识的培育，在以后的发展过程中才会慢慢渗透到集群企业的经济行为中，从而为集群的良性健康发展打下基础。

从以上的分析可知，集群起步阶段的制度、战略、互惠性体系知识都是为了促进集群成员的知识交流与互动，使分散于各个不同主体间的知识尽力融合起来，达到最大程度的资源和知识共享。在这个阶段的后期，当知识分享达到一定限度时，就会形成该集群独具特色的一种综合性的体系知识，这个过程类似于组织知识创造过程中的创造概念阶段，但是却比它复杂得多，它涉及多个不同企业的制度规则、文化、惯例和企业家精神的协调。由于这个阶段里，既没有可以使集群内企业自觉跟从的“大”企业，又没有形成统一的强制性规则，而此时集群内企业的利益驱动占据主导地位，所以在体系知识构建过程中政府的作用非常关键。

（二）阶段2：集群体系知识全面发展

第一阶段由政府推动产生的集群体系知识主要体现在产业集群显性制度、战略发展和互惠性原则三个方面，分别为集群发展设定了整体性框架，集群企业共同努力的方向及企业间交互行为的准则，这三点使产业集群走向良性发展的道路。到了第二个阶段，产业集群的显性制度规则已经比较成熟，可以说政府根据产业现阶段的发展情况为企业创造了相对完善的制度环境，推动集群进入快速发展阶段。为了避免对集群发展的过分约束，显性的制度性知识由主动支持变为被动服务，而集群中隐藏的内在制度开始发挥作用，即由过往经验演化形成的企业惯例，与显性正式制度的强制性和监督性不同的是惯例具有自愿自动性，是从组织运营规则中抽象出来的程序化规则，它独立于个人，比人为制定的组织章程更具生命力，是集体知识基础的概念化。它更偏向于为集群内的企业服务，保护彼此的共同利益。它顺应了集群在此阶段对业务内容快速、准确实施的要求，为企业间便利经济来往和空间内共存提供了保证，一定程度上补充了显性制度规则的不足与疏漏之处。

如果说第一阶段共同战略的制定更多关注于集群层面的整体性，那么到了第二阶段，随着集群整体发展战略的显性化，集群内企业在战略层面的推动作用将会占据主导。战略方向的正确性得到验证之后，一方面随着业务范围的扩展向战略规划的下一步迈进，另一方面企业层面战略实施的配合需要进一步深化，从而保持集群和企业在整体战略方向上的一致性，使协同效应得到充分发挥。这些也是体系知识由外而内的影响的一个体现，是显性体系知识内化的过程。

互惠性强调企业间的合作和利他性，这与企业利益最大化的原则是相互排斥的，但是集群企业要共存就必须在合作、竞争的基础上调和彼此的矛盾，实现双方利益的均衡，才能在集群环境下持续发展。互惠是产业集群内企业达成协调一致的基础，而实现共赢则是最终目的。在政府放松对产业集群监管的阶段，互惠性这一理念显得更加重要，在上一阶段集群发展过程中要兼顾到政府的产业规划，最终实现政府和企业的共赢，这种互惠以制度的形式显示出来。到了这一阶段就转向了集群内的企业，以企业间的相互行为体现出来，这个时候前期的体系知识渗透程度就会显现出来。作为非强制性的行为准则和企业本性的影响总会有企业打破这种默契的行为方式，以取得自身利益的最大化，特别是在资源和信息稀缺的情况下。

经过一段时间的发展，在特定区域内产业经济主体形成了相似的价值观念、行为规范和文化背景，这种基于知识和经验的在集群内具有公有性的无形资源被称为产业氛围。良好的产业氛围对集群企业的合作态度和合作意愿有很强的影响作用，它会增强企业间的信任，进而增加企业间的合作频率，最终在集群范围内形成合作的良性循环。每个产业集群都会有自己独特的产业氛围，这与其发展阶段、产业特点和历史演化路径都有很大的关系。从知识理论的角度来说，良好的产业氛围是从对合作的强调开始的，因为只有通过广泛的合作交流才可以加快企业间的知识流动，促进知识共享，为知识创新积累原材料。可以说良好产业氛围的出现是以前期制度建设、战略规划和互惠发展为基础的。

集体声誉是产业集群作为一个整体的外部识别标志，体现了集群的外部认可程度，它是建立在价值观基础上的混合概念，包括业绩能力、守法程度、社会责任等方面的内容。集体声誉的建立需要长期不断的持续努力，它更加关注于企业的价值观、文化和操行而不是人，更重要的是它会对与企业相关的所有因素产生影响，包括消费者、投资者、股东、员工、商业伙伴和供货商等。在集群发展的起步阶段不是说集体声誉不存在，而是声誉建设需要时间，而起步阶段正是集体声誉建设的第一步内部建设，企业必须坚持诚信和公平的交易原则。声誉是作为一种外部评价是以集群内部实际的价值行为为基础的，只有在集群内部声誉建设达到一定程度的时候，集体声誉才会迅速地在外部传播开来，这个时候便是由外而内的声誉影响效应，将为企业带来巨大的财富和持续的竞争优势。

从以上的分析可知，经过集群起步阶段体系知识对知识分享的推动，集群内企业已经有了一定的公共知识积累，但是还不具有整体性和系统性。到了集群的快速发展阶段，集群规模迅速扩张、集群企业种类增多，增加集群内企业复杂性的同时也有利于验证前期出现的部分体系知识内容，并据此做出适当的修正，推动集群的进一步发展。这个时期，需要长期经验积累才会产生的体系知识以惯例、产业氛围、集体声誉的形式出现，在这里我们可以发现集群体系知识各个部分之间并不是独立的，它们以企业间频繁的互动交流为基础，互相影响，彼此推动。特别是集体声誉的出现，将体系知识的部分内容以显性的形式表现出来。因此，在这个时期里能够作为集群整体的代言人身份出现并对整个集群发展有整体性把握的组织形式对体系知识的演化有着很大的影响作用。

（三）阶段3：集群体系知识趋于完善

经过全面发展阶段后，集群体系知识在一定时间内处于暂时的稳定状态。这个时期会将前期验证后正确的体系知识保留下来，比如制度、战略和互惠的准则。但并不是说就此处于一种不变的状态，体系知识内容最显著的特点便是其长期动态性，它会随着外部环境和企业需求时刻变动着，只是需要一段时期之后才会显现出来。这个时期的制度性演变，主要体现在集群的整体性经营规则上，企业间的联系会更加紧密。当集群发展到这个阶段面临两个战略选择：规模性扩张和产业链升级，这是集群企业达成的共识，它们会为了这一共同目标而努力。集群内的一切经济行为必须是以互惠为原则，包括政府和企业交易双方，才会有利于集群的长期发展。

产业氛围的焦点由合作转向创新，前期对开放合作的强调是为了集群企业的知识分享和积累，从而实现该阶段的技术创新与进步，当然并不是这个阶段合作就不再重要了。体系知识具有根植性，不会凭空产生，也不会突然消失，当集群内形成了开放合作的产业氛围便具有长期的影响作用，只是该阶段的重点在于创新，这是由集群发展需要决定的。

集体声誉的形成需要长期的经营努力，它一旦形成便会对整个集群及其企业带来极大的影响力，包括好的和坏的两个方面：一方面获得公众舆论的支持和其他企业的信赖，为集群吸引更多的企业入驻，为集群企业带来更多的业务伙伴；另一方面由于良好的集体声誉带来的广泛的影响力，一旦有集群企业出现违反商业惯例或者其他违规行为时，会产生连锁反应，给整个集群带来很大的危害。这个时期集体声誉建设主要是由外而内的，主要策略有：巩固与外部投资者、客户的信任关系，在其所处的区域内树立良好的信誉，利用互联网宣传和维持集群企业的可信度等。

企业间惯例延伸至经济贸易往来中。在前期阶段惯例主要发生在地理接近企业间制度规则相互适应，通过对双方企业的价值观、企业文化和企业家精神等方面更深入的了解，频繁交流的企业间会达成一种默契的交易或非交易的共生模式。在体系知识中惯例是自始至终具有隐性特征的一部分，它会随着集群的发展而更加深入进企业自身的程序和规则，甚至员工的价值观念中，从而成为企业文化的一部分，但是不会随着集群的演化升级而显性化，只会由于其路径依赖性而变得更加根植于集群企业之中，使得集群外部企业难以获得。

从以上的分析可以看到，到了这一阶段集群体系知识中的制度、战略、集体声誉部分内容趋于显性化，会以一些标志性的语言显示并在集群内外流传开来，这种显性化并不意味集群体系知识的可复制性，对于集群体系知识而言，对其内涵和具体实现过程的理解，未参与体系知识构建过程的外部企业是不可能完全还原的，这种独特性正是产业集群竞争力的源泉。但是作为经过实践验证的知识内容，它是具有科学性和合理性的，所以显性化的部分体系知识仍然具有模仿复制的价值。特别是当有产业集群中的主体企业参与到体系知识的转移过程中时，更加有助于外部企业对体系知识的理解和应用。

另外的互惠、产业氛围和惯例性知识更多时候以隐性的形式存在着，隐含于集群主体间的交易性或非交易性行为中，促进着集群的演化升级。可以说，一个产业集群成长的路径“密码”都隐藏在这些偏隐性的体系知识之中。此时，产业集群的硬性和软性环境建设都已相对完善，集群内外都处于一种平稳的运行态势之中，作为集群主体的企业只需以此为基础，全力推动企业发展，促进集群的升级或转型。这个时期是关系到产业集群是升级还是衰落的关键，集群企业的知识创新能力非常重要。

第四节　集群体系知识演化阶段性特征

本书通过对大连软件园体系知识演化过程的分析研究，总结出集群体系知识演化过程中的阶段性特征如表9.6所示，其中集群内不同的行为主体也发挥了不同程度的推动作用，这也是集群体系知识路径依赖特性的一个表现。

表9.6　集群体系知识演化阶段性特征概括

演化阶段 体系知识	萌芽期	全面发展期	完善期
制度	政府主动推动产生，显性为主，确立集群整体发展框架	政府角色弱化，变为被动响应，为企业提供需求性支持	相关具体规则的变更与补充，整体趋于稳定
战略认同	政企协商确立，外部因素影响大，注重集群整体性，吸引相似战略企业聚集	集群企业发展与整体战略方向保持一致，主动推进战略升级	集群企业间战略协同深化到具体业务层面

续表

演化阶段 体系知识	萌芽期	全面发展期	完善期
互惠	集群主体侧重于基础性资源、能力的互补与配合，从而促进集群建立	集群企业加强现有业务合作交流，增进信任，促进双方共同发展	集群企业进行互利性的业务扩展，创造共赢局面，推动集群升级转型
产业氛围	政府积极支持集群产业发展，为产业氛围的产生创造良好的制度环境	共同经历增进企业间信任，提高合作效率和收益，形成开放、合作的产业氛围	产业集群及企业的发展需求升级，促使产业氛围以鼓励创新为导向
集体声誉	集群企业更多关注企业自身的声誉建设，集体声誉尚未产生	集群企业开始产生集体荣誉感，制裁违规企业；运营企业努力扩大集群知名度	多数集群企业对维护集体声誉达成共识，开始主动推进集体声誉建设
惯例	集群创建初期，没有明显的集群惯例，企业调整原有惯例适应新环境，旨在减少冲突	集群企业间互动增多，相互磨合适应之后，形成具有整体性的惯例，主要体现在组织结构、程序、规则和技术方面	惯例进一步深化，集群企业形成相似的思维模式和处事方法，主要体现在组织过程、发展战略和企业文化方面

在体系知识演化的第一阶段，也就是集群发展的初期，外部的影响非常重要，如区域地理位置、政策导向和当地的产业布局，这些因素除了直接影响到集群是否能顺利形成，也对集群体系知识内容显现的顺序产生影响，体现在案例中便是集群显性制度、战略和互惠性体系知识的最先出现。到了第二阶段，便以内生因素为主导，是体系知识各部分内容全面爆发的阶段，对集群发展的推动力量更加强大。此时，需要有一个像软件园运营企业那样的组织机构，既可以站在企业角度考虑问题，又只有在集群整体取得进步的情况下才能获得长期发展动力的这种总揽全局的能力，全力推动产业集群的软性环境建设。第三阶段是体系知识的推动力量最为强大的时候，这个时候集群体系知识中的制度、战略和集体声誉开始趋于显性化，这是因为在这个阶段体系知识成为一种非常有价值的集群资本，而资本追求利益最大化的本性，使体系知识具有流动的驱动力，体现为知识转移的过程。但由于体系知识的路径依赖性，它不可能被完全复制。

集群体系知识的形成是一个动态演化的过程。虽然集群的发展被分为三个不同的阶段，但是体系知识的演化并没有明确的界限，它是随着集群的发展，慢慢积累、显现、转化，并最终内化于集群企业之中，开始新一轮的创造过程。在其演化过程中，会有部分体系知识趋于显性化，这种显性化具有滞后性，即它并不是在它显示出来的时候才刚刚形成的，而是经过上一个阶段或两个阶段的积累、催化，且一直在集群发展过程中发挥着作用，只是到了特定的时期，为了推动体系知识内容的进一步演化它才以显性的形式出现，与此同时的会有新的体系知识内容作为补充，这中间没有明确的界限分割。而集群体系知识的显性化，更多时候指的是集群内企业能够对其做出明确表述，对集群外部而言它仍然是隐性的，只有当集群内企业主动推进显性知识外部化时它才会在外部显现。

集群体系知识与集群发展是相互影响、相互促进的。从上文可知集群的发展进步，促进了体系知识的不断演化。而集群内的体系知识又以其特有的根植性、低流动性和路径依赖性成为产业集群竞争优势的来源，从而强有力地促进了集群的发展。集群体系知识是随着集群的发展而慢慢产生、演化的，所以在描述分析集群体系知识的演化过程时不可能与集群的发展进程割裂开来，它们形成了一个相互影响的循环，那么好的体系知识能够推动集群发展，坏的体系知识也会促使集群走向衰落。

本书研究的创新之处在于，从知识管理和集群演化理论的角度，提出了集群体系知识演化的问题，并通过对大连软件园的纵向案例研究，深入探索了集群体系知识逐步形成的过程及其相关影响因素，丰富了产业集群知识创造理论，填补了集群体系知识演化过程研究的理论空白。本书归纳了集群体系知识演化不同阶段所具有的特征，概括了集群不同行为主体在体系知识演化中发挥的不同作用，为产业集群体系知识概念的进一步深化提供佐证，也为后续研究提供了新的理论视角。

本研究以大连软件园为例分析了集群体系知识的形成机制，揭示了在集群的不同发展阶段体系知识不同的演化特征。鉴于集群内行为主体对体系知识形成和演化过程的影响，所以要提升产业集群的体系知识水平要特别注意以下两个方面。

第一，对政策制定者来说，保持当地政府支持的持续性和政策的连贯性很重要。从上文的分析可以看到，政府十几年间持续的关注和支持是软件园发展强有力的后盾，它为集群内企业减少了不确定性风险的同时也为集群体系知识的培育提供了稳定的大环境。相对于企业来说，产业集群更加需要硬性制度来维持其存在和发展，特别是产业集群发展的初期，体系知识的基础积累阶段，没有政策的支持，单靠企业的发展很难产生对集群发展有利的体系知识，这个时期政府的制度性支持是至关重要的。政府可以针对当地集群的产业特点制定具有针对性的相关政策、制度，这里要特别强调不同政府官员对集群发展的一致性支持。

第二，推动政府与企业、企业与企业之间的良性互动。要实现这一点很困难，但是软件园运营企业这一创新性的经营模式很好地解决了这个问题，在其他集群的发展中可以借鉴这一模式，成立一个独立于政府和集群企业却又置身其中的组织机构。它处于政府与企业之间，能够将企业发展与政府的产业规划很好地衔接起来，又因其身在集群，贴近企业，了解企业需求，从而充当了企业间的润滑剂。在软件园的发展过程中，运营企业一直扮演着政府、园区企业之间的桥梁，通过制定园区规则、定位发展战略、提供创新服务等方式，将软件园所需要的大环境和内部企业的具体需求紧密结合起来，使三者达到一种互利共赢的状态，这才使得软件园十几年里稳定快速地发展，这一模式是值得国内产业集群借鉴的。

本书以大连软件园为例的集群体系知识创造过程研究的局限性主要表现在：第一，访谈资料收集的回顾性。回顾性回答的缺点是它们容易引起回忆性的错误。但是，在访谈中已经试着约束了这个问题，即仅仅采访那些“在重要时期亲身参与实践过程的相关人员”。而且，通过与从其他途径获得二手数据资料进行反复比对校准，从而确保所获得的信息基于三角化的原则，至少有两个数据来源。第二，案例研究对象的单一性。本书是以大连软件园的单案例研究，虽然尽量选择最有代表性的案例，但是仍缺乏多案例的对照和比较，难以提出更具有普遍性的理论命题。

所以，未来的研究可以集中于以下两个方面：一是扩展研究的深度。

本书关注于集群体系知识的形成演化过程的研究，只是对集群体系知识理论的初步探索，未来的研究如果可以深入探索体系知识对产业集群的作用和影响机制，将会极大地丰富产业集群的相关理论。二是增加研究的广度。可以综合研究多个软件产业集群体系知识的形成演化过程，从而总结出软件产业集群体系知识演化的特点。或者比较研究不同类型的产业集群，进而总结出产业集群体系知识构建的总体特征。

参考文献

（1）Adler，P.，Kwon，S-W．2002，“Social Capital：Prospects for A New Concept”．*Academy of Management Review*，27，pp17~40.

（2）Aharonson，B．S.，Baum，J．A．C，Plunket，A.，2008，“Inventive and Uninventive Clusters：the Case of Canadian Biotechnology”．*Research Policy*，37，pp.1108~1131.

（3）Alavi，M.，Leidner，D.，2001，“Knowledge Management and Knowledge Management Systems：Conceptual Foundations and Research Issues”，*Mis Quarterly*，25（1），pp.107~136.

（4）Alessia，S．Lucio，B.，2008，“Heterogeneity and Specificity of Inter-Firm Knowledge Flows in Innovation Networks”，*Journal of Management Studies*，45（4），pp.801~829.

（5）Almeida，P．Phene，A.，2004，“Subsidiaries and Knowledge Creation：the Influence of the MNC and Host Country on Innovation”，*Strategic Management Journal*，25，pp.847~64.

（6）Anderson，E.，1990，“Two Firms，One Frontier：On Assessing Joint Venture Performance”．*Sloan Management Review*，31（2），pp.19~30.

（7）Andac T．Arikan，2009，“Interfirm Knowledge Exchanges and the Knowledge Creation Capability of Clusters”. *Academy of Management Review*，34（4），pp.658~676.

（8）Anu Wadhwa，Suresh Kotha，2006，“Knowledge Creation Through External Venturing：Evidence From the Telecommunications Equipment Manufacturing Industry”. *Academy of Management Journal*，49（4），pp.819~835.

(9) Andre, S., Dirk, F., Bart, C., 2010, "Heterogeneous Firm-Level Effects of Knowledge Exchanges on Product Innovation: Differences Between Dynamic and Lagging Product Innovators", *Product Development & Management Association*, 27, pp.362~381.

(10) Andrew, C. I. Wang , P., 2006, "An Examination of Collaboration and Knowledge Transfer: China–Singapore Suzhou Industrial Park", *Journal of Management Studies*, 43 (4), pp.799~811.

(11) Argyres, N. S. Silverman, B. S. 2004, "R&D, Organization Structure, And The Development Of Corporate Technological Knowledge", *Strategic Management Journal*, 25, pp.929~58.

(12) Arthur, L. S. Jeffrey, G. C., 2008, "Knowledge Acquisition in University–Industry Alliances: an Empirical Investigation from a Learning Theory Perspective", *Product Development & Management Association*, 25, pp.162~179.

(13) Barton, 1995, " Core Capabilities and Core Rigidities: A Paradox in Managing New Product Development", *Strategic Management Journal*, 13, pp.67~74.

(14) Bhagat, R. S., Kedia, B. S., Harveston, P. D., and Triandis, H. C.2002, "Cultural Variation in the Cross-Border Transfer of Organizational Knowledge. an Integrative Framework". *Academy of Management Review*, 27, pp.204~221.

(15) Bell, G., Zaheer, A., 2007, "Geography, Networks and Knowledge Flow", *Organization Science,* 18 (6), pp. 955~972.

(16) Bourdieu P., 1986, "The Forms of Capital". in J. G. Richardson (Ed.), *Handbook of Theory and Research for The Sociology of Education*, New York: Greenwood, pp.241~258.

(17) Bruno, C. and Reinhilde , V., 2006, " In Search Of Complementarity in Innovation Strategy: Internal R&D and External

Knowledge Acquisition", *Management Science*, 52（1）, pp. 68~82.

（18）Brown, J. E. Hendry, C., 1998, "Industrial Districts and Supply Chains As Vehicles For Managerial and Organizational Learning", *International Studies of Management & Organization*, 27（4）, pp.127~157.

（19）Burt, R. S., 1992, " Structural Holes: the Social Structure of Competition", Cambridge, MA: Harvard University Press.

（20）Busoni, S., Prencipe, A. Pavitt, K.2001, "Knowledge Specialization, Organizational Coupling, and the Boundaries of The Firm: Why Do Firms Know More Than They Make?". *Administrative Science Quarterly*, 46, pp.1185~200.

（21）Capello, R., 1999, "Spatial Transfer of Knowledge in High Technology Milieux: Learning Versus Collective Learning Processes". *Regional Studies*, 33（4）, pp. 353~365.

（22）Christoph, G. Ulrich, K., 2010, "Balancing Internal and External Knowledge Acquisition: The Gains and Pains From R&D Outsourcing", *Journal of Management Studies*, 47（8）, pp.1483~1509.

（23）Christopher, J.Collins, KENG.Smith, 2006, "Knowledge Exchange andCombination :the Role Of Human Resource Practices in The Performance of High-Technology Firms". *Academy of Management Journal*, 49（3）, pp.544~560.

（24）Coleman, J. S., 1988, "Social Capital in the Creation of Human Capital", *American Journal of Sociology*, 94, pp.95~120.

（25）Corey C. Phelps, 2010, "A Longitudinal Study of the Influence of Alliance Network Structure and Composition on Firm Exploratory Innovation". *Academy of Management Journal*, 53（4）, pp.890~913

（26）Cook, S.D., Brown, J.S., Bridging Epistemologies, 1999, "The Generative Dance between Organizational Knowledge and Organizational Knowing".*Organization Science*, 10, pp.381~400.

（27）Cowan，R.，Jonard，N.，2009，“Knowledge Portfolios and The Organization Of Innovation Networks”．*Academy of Management Review*，34（2），pp.320~342.

（28）Corredoira R．A.，Rosenkopf，L．，2010，“Should Auld Acquaintance Be Forgot? the Reverse Transfer Of Knowledge Through Mobility Ties”．*Strategic Management Journal*，31，pp159~181

（29）Douglas J．Miller，Michael J．Fern，Laura B．Cardinal，2007，“The Use Of Knowledge For Technological Innovation Within Diversified Firms”．*Academy of Management Journal*，50（2），pp.308~326.

（30）Dyer，J.H.，Nobeoka，K.，2000，“Creating and Managing A High-Performance Knowledge-Sharing Network：The Toyota Case”．*Strategic Management Journal*，21（Special Issue），pp.345~367.

（31）Dyer，J.H.，Hatch，N.W.，2006，“Relation-Specific Capabilities and Barriers to Knowledge Transfers：Creating Advantage Through Network Relationships”．*Strategic Management Journal*，27，pp701~719.

（32）Dyer，J．H.，Singh，H．1998，“The Relational View：Cooperative Strategy and Sources Of Interorganizational Competitive Advantage”．*Academy of Management Review*，23，pp．660~679.

（33）Ding Xiu-Hao，Huang Rui-Hua，2010，“Effects Of Knowledge Spillover on Inter Organizational Resource Sharing Decision In Collaborative Knowledge Creation”．*European Journal of Operational Research*，201，pp.949~959.

（34）Dhanaraj，C.，Parkhe，A．，2006，“Orchestrating Innovation Networks”．*Academy of Management Review*，31，pp.659~669.

（35）Dirk，D．C.and Dimo，D.，2008，“Internal Knowledge Development and External Knowledge Access in Venture Capital Investment Performance”，*Journal of Management Studies*，45（3），pp.585~612.

（36）Davenport，T. H. Laurence，P.，1997，*Working Knowledge, How Organizations Manage What They Know*，Harvard Business School Press.

（37）Das，T. K.，Teng，B.-S. 2002，“Alliance Constellations：a Social Exchange Perspective”. *Academy of Management Review*，27，pp445~456.

（38）Dries.F，Maddy.J，Bart.V.，“The Initiation and Evolution Of Interfirm Knowledge Transfer in R&D Relationships”. *Organization Studies*，28（11），pp1699~1728

（39）Dushnitsky，G.，Shaver J. M.，2009，“Limitations to Interorganizational Knowledge Acquisition：The Paradox of Corporate Venture Capital”. *Strategic Management Journal*，30，pp.1045~1064.

（40）Fang，Y.L.，Wade，M.，Delios，A. Beamish，P.W.，2007，“International Diversification，Subsidiary Performance，and the Mobility of Knowledge Resources”. *Strategic Management Journal*，28，pp.1053~1064.

（41）Fleming L.，Charles King III，Adam，I.，2007，“Small Worlds and Regional Innovation”. *Organization Science,* 18（6），pp. 938~954.

（42）Fleming，L. 2001，“Recombinant Uncertainty in Technological Search”. *Management Science*，47，pp.117~132.

（43）Fey C. F. Furu P.，“Top Management Incentive Compensation and Knowledge Sharing in Multinational Corporations”. *Strategic Management Journal*，29，pp.1301~1323.

（44）Ghiyoung，I.，Arun，R.，2008，“Knowledge Sharing Ambidexterity in Long-Term Interorganizational Relationships”，*Management Science*，54（7），pp.1281~1296.

（45）Giuliani，E.，Bell，M.，2005，“The Micro-Determinants Of Mesolevel Learning and Innovation：Evidence From A Chilean Wine Cluster”，*Research Policy*，34，pp.47~68.

（46）Gulati，R.，Nohria，N.，Zaheer，A.，2000，“Strategic

Networks", *Strategic Management Journal*, 21, pp.203~215.

（47）Ghoshal, S.Bartlett, C.A., 1990, "The Multinational Corporation As an Interorganizational Network", *Academy of Management Review*, 15, pp.603~625.

（48）Gupta, A.K.Govindarajan, V., 2000, "Knowledge Flows Within Multinational Corporations", *Strategic Management Journal*, 21, pp.473~496.

（49）Gulati, R., 1998, "Alliances and Networks", *Strategic Management Journal*, 19, pp.293~317.

（50）Grant, R. M., 1996, " Toward a Knowledge-Based Theory of the Firm", *Strategic Management Journal*, 17, pp.109~122.

（51）Grant, R.M., Fuller, C.B., 2004, "A Knowledge Accessing Theory of Strategic Alliances". *Journal of Management Studies*, 41, pp61~84.

（52）Hocking, J. Brown, M. Harzing, A. 2007, "Balancing Global and Local Strategic Contexts: Expatriate Knowledge Transfer, Applications, and Learning Within a Transnational Organization". *Human Resource Management*, 46（4）, pp.513~533.

（53）Hamel, G., Doz, Y.L., Prahalad, C.K., 1989, "Collaborate With Your Competitors and Win", *Harvard Business Review*, 67（1）, pp.133~139.

（54）Hansen, M. T., 2002, "Knowledge Networks: Explaining Effective Knowledge Sharing in Multiunit Companies". *Organization Science*, 13, pp.232~248.

（55）Haas, M.R., Hansen, M.T., 2007, "Different Knowledge, Different Benefits:Toward A Productivity Perspective on Knowledge Sharing in Organizations". *Strategic Management Journal*, 28, pp.1133~1153.

（56）Inkpen, A.C., Dinur, A., 1998, "Knowledge Management Processes and International Joint Ventures". *Organization Science*, 9, pp.454~468.

（57）Inkpen，A.C.，Currall，S.C.，2002，“A Multilevel Approach to Trust in Joint Ventures”．*Journal of International Business Studies*，33，pp.479~495.

（58）Inkpen，A.C.，Tsang，E.，2005，“Networks，Social Capital，and Learning”．*Academy of Management Review*，30，pp.146~165.

（59）Inkpen，A.C.，“Knowledge Transfer and International Joint Ventures：The Case Of Nummi and General Motors”．*Strategic Management Journal*，29，pp.447~453.

（60）Jarillo，J.C.，1988，“On Strategic Networks”，*Strategic Management Journal*，9，pp.31~41.

（61）Jasjit，S.，2007，“Asymmetry of Knowledge Spillovers Between MNCs and Host Country Firms”．*Journal of International Business Studies*，38（5），pp.764~786.

（62）Juan，A.，Wilbur，C.，2007，“Location Strategies and Knowledge Spillovers”，*Management Science*，53（5），pp.760~776.

（63）Jaegul，L.，Francisco，M.V.，2008，“Interfirm Innovation Under Uncertainty：Empirical Evidence for Strategic Knowledge Partitioning”，*Product Development & Management Association*，25，pp.418~435.

（64）Jing，Z.，Charles，B.F.，2010，“The Influence of Technological Knowledge Base and Organizational Structure on Technology Collaboration”，*Journal of Management Studies*，47（4），pp.679~704.

（65）Jansen，J.P.，Van D.B.，F.A.J.，Volberda，H.W.，2005，“Managing Potential and Realized Absorptive Capacity：How Do Organizational Antecedents Matter?”．*Academy of Management Journal*，48，pp.999~1015.

（66）Jansen，J.P.，Van D.B.，F.A.J.，Volberda，H.W.2006，“Exploratory Innovation，Exploitative Innovation，and Performance：Effects of Organizational Antecedents and Environmental Moderators". *Management Science*, 52, pp.1661~1674.

(67) Katila, R., Ahuja, G., 2002, "Something Old, Something New: A Longitudinal Study of Search Behavior and New Product Introduction". *Academy of Management Journal*, 45, pp.1183~1194.

(68) Kostova, T., Roth, K., 2003, "Social Capital in Multinational Corporations and A Micro-Macro Model of Its Formation". *Academy of Management Review*, 28, pp.297–317.

(69) Kristian, M., Senja, S., 2006, "Role of Knowledge in Value Creation in Business Nets", *Journal of Management Studies*, 43 (5), pp.985~1007.

(70) Kase, R., Paauwe, J., Zupan, N., 2009, "Hr Practices, Interpersonal Relations, and Intrafirm Knowledge Transfer in Knowledge-Intensive Firms: A Social Network Perspective". *Human Resource Management*, 48 (4), pp.616~639.

(71) Keeble, D., Wilkinson , F., 1999, "Collective Learning and Knowledge Development in The Evolution of Regional Clusters Of High Technology Smes In Europe". *Regional Studies*, 33 (4), pp.295~303.

(72) Li, J.J., Poppo, L., Zhou, K.Z., 2010, "Relational Mechanisms, Formal Contracts, and Local Knowledge Acquisition by International Subsidiaries". *Strategic Management Journal*, 31, pp.349~370.

(73) Kotabe, M., Martin, X., Domoto, H., 2003, "Gaining From Vertical Partnerships: Knowledge Transfer, Relationship Duration, and Supplier Performance Improvement in The U.S. and Japanese Automotive Industries", *Strategic Management Journal*, 24, pp.293~316.

(74) Koka, B.R., Prescott, J.E., 2002, "Strategic Alliances and Social Capital: A Multidimensional View", *Strategic Management Journal*, 23, pp.795~816.

（75）Lawson. C., Lorenz. C., 1999, "Collective Learning, Tacit Knowledge and Regional Innovation Capacity". *Aegionai Studies.*, 33, pp.305~317.

（76）Lane, P.J., Salk, J.E., Lyles, M.A., 2001, "Absorptive Capacity, Learning, and Performance in International Joint Ventures", *Strategic Management Journal*, 22, pp.1139~61.

（77）Lawson, B, L., Kenneth, J. P., Paul, D.C., Robert, B.H., 2009, "Knowledge Sharing in Interorganizational Product Development Teams: the Effect of Formal and Informal Socialization Mechanisms", *Product Development & Management Association*, 26, pp.156~172.

（78）Lechner, C.Steven W.F, 2010, "Task Contingencies in the Curvilinear Relationships Between Intergroup Networks and Initiative Performance". *Academy of Management Journal*, 53（4）, pp.865~889.

（79）Liliana, P.N., Ben, L.K., Deepak, K.D., Abdul, A.R., 2008, "Effectiveness and Efficiency of Cross-Border Knowledge Transfer: an Empirical Examination", *Journal of Management Studies*, 45（4）, pp.714~744.

（80）Manuel, B., Randi, L., Lars, H., 2008, "Trustworthiness, Risk, and the Transfer of Tacit and Explicit Knowledge Between Alliance Partners", *Journal of Management Studies*, 45（4）, pp.691~713.

（81）Mette, P.K., 2007, "The Relative Importance of Interfirm Relationships and Knowledge Transfer For New Product Development Success", *Product Development & Management Association*, 24, pp.117~138.

（82）Mohan, S., 2006, "Integrating Cross-Border Knowledge for Transnational New Product Development", *Product Development & Management Association*, 23, pp.541~555.

（83）Michael, S., Hans, B., Hans, V.B., Mathieu, W., 2007,

"The Effect of IT And Co-location on Knowledge Dissemination", *Product Development & Management Association*, 24, pp.52~68.

(84) Marshall. A., 1920, *Principles of Economics*, London:Macmillan.

(85) Martyna.J., Noorderhaven, N.G., 2009, "Trust, Calculation, and Interorganizational Learning of Tacit Knowledge: an Organizational Roles Perspective." *Organization Studies*, 30 (10), pp.1021~1044.

(86) Muthusamy, S.K., White, M.A., 2005, "Learning and Knowledge Transfer in Strategic Alliances: A Social Exchange View". *Organization Studies*, 26, pp.415~441.

(87) Maskell, P., Malmberg, A., 1999, "Localized Learning and Industrial Competitiveness". *Cambridge Journal of Economics*, 23, pp.167~185.

(88) Maskell, P., 2001, "Towards a Knowledge Based Theory of The Geographical Cluster". *Industrial and Corporate Change*, 10, pp.921~943.

(89) Makela, K., Brewster, C., 2009, "Interunit Interaction Contexts, Interpersona Social Capital, and The Differing Levels of Knowledge Sharing". *Human Resource Management*, 48 (4), pp.591~613.

(90) Mesquita, L.F., 2007, "Starting Over When the Bickering Never Ends: Rebuilding Aggregate Trust Among Clustered Firms Through Trust Facilitators". *Academy of Management Review*, 32, pp.72 -91.

(91) Mesquita, L.F., Lazzarini, S.G., 2008, "Horizontal and vertical relationships in developing economies: Implications for SMEs' access to global markets". *Academy of Management Journal*, 51, pp.359~380.

(92) Mesquita, L.F., Anand, J., Brush, T.H., 2008, "Comparing the Resource-Based And Relational Views: Knowledge Transfer and Spillover in Vertical Alliances". *Strategic Management Journal*, 29, pp.913~941.

（93）Monteiro，L.F.，Arvidsson，N.，Birkinshaw，J.，2008，“Knowledge Flows Within Multinational Corporations：Explaining Subsidiary Isolation and Its Performance Implications”. *Organization Science*，19，pp.9~107.

（94）Niels，N.，Anne-Wil，H.，2009，“Knowledge-Sharing and Social Interaction Within MNEs”. *Journal of International Business Studies*，40（5），pp.719~741.

（95）Nonaka，I.，1994，“A Dynamic Theory of Organizational Knowledge Creation”. *Organization Science*，5（1），pp.14~37.

（96）Nonaka，I.，1991，“The Knowledge-Creating Company”. *Harvard Business Review*. Nov-Dec，pp. 96~104.

（97）Nonaka，I.，Takeuchi，H.，1995，*The Knowledge-Creating Company*，Oxford University Press，58.

（98）Nahapiet，J.，Ghoshal，S.，1998，“Social Capital，Intellectual Capital and the Organization Advantage”，*Academy of Management Review*，23（2），pp.242~266.

（99）Nonaka，I.，1991，“The Knowledge-Creating Company”，*Harvard Business Review*，11，pp. 96~104.

（100）Oxley，J.，Wada，T.，2009，“Alliance Structure and the Scope of Knowledge Transfer：Evidence From U.S.-Japan Agreements”，*Management Science*，55（4），pp.635~649.

（101）Orlikowski，W.J.，2002，“Knowing in Practice：Enacting a Collective Capability in Distributed Organizing”. *Organization Science*，10，pp.249~273.

（102）Phene，A.，Almeida，P.，2008，“Innovation in Multinational Subsidiaries：the Role of Knowledge Assimilation and Subsidiary Capabilities”. Journal of International Business Studies，39（5），pp.901~919.

（103）Parkhe，A.，1991，“Interfirm Diversity，Organizational Learning，and Longevity in Global Strategic Alliances”．*Journal of International Business Studies*，22，pp.579~601.

（104）Porter，M.E.，1998，“Clusters and the New Economics of Competition”.*Harvard Business Review*，76（6），pp.77~90.

（105）Paul，E.B.，Fariborz，D.，Michael，D.S.，2009，“the Application of External Knowledge：Organizational Conditions or Exploration and Exploitation”，Journal of Management Studies，46（3），pp.481~509.

（106）Pentland，B.T.，1995，“Information Systems and Organizational Learning：the Social Epistemology of Organizational Knowledge Systems”，Accounting，Management and Information Technologies，5（1），pp.1~21.

（107）Polanyi，M.，1967，“the Tacit Dimension”，London:Routledge and Keoan Paul.

（108）Podolny，J.M.，Page，K.L.，1998，“Network Forms of Organization”，Annual Review of Sociology，24，pp.57~76.

（109）Portes，A.，1998，“Social Capital：Its Origins and Applications in Modern Sociology”，*Annual Review of Sociology*，24，pp.1~24.

（110）Porter，M.E.，2000，“Location，Competition，and Economic Development：Local Clusters in a Global Economy”，*Economic Development Quarterly*，14（1），pp.15~34.

（111）Puri，S.K.，2007，“Integrating Scientific with Indigenous Knowledge：Constructing Knowledge Alliances for Land Management in India”．*MIS Quarterly*，31（2），pp.355~379.

（112）Qin Y.，Mudambi，R.，Meyer，K.E.，2008，“Conventional and Reverse Knowledge Flows in Multinational Corporations”，*Journal of Management*，34（5），pp.882~902.

（113）Raymond V.W.，Justin J.P.，Marjorie，A.L.，2008，“Inter- and Intra-Organizational Knowledge Transfer：A Meta-Analytic Review and Assessment of Its Antecedents and Consequences”，*Journal of Management Studies*，45（4），pp.830~853.

（114）Shropshire，C.2010，“the Role of the Interlocking Director and Board Receptivity in the Diffusion of Practices”．*Academy of Management Review*，35（2），pp.246~264.

（115）Storper，M.，Venables，A.J.，2004，“Buzz:Face to Face Contact and the Urban Economy”．*Journal of Economic Geography*，4，pp.351~370.

（116）Susan，M.M．，Stephen，T.，2010，“Make，Buy or Ally? Theoretical Perspectives on Knowledge Process Outsourcing through Alliances”，*Journal of Management Studies*，47（8），pp.1434~1456.

（117）Sze-Sze，W.，Ho，V.，Chay，H.L.，2008，“A Power Perspective to Interunit Knowledge Transfer：Linking Knowledge Attributes to Unit Power and the Transfer of Knowledge”，*Journal of Management*，34（1），pp.127~150.

（118）Ronde，P.，Hussler，C.，2005，“Innovation in Regions：What Does Really Matter？”，*Research Policy*，34，pp.1150~1172.

（119）Rothaermel，F.T.，2001，“Incumbent’s Advantage through Exploiting Complementary Assets via Interfirm Cooperation”，*Strategic Management Journal*，22，Summer special issue，pp．687~99.

（120）Rodan，S.，Galunic，C.，2004，“More than Network Structure：How Knowledge Heterogeneity Influences Managerial Performance and Innovativeness”，*Strategic Management Journal*，25，pp.541~62.

（121）Reagans，R.，Mcevily，B.2003，“Network Structure and Knowledge Transfer：The Effects Of Cohesion And Range”．*Administrative Science Quarterly*，48，pp240~267.

（122）Rosenkopf，L.，Almeida，P.，2003，“Overcoming Local

Search through Alliances and Stability" . *Management Science*, 49, pp.751~766.

（123）Spencer, J.W., 2003, "Firms' Knowledge-Sharing Strategies in the Global Innovation System: Empirical Evidence from the Flat Panel Display Industry" , *Strategic Management Journal*, 24, pp.217~33.

（124）Schilling, M.A., Steensma, H.K., 2001, "the Use of Modular Organizational Forms: An Industry-Level Analysis" . *Academy of Management Journal*, 44, pp.1149~1168.

（125）Schulz, M.2003, "Pathways of Relevance: Exploring Inflows of Knowledge into Subunits of Multinational Corporations" . *Organization Science*, 14, pp.440~459.

（126）Schulz, M.2001, "the Uncertain Relevance of Newness: Organizational Learning and Knowledge Flows" . *Academy of Management Journal*, 44, pp.661~681.

（127）Smith, K.G., Collins, C.J., Clark, K.D., 2005, "Existing Knowledge, Knowledge Creation Capability, and the Rate of New Product Introduction in High-Technology Firms" . *Academy of Management Journal*, 48, pp.346~537.

（128）Steensma, H.K., Tihanyi, L., Lyles, M.A., Dhanaraj, C., 2005, "the Evolving Value of Foreign Partnerships in Transitioning Economies' . *Academy of Management Journal*, 48, pp.213~235.

（129）Szulanski, G., Capetta, R., Jensen, R.J., 2004, "When and How Trustworthiness Matters: Knowledge Transfer and the Moderating Effect of Causal Ambiguity" . *Organization Science*, 15, pp.600~613.

（130）Tiwana, A., Keil, M., "Does Peripheral Knowledge Complement Control? An Empirical Test in Technology Outsourcing Alliances" . *Strategic Management Journal*, 28, pp.623~634.

（131）Tortoriello, M., Krackhardt, D., 2010, "Activating Cross-

Boundary Knowledge:the Role Of Simmelian Ties in the Generation of Innovations". *Academy of Management Journal*, 53（1）, pp.167~181.

（132）Tusi, A., 2004, "Contributing to Global Management Knowledge: A Case for High Quality Indigenous Research". *Asia Pacific Journal of Management*, 21（4）, pp.491~513.

（133）Tahai, A., Meyer, M.H., 1999, "A Revealed Preference Study of Management Journals' Direct Influences". *Strategic Management Journal*, 20（3）, pp.279~296.

（134）Tanriverdi, H.U., Venkatraman, N., 2005, "Knowledge Relatedness and the Performance of Multibusiness Firms", *Strategic Management Journal*, 26.

（135）Tsoukas, H.Vladimirou, E., 2001, "What is Organizational Knowledge?". *Journal of Management Studies*, 38, pp.973~993.

（136）Tomas, G.M., Ketchen, D.J., Slater, S.F., 2004, "Information Processing, Knowledge Development, and Strategic Supply Chain Performance". *Academy of Management Journal*, 47, pp.241~253.

（137）Tomas, G.M., Ketchen, D.J., Arrfelt, M., 2007, "Strategic Supply Chain Management: Improving Performance through A Culture of Competitiveness and Knowledge Development". *Strategic Management Journal*, 28, pp.1035~1052.

（138）Tallman, S., Phene, A., 2007, "Leveraging Knowledge across Geographic Boundaries". *Organization Science,* 18（2）, pp.252~260.

（139）Tallman, S., Jenkins, M., Henry, N., Pinch, S., 2004, "Knowledge, Clusters, and Competitive Advantage". *Academy of Management Review*, 29, pp.258~271.

（140）Tsai, W., 2001, "Knowledge Transfer in Intra-Organizational Networks: Effects of Network Position and Absorptive Capacity on Business Unit Innovation and Performance". *Academy of Management Journal*, 44, pp.996~1004.

（141）Tsai，W.，2002，“Social Structure of ‘oopetition’ within A Multiunit Organization：Coordination，Competition，and Intraorganizational Knowledge Sharing”．*Organization Science*，13，pp.179~190.

（142）Uzzi，B.，Gillespie，J.J.，2002，“Knowledge Spillover in Corporate Financing Networks：Embeddedness and the Firm’s Debt Performance”，*Strategic Management Journal*，23，pp.595~618.

（143）Von，K.G.，1998，“Care in Knowledge Creation”，*California Management Review*，40（3），pp．133~153.

（144）Weigelt，C．MB Sarkar，2009，“Learning from Supply-Side Agents：the Impact of Technology Solution Providers’ Experiential Diversity on Clients’ Innovation Adoption”．*Academy of Management Journal*，52（1），pp.37~60.

（145）Williams，C.“Transfer in Context：Replication and Adaptation in Knowledge Transfer Relationships”．*Strategic Management Journal*，28，pp.867~889.

（146）Whittington，K.B.，Jason O.，Powell，W.W.，2009，“Networks，Propinquity，and Innovation in Knowledge-intensive Industries”．*Administrative Science Quarterly*，54，pp.90~120.

（147）Willem，A.，Scarbrough，H.，2006，“Social Capital and Political Bias in Knowledge Sharing：An Exploratory Study” *Human Relations*，59（10），pp.1343~1370.

（148）Wernerfelt，B.A.，1984，“Resource-Based View of the Firm”，*Strategic Management Journal*，5，pp.171~180.

（149）Wiig，K.M.，1993，“Knowledge Management Foundations：Thinking about Thinking-How People and Organizations Create，Represent，and Use Knowledge”，Schema Press.

（150）Yli-Renko，H.，Autio，E.，Sapienza，H.J.，2001，“Social

Capital, Knowledge Acquisition, and Knowledge Exploitation in young Technology-Based Firms”, *Strategic Management Journal*, 22, pp.587~613.

（151） Yang, H.Phelps, C.Kevin H., 2010, “Learning from What Others Have Learned From You: the Effects of Knowledge Spillovers on Originating Firms”. *Academy of Management Journal*, 53（2）, pp.371~389.

（152） Yang, H., Phelps, C., Kevin H., 2010, “Learning from What Others Have Learned from You: the Effects of Knowledge Spillovers on Originating Firms”. *Academy of Management Journal*, 53（2）, pp.371~389.

（153）Yamao, S., Cieri, H., Hutchings, K., 2009, “Transferring Subsidiary Knowledge to Global Headquarters: Subsidiary Senior Executives' Perceptions of The Role of Hr Configurations in the Development of Knowledge Stocks”. *Human Resource Management*, 48（4）, pp.531~554.

（154）Zucker, L.G., Darby, M.R., Armstrong, J., 1998, “Geographically Localized Knowledge: Spillovers or Markets”. Economic Inquiry, 36, pp.65~86.

（155）Zaheer, A., Bell, G.G., 2005, “Benefiting from Network Position: Firm Capabilities, Sstructural Holes, and Performance”, *Strategic Management Journal*, 26, pp.809~25.

（156）Zhao Z.J., Anand, J., 2009, “A Multilevel Perspective on Knowledge Transfer: Evidence from the Chinese Automotive Industry”. *Strategic Management Journal*, 30, pp.959~983.

（157）Zahra, S.A., George, G.2002, “Absorptive Capacity: A Review, Reconceptualization, and Extension”. *Academy of Management Review*, 27, pp.185~203.

（158）张勉、魏钧、杨百寅：《社会资本的来源：工作咨询网络中心性的前因变量》，《管理世界》，2009年第5期。

（159）周小虎、马莉：《企业社会资本、文化取向与离职意愿》，

《管理世界》，2008年第6期。

（160）陈菲琼、范良聪：《基于合作与竞争的战略联盟稳定性分析》，《管理世界》，2007年第7期。

（161）钱锡红、杨永福、徐万里：《企业网络位置、吸收能力与创新绩效》，《管理世界》，2010年第5期。

（162）刘学、项晓峰、林耕、李明亮：《研发联盟中的初始信任与控制战略：基于中国制药产业的研究》，《管理世界》，2006年第11期。

（163）符正平，曾素英：《集群产业转移中的转移模式与行动特征》，《管理世界》，2008年第12期。

（164）吴结兵、徐梦周：《网络密度与集群竞争优势：集聚经济与集体学习的中介作用》，《管理世界》，2008年第8期。

（165）吴波：《FDI知识溢出与本土集群企业成长》，《管理世界》，2008年第10期。

（166）吴结兵、郭斌：《企业适应性行为、网络化与产业集群的共同演化》，《管理世界》，2010年第2期。

（167）朱小斌、林庆：《中小企业集群竞争优势来源的演化差异》，《管理世界》，2008年第10期。

（168）谭劲松、何铮：《集群研究文献综述及发展趋势》，《管理世界》，2007年第12期。

（169）邬爱其：《超集群学习与集群企业转型成长》，《管理世界》，2009年第8期。

（170）彭新敏、吴晓波、吴东：《基于二次创新动态过程的企业网络与组织学习平衡模式演化》，《管理世界》，2011年第4期。

（171）边燕杰、丘海雄：《企业的社会资本及其功效》，《中国社会科学》，2000年第2期。

（172）张勤、马费成：《国外知识管理研究范式》，《管理科学学报》，2007年第6期。

（173）李新春、顾宝炎、李善民：《中外企业合作的战略联盟特征与技术学习》，《管理科学学报》，1998年第4期。

（174）孙耀吾、卫英平：《高技术企业联盟知识扩散研究》，《管理科学学报》，2011年第12期。

（175）刘益，赵阳，李垣：《联盟企业的战略导向与知识获取》，《管理科学学报》，2010年第4期。

（176）韩维贺：《知识管理过程、IT平台与企业绩效关系研究》，大连理工大学2005年博士学位论文，第3-35页。

（177）王众托：《知识系统工程》，科学出版社，2004年版。

（178）李浩：《企业创新中的知识管理》，人民出版社，2009年版。

（179）李浩：《韩维贺.知识管理、信息技术与多元化绩效》，《预测》2007年第3期。

（180）李浩，韩维贺：《企业技术创新中知识价值实现影响因素的实证研究》，《南开管理评论》2005年第5期。

（181）李浩，韩维贺：《中国知识管理的元分析》，《情报学报》2007年第6期。

（182）李浩，社会资本视角下的网络知识管理框架及进展研究，《管理世界》2012年第3期。

后 记

这本书是我独立撰写的第二本著作，也是我5年来研究的成果和综合体现，眼看即将成稿，心中有许多感慨。回想读博士的青葱岁月，回想确定博士学位论文选题的几经周折，最终决定作一篇知识管理的学位论文，并最终完成。从那时起就与知识管理结下了不解之缘，回想起2004年博士毕业后到东北财经大学任教后，就开始了人生第一项国家自然科学基金的申报准备，在选择申报专业领域的时候，发现了在管理科学与工程一级学科下，有一个知识管理的二级学科方向，高兴之余，毫不犹豫地选择了在这个领域中申报，并顺利获批立项，实现了零的突破，在那个国家自科项目还是稀罕物件的时代，有缘乎？信心满满，干劲大增。

韩维贺是我的同学和朋友，是当时跟我并肩奋战在知识管理领域的青年才俊，当时我们就相约要写一本知识管理的书，可惜后来他另有大志，选择到北京一家跨国企业工作，留下了孤独的我，当然现在他也事业有成，衷心祝福他。一直到2009年，我才算完成了愿望，完成了《企业创新中的知识管理》一书，并由人民出版社出版。

之后我又在知识管理领域获得了一些新的项目，也有了新的合作者，并不少研究生，不再寂寞了。五年之后，第二本书也完成了，这显然不是起点，更不会是终点，是研究过程中的阶段性过程，岁月中的一抹痕迹。支持并关怀我的亲人、师长、同事、朋友和学生，都是要感谢的，单打独斗恐一事无成，这也是社会资本的真意。最后，还要郑重感谢国家自然科学基金委，给我了研究的经费支持，感谢知识管理同行对我研究选题的积极评价和中肯建议，我会更努力的探索，一直到干不动为止。

李浩

于2015年冬

责任编辑:高晓璐
封面设计:肖　辉　孙文君

图书在版编目(CIP)数据

社会资本、网络与知识管理/李浩 著. —北京:人民出版社,2016.7
ISBN 978-7-01-016451-9

Ⅰ.①社…　Ⅱ.①李…　Ⅲ.①社会资本-关系-企业管理-知识管理-研究
Ⅳ.①F270

中国版本图书馆 CIP 数据核字(2016)第 159824 号

社会资本、网络与知识管理
SHEHUI ZIBEN WANGLUO YU ZHISHI GUANLI

李　浩　著

人民出版社 出版发行
(100706　北京市东城区隆福寺街 99 号)

北京龙之冉印务有限公司印刷　新华书店经销

2016 年 7 月第 1 版　2016 年 7 月北京第 1 次印刷
开本:710 毫米×1000 毫米 1/16　印张:19
字数:330 千字

ISBN 978-7-01-016451-9　定价:49.00 元

邮购地址 100706　北京市东城区隆福寺街 99 号
人民东方图书销售中心　电话 (010)65250042　65289539